罗娟/著

2021年度四川学术成果分析与应用研究中心课题："突发公共事件应对中个人数据公私兼蓄保护研究"（课题编号：XSCG2021-016）

2020年西华大学引进人才项目："场景风险、公私兼济与消费者个人信息权的法治保护进路研究"（项目编号：w202331）

四川省哲学社会科学重点研究基地四川省犯罪防控研究中心2021年项目：金融消费者个人信息权保护研究（项目编号：FZFK21-06）

消费者个人信息权保护

公私兼济模式向场景风险模式的转型

CONSUMERS' PERSONAL INFORMATION RIGHT PROTECTION

TRANSFORMATION FROM PUBLIC-PRIVATE MODE TO CONTEXT RISK MODE

法律出版社
LAW PRESS·CHINA

序　言

从古至今,信息一直以各种形式伴随人类社会的发展。跨入信息社会以来,信息的资源属性得以肯认,个人信息渐成利益者们竞相追逐的对象。互联网技术的普及加快了社会变革速度,在经济活动中由之而产生的个人信息问题使信息权利保护成为关注焦点。在技术尚未取得进展的年代,个人信息常被视作隐私权的组成部分,仅以较为简单的隐私权保护方法予以保障。在信息化日趋深入的态势下,个人信息与隐私权的差异逐渐凸显,频繁爆发的个人信息乱象促使独立保护个人信息权的呼声越发高涨。细察之,遭受个人信息泄露危害最严重的乃是作为市场经济重要主体的消费者,其个人信息被侵害的情形普遍存在,寻求合理的保护模式业已成为亟待法律关照的制度难题。

本书敏锐地捕捉到了这一社会热点问题,通过精梳保护个人信息权的研究成果将之上升至论题层面来展开研究论证。既有消费者个人信息权保护模式既是本书的研究基础,也是本书意图超越的思维进路。为此,本书深入探究了主要国家保护消费者个人信息权的多重模式,将之归纳为公私兼济保护模式,然而,这一模式强调大而化之的保护在“互联网＋信息”时代表现出明显的制度纰漏,难以达到制度预期。信息主体的保护需求与信息处理者的利用需求之间的利益冲突亦表明保护消费者个人信息权是一个具有规则创造意义的法律问题。鉴于此,本书在汲取公私兼济保护模式优势的基础上塑造了场景风险保护模式,并力图借其权利保护与合理使用的双重意涵弥补原有保护模式的运作不足之弊,有效因应大数据时代的个人信息治理危机。

本书在内容设置上分为七个章节。从现实状态下消费者个人信息治理难题入手集中论述了消费者个人信息权、信息侵害行为的具体类型、公私兼济保护模式、场景风险保护模式等主要内容，体现了充足的问题意识，通过清楚、有据的论证分析在读者面前展现了一幅保护消费者个人信息权的制度图景。场景风险保护模式是本书的核心，即便欧盟、美国已初步构建类似的个人信息权利保护模式，我国近两年的司法实践亦正在探索在审判中适用场景化原则，但仍存在许多漏洞或空白值得再行论证填补。本书建构的场景风险保护模式正是意图从理论基底、基本原则、实践方法等维度进行查漏补缺，结合我国的现实国情予以适度改良，促使其能够真正实现个人信息权保护与个人信息自由流动的平衡之效，从法律制度层面有效回应社会需求。

大数据信息时代，滥用个人信息与合法使用个人信息都可能会引致不良社会后果，公私兼济保护模式仅注意到非法利用所带来的危害，忽略了个人信息应当合理流通的层面，致使保护规制的片面性越发显明，本书提出的以实现保护消费者个人信息权与促进个人信息自由流动为宗旨的场景风险保护模式，恰好能够弥合原有制度之失，经由充分发挥制度优势达成协调治理目标，有效规范信息行为，成为构设法律制度的最佳模式。体系化的场景风险保护模式的构建是本书最大的优点，也是本书的创新所在，在这一理论模型下探讨消费者个人信息权保护有益于规范化治理个人信息乱象，推动信息流通与共享，实现国家治理技术的现代化转型。然而，书中尚缺乏对场景风险保护模式的实体法律架构，以及需要确立的予之支持的法律规则，可能使全书的逻辑关联性不够紧密。同时，是否存在兼采公私兼济保护模式与场景风险保护模式两者优势的第三种保护路径，还有待继续思索。

吴元元

2021 年 1 月于成都

目录

导　论

互联网大数据时代，信息体量增扩显著，信息技术发展突飞猛进，信息化已日渐浸入人们日常生活、工作的方方面面。伴随信息要素在市场经济活动中的应用场景越来越多，信息价值逐渐得以凸显并愈加贵重，我国信息环境相应发生重大变化——信息保护与信息共享并进。以隐私性与价值性著称的个人信息在现代社会占据重要地位。在此背景下，如何选取更为适恰的保护模式，更好地发挥制度作用来维护个人信息上附着的合法权利，业已成为理论界和实务界共同关注的问题。

携程支付系统漏洞在网上流传，大宗用户银行卡信息遭泄露；[①]网易公司跟踪分析用户上网习惯，收集隐私信息；[②]中国最大的开发者技术社区 CSDN、天涯社区、微博等多家网络巨头接连发生大批量的用户数据泄露事件。[③] 从圆通快递多位“内鬼”有偿租借员工账号泄露 40 余万条公民信息事件[④]揭示出快递行业俨然已成为泄露个人信息的重灾区，进而暴露出网上以每条 0.8 元的均价贩卖快递用户信息的黑色产业链条，上游环节负责“收集供货”，中游环节进行加工、分析、处理，最终这些个人

① 参见《携程曝支付日志漏洞：可致用户信用卡信息泄露》，载新浪网，https://tech.sina.com.cn/i/2014-03-22/20229263591.shtml，2019 年 11 月 7 日访问。

② 参见《央视曝光网易追踪用户上网习惯分析邮件收集隐私》，载凤凰网，http://finance.ifeng.com/news/tech/20130315/7780093.shtml，2019 年 11 月 7 日访问。

③ 参见来扬：《当个人信息在网上“裸奔”——密码泄露危及暴露个人信息保护“短板”》，载《中国青年报》2011 年 12 月 29 日，第 12 版。

④ 参见《圆通再现内鬼泄露客户信息，快递为何成泄露信息重灾区？谁在消费公民信息？》，载新浪网，http://news.sina.com.cn/c/2020-11-19/doc-iiznezxs2583368.shtml，2020 年 11 月 25 日访问。

信息流入从事电信网络诈骗的下游犯罪团伙。前述侵犯个人信息现象本身的恶劣程度以及严重的危害后果频频触动社会神经，引发了激烈的社会讨论，个人信息保护已成为当下亟待解决的议题。

在国外，Facebook 与 Cambridge Analytica 公司曝出泄露 8700 万用户私人数据，随后这些数据被非法用于政治活动；[①]MyHeritage 网站被攻击致使超过 9200 万用户的电子邮件密码、DNA 信息等私密信息被他人不当获取；[②]英国 1.9 万张信用卡信息泄露；日本住友生命保险横滨子公司上千名员工个人资料流出等事件接连爆发……个人信息安全危机在全球扩散，不得不令人担忧社会是否能够承受这样接二连三的重大打击？与此同时，行政机关出于保护社会安全、保障特殊群体利益等公益目的而收集使用公民个人信息，[③]一般经营实体为了提升产品或服务质量、增强社会生活的便捷程度等正当目的而收集使用消费者个人信息使信息主体的反感度陡然激增。

因收集、使用消费者个人信息所引发的后果远远超出政府、市场与学者的预估，围绕妥善保护消费者个人信息权的制度改革迫在眉睫。身处信息社会，简单的二维码扫描、网购交易行为都有可能留下消费者的个人信息使用痕迹。运用大数据技术手段收集、分析这类信息，一方面提升了经营者的服务能力，另一方面却成为经营者的获利工具。事实上，未经同意收集利用消费者个人信息的行为侵犯了消费者的合法信息权利。诚如美国学者肯特（Allen Kent）所言，“互惠”（Reciprocity）乃是资源共享的核心要义，意即一种每个成员都拥有一些可以贡献给其他成员的有用事物，并且每个成员都愿意和能够在其他成员需要时提供这些

---

① 参见《回顾 Facebook 丑闻满满的 2018 年：假新闻、数据泄露和安全漏洞陆续》，载网易网，http://dy.163.com/v2/article/detail/E3HO7DPJ05313FBC.html，2019 年 11 月 7 日访问。

② 参见《2018 年全球互联网十大数据泄露事件盘点》，载搜狐网，http://www.sohu.com/a/251631820_100130603，2019 年 11 月 7 日访问。

③ 例如，公安部《旅馆业治安管理条例（征求意见稿）》规定：旅馆接待住宿必须准确登记住宿人的身份信息、入住时间、房号、退房时间等信息，并将这些信息通过旅馆业治安管理信息系统实时传输报送公安机关。由此说明了公安机关收集公民个人信息乃是为了保障公民安全的公益目的。

事物。[①] 面向互联网、人工智能的未来发展，信息社会赋予个人信息的共享属性使得就保护而论保护的个人信息权既有保护模式屡屡遭遇“失灵”，如何保护个人信息权不受非法侵犯？如何保障消费者对于个人信息安全性的基本价值诉求，以避免因不当利用个人信息而可能引发的道德问题、法律问题？如何以合法合规的方式促进个人信息自由流通，进而促成信息红利与市场高效化的实现？如何在信息产业高速发展的态势下寻求一种既能规制信息滥用，又能倡导个人信息合理利用的保护模式？这一系列问题既是普通消费者难以在短时间内突破的现实“瓶颈”，更是亟需个人信息相关主体、行业协会、行政部门等利害关系主体合力消解的难题。

一、研究背景

在社会历史长河中，人类社会不断发展变迁，历经不同的历史时期每一时期社会经济发展的侧重点不一。从生产力角度来看，自公元前8000年以来，社会发展大致经历了三次大浪潮，形成了三种主要社会形态。

第一次浪潮：农业社会。这一时期自然资源充沛，人们借助资源优势，以家庭为单位，依靠人力、畜力完成生活的自给自足，由于农牧业把控了经济脉络，土地作为战略物资备受追捧，人们对生产技术需求的自我满足以及社会变革的动力不足，科学尚无立锥之地。这些原因致使生产力水平低下，社会流动性不强，社会经济发展受到限制。农业社会中，人们依附身份而存在，等级分明，在意识层面受“天人合一”思想的影响较大，推崇道德的力量，崇尚以德服人。

第二次浪潮：工业社会。1776年蒸汽机的诞生标志着工业革命的爆发，人类迈入工业社会。随着社会分工的专业化，单纯人力劳动已不能满足社会生产的需求，在以追求经济增长为核心目标的工业社会中，轮船、火车等动力工具日渐受到重视，机器、工厂等生产资料一跃成为社会经济发展的“香饽饽”。集中化的工业生产在大大提升生产效率的同时，

---

① 参见程焕文、潘燕桃主编：《信息资源共享》，高等教育出版社2004年版，第14页。

也带来了不菲的经济利益。资本的不断累积为社会转型奠定了基础。这一时期以权利本位为基本理念,宣扬独立平等。同时,财富积淀厚重,社会剩余产品丰足,财产赔偿制度被强化,人们开始用财产利益弥补人格权损害。劳动力的解放促使了社会观念的转变,法治和公正成为令人信服的社会意识。

第三次浪潮:信息社会。20 世纪 50 年代,西方学者意识到人类已进入一个新的社会,并尝试以“后工业社会”“情报社会”“知识经济社会”等为其命名,最终美国学者约翰·奈斯比特在 1982 年提出的“信息社会”(information society)得到世界的公认。值得注意的是,美国社会学家丹尼尔·贝尔(Daniel Bell)所提出的后工业社会理论为信息社会奠定了坚实的理论基础,至今仍具有权威性和广泛的影响度。[①] 在信息社会中,“我们还需要有土地、机器这些有形财产,但主要财产已经变成了信息,这是第一种非物质的、无形的、确有无限潜力的财产形式,将给社会发展带来革命性的变化”。[②] 通讯技术的发展拓宽了人们对信息的认识,信息替代人力和资本成为新的战略资源。信息传播一跃成为信息社会的主要经济活动,以媒介、符号为核心的信息传播处理方式的更新换代,使信息被运用于社会生活的各个维度,成为人们生产生活不可分割的一部分,尤其是在大数据技术突飞猛进的发展趋势下,由工业社会转向信息社会已成为普遍规律。信息社会加速了社会变革,使原有的经济结构受到冲击,通过互联网、人工智能等技术工具重组后,以网络化、共享性为特征的社会经济迅速高效发展,经济效益提升显著。

个人信息在起源及早期发展阶段与隐私权几乎重叠,其最初是作为隐私权的内容得以呈现。学界普遍认为,隐私权乃是在美国学者沃伦(Samuel D. Warren)与布兰代斯(Louis D. Brandeis)于 1890 年共同发表的《论隐私权》(*The Right to Privacy*)一文中首次提出,[③]他们主张的个人独处的权利理论(the right to be let alone)被公认为隐私权的理论开

---

① 参见崔保国:《信息社会的理论与模式》,高等教育出版社 1999 年版,第 2~6 页。

② [美]阿尔温·托夫勒:《预测与前提》,粟旺、胜德、徐复译,国际文化出版公司 1984 年版,第 111 页。

③ See Warren S. D, Brandeis L. D, *The Right to Privacy*, 4 Harvard Law Review 193(1890).

端。实际上,美国最早意义上的隐私权当属对住宅等物理空间的隐私保护,随后逐步扩展至对个人隐私权的保护。美国 Cooley 法官在其 1888 年出版的关于侵权问题的论著中就曾提出"法律已承认独处的权利"这一观点,只是未将之明确为隐私权。[①] 沃伦与布兰代斯以此为基础进行延伸,指明"独处的权利"就是隐私权,但并未借此给隐私权下定义,而是将隐私权表达为不可被侵犯的人格尊严,应当受到普通法的保护,也即法律应当保护他人的私生活在没有被授权的情况下免于公开。然而,有观点指出,沃伦与布兰代斯所提出的隐私权理论仅是英美法系隐私权的起点,着眼于世界法域,法国学者 Jacobin Jérôme Pétion 在 1791 年提出的隐私权理论当属隐私权理论的源头,其在时间上早于布兰代斯近一百年。他认为,在新闻媒体泛滥的环境下,法律应当承担起保护他人的私人生活的责任,尤其是他提出的"他人的私人生活必须用围墙隔开"著名论断在欧洲大陆影响深远。[②] 普洛塞教授(William L. Prosser)总结了四种侵害隐私权的类型:一是侵扰私人隐私空间;二是公开披露他人隐私信息;三是在公众视野下公开歪曲他人形象;四是盗用他人姓名或肖像来获利。[③] 这种类型区分被美国实务界接受并在《侵权法重述(第二次)》中得以肯认。在此基础上,波斯纳法官(Richard A. Posner)指出隐私是隐瞒或掩藏的信息,特别是个人的信息,认为在界定隐私权时需要考虑两种不同的利益:一是不受打搅、个人独处的利益;二是隐藏信息的利益。只要是行为人违背了与所获信息有关的个人的意愿而获取他人的私密信息,其信息获取行为就侵犯了他人隐藏信息的利益。[④] 于此,个人信息的雏形在隐私权中显现。

在信息化普及的趋势下,学者发现其实个人信息与隐私权存在显著

---

① See Charles A. Jr. Williams, *The Right to be Let Alone*, University of Florida Law Review, Vol. 17, No. 4(1965), pp. 597 – 616.

② 参见张民安主编:《隐私权的比较研究——法国、德国、美国及其他国家的隐私权》,中山大学出版社 2013 年版,第 5 页。

③ See William L. Prosser, *Privacy*, California Law Review, Vol. 48, No. 3 (1960), pp. 383 – 423.

④ 参见[美]理查德 · A. 波斯纳:《正义/司法的经济学》,苏力译,中国政法大学出版社 2002 年版,第 239 ~ 280 页。

差异,应将个人信息作为独立的研究对象予以深入挖掘。对此,宪法、民法、刑法学者从不同侧面对个人信息的相关内容进行了研究。信息社会中利用个人信息所带来的双重效应得到高度关注。在看到利用个人信息带来的市场效率的提高,交易成本的节约等积极效益时,个人信息泄露、滥用或不当使用个人信息引发的负面效应仍是不容忽略的社会隐忧。20世纪70年代爆发的全球性的个人信息保护立法运动即是对消极使用个人信息的社会回应。在我国,2016年末,中国青年政治学院互联网法治研究中心发布了《中国个人信息安全和隐私保护报告》,报告针对互联网应用与信息化建设过程给个人信息安全带来的挑战进行调查,数百万的网民参与了此次调查。统计数据揭示出,高达72%的调研对象认为其个人信息遭到严重泄露,近乎全部的调研对象都表示曾收到垃圾短信或接到骚扰电话,由此说明公民个人信息受侵害已成为社会性难题,保障个人信息安全的法律体系亟待建立。个人信息的利用与保护正面临着严峻的挑战,这也是时代发展的痛点。消费者是市场交易活动中的天然弱势方,其个人信息较易受到侵犯,也就更需要法律的倾斜性保护。如何运用法律方式保护消费者个人信息权,引导利用消费者个人信息的行为走向合理化乃是本书的研究主题。

二、文献综述

美国联邦储备委员会前主席格林斯潘(Alan Greenspan)曾指出,信息与信息技术的应用极大地推动了美国20世纪90年代的生产力增速。信息化是当代社会最为显著的特征,在大数据技术的驱动下,移动支付、电子商务被广泛应用,生活的便利性得到巨大提升,“云端”数据库的建立大大节约了检索成本,而频频要求用户披露个人信息则成为网络时代的运行要素。紧随其后的是故意泄露个人信息、利用个人信息谋取私益、不当使用个人信息等侵害行为日益猖獗,甚至走向犯罪,进而使个人信息问题受关注的程度越来越高。鉴于此,文献综述拟从域外与国内个人信息保护的理论观点开展。

早期,西方学者将个人信息作为隐私的附属品,通过保护隐私权来附带保护个人信息。最初的隐私权理论研究或是涉及独处权,或是对私人事务的保密权,或是免受干预权,或是限制别人接近他人,其间个人信息的色彩并不浓厚。美国《侵权法重述(第一次)》承认了隐私权的独立性,并将无正当理由严重侵犯个人信息的行为正式纳入法院的诉讼请求中,直至 *Whalen v. Roe* 这一标志性案件①从宪法层面确立了保护公民信息隐私权的先例,将之视为一项人格性权利,明确宪法隐私权的保护范畴涵盖信息隐私与自决隐私,直指公民个人信息,个人信息才真正在隐私权理论中占据一席之地。该案引申出了宪法信息隐私权理论,该理论的主要观点是他人的姓名、住址、在特殊状态下的身体状况、病中所服药物、看诊医生等个人信息均属于宪法隐私权的保护范畴,即使是公权力机关亦不得随意侵犯。该案的主审大法官史蒂文(Steven)在判决书中指出,如何看待纽约州政府在其中央计算机上存储病人个人信息的行为是案件的宪法问题。若予以承认,是对病人隐私的威胁,可能侵害病人不愿向他人透露的隐私利益,并可能助长政府机构广泛收集个人信息的行为。扶贫物资的配送、救济金的发放、征税等社会活动均需存储大量信息,其中不乏个人隐私信息,这些信息的公开无疑是对公民隐私权的侵犯,而为公共利益收集、利用此类信息的主体,应当负有保护信息不被随意泄露的义务,这一义务根源可溯至宪法。艾伦(Anita L. Allen)与托克音顿(Richard C. Turkington)对此案作出评论,认为该案是美国联邦最高法院第一次对宪法上的隐私权是否包括政府数据库中信息的收集、储存和传播所作出的回应,并承认其涉及宪法上的隐私权。同时也是美国第一个承认宪法上的隐私权由信息隐私和自决隐私两部分构成的联邦最高法院判决。② 在价值层面,宪法信息隐私权理论加强了宪法对隐私权的保护,首次将隐私权中的人身隐私延伸至与人身相关的个人信息

① 1972 年,美国纽约州议会为加强用药安全和强化药品管理制定了一个法令,将具有潜在危险的药品进行了重新归类,并要求在开具危害性的正当用药药品的处方时需要额外填写一份表格,表格内容包括开具处方的医生、药品名称与剂量、病人姓名、年龄、住址、用药原因等信息,并将填写完成的表格存储在由政府管控的中央计算机中。在法令生效前几天,一群病人和医生担心存储在中央计算机中的个人信息被泄露而向美国联邦最高法院提起诉讼,认为该法令侵犯了宪法所保障的医生与病人间的合理的隐私领域。429 U. S. 589(1977).

② 参见[美]阿丽塔·L. 艾伦、[美]理查德·C. 托克音顿:《美国隐私法——学说、判例与立法》,冯建姝等译,中国民主法制出版社 2004 年版,第 36 ~37 页。

的隐私权益,摆正了个人信息在隐私权中的位置。

此后,保护信息隐私主要通过三条途径:一是法院以个案利益衡量为准则对政府收集、使用个人信息的合法性以及合宪性进行判断;二是创设特定的信息隐私权利进行保护,原因在于个人信息在本质上仍然具备某些物的特征,可以赋予相应的信息权利,将之直接纳入侵权法的保护范畴;三是将个人信息从隐私中剥离,制定专门的个人信息保护规范,将其作为隐私保护的特别法,保护以隐私权为主的基本人权。

美国学者艾伦·威斯汀(Alan F. Westin)将隐私权定义为个人、团体或公共机构自主决定何时、采取何种方式、与他人在何种程度沟通自己信息的权利,将隐私的功能归纳为个人自治(personalautonomy)、情感释放(emotionalrelease)、自我评估(self-evaluation)以及有限且受保护的沟通交流(limited and protected communication)。① 美国联邦最高法院大法官道格拉斯(William Orville Douglas)立基于个人主义,从三方面描述了隐私权益:"一是对发展和表现个人才智、兴趣、品位和个性的自主控制权;二是在关于结婚、离婚、生育、节育、抚养和教育儿童等个人生活决定上的选择自由权;三是关于身体健康和内心的自由,脱离身体强制和约束的自由,行走、漫步、闲逛的自由。"②之后,美国联邦最高法院在 *United States Dept of Justice v. Reporter's Comm* 案的判决中认为隐私权最核心的内容在于强调个人能够控制与己相关的信息的权利。③ 克林顿政府信息基础特别工作小组(President Clinton's Information Infrastructure Task Force,IITF)1995 年发布《隐私权与国家信息基础设施:提供和使用个人信息的原则》报告,其规定隐私权为个人有权决定其个人信息的收集、披露、储存和利用,并享有控制其个人信息内容的请求权。④ 学者提取前述隐私权内容的共性,创设了个人信息自我控制理论。

个人信息自我控制理论以"控制"为中心,最大的优势在于十分注重

---

① Alan F. Westin, *Privacy and Freedom*, New York: The Bodley Head, 1967, p. 7.

② 参见张民安主编:《公共场所隐私权研究》,中山大学出版社 2016 年版,第 505 页。

③ 489 U. S. 749,763(1989).

④ See President Clinton's Information Infrastructure Task Force: *Privacy and the National Information Infrastructure: Principles for Providing and Using Personal Information*, 1995.

对个人信息的保护。虽然该理论发端于隐私权,但在除个人信息外的其他隐私方面却略显不足。该理论成立的假设性前提有两个:其一,无论何时他人对其个人信息都享有绝对控制权;其二,他人具备完全行为能力决定是否公开其个人信息。施瓦茨(Paul Schwartz)认为,前提一是一个错误命题,原因在于其忽视了信息处理决定了个人自决权利,也便削弱了他人对其个人信息的控制力。同时他对前提二提出质疑,认为人与人之间在认知结构、理解能力等方面存在差异,决定了不同个体在传播个人信息方面亦有不同的偏好。①

个人信息自我控制理论的支持者尚未就该理论的定义达成共识,在控制个人信息的范围上也意见不一。帕伦特(William Parent)主张隐私权保护的是未成文的个人信息,法律保护此类信息不被第三人知悉或利用。② 依此而言,成文化的个人信息被他人披露或利用则不被认为是对他人隐私权的侵犯。申请社会保险填写的表格(内容包含姓名、住址、电话号码、收入情况等)、法院庭审记录等均可被视为成文化的个人信息。然而,诸如此类的信息一旦因被披露而被有心人不当利用,轻则影响公民个人的生活安宁,重则破坏社会秩序。鉴于此,帕伦特的观点在准确界定控制个人信息的范围上存在缺陷。法学家帕克(Richard Parker)也试图回答这一问题,他认为个人信息的范围较为广泛,隐私是一种对感知的控制。③ 换言之,个人有权控制其能够看到、听到、闻到、尝到、感知到的个人信息。在社会交往中,他人不可能完全愿意接受别人对自己的接触行为,据帕克的观点,只要是不被他人乐于接受的接触行为都应被视为是对他人权利的侵犯。而现实情况是,在与他人的互动中,行为人可能无意中知晓或接触他人的个人信息,而该信息恰好是他人不愿为他人所知的信息,由此可能导致行为人于无形中侵犯了他人的权利。帕克

---

① See Paul M. Schwartz, *Privacy and Democracy in Cyberspace*, Vanderbilt Law Review, Vol. 52, No. 6, 1999, pp. 1607 – 1702.

② See William. A. Parent, *Privacy, Morality, and the Law*, Philosophy & Public Affairs, 1983, pp. 269 – 288.

③ See Richard B. Parker, *A Definition of Privacy*, Rutgers Law Review, Vol. 27, No. 2, 1974, pp. 275 – 297.

的理论过于宽泛,有悖于社会生活常态,将其作为个人信息范围的准确界定尚有待商榷。查尔斯(Charles Fried)认为,尊重、爱、友情和信任是隐私权的价值,而隐私权就是对个人信息的控制,但这种控制是相对的和有条件的,就像在实际生活中对身体安全和财产的控制一样。他将个人信息的范围与隐私权的价值相联系,从狭义上将个人信息的范围限制在"私密信息"中,而其所称的私密信息乃是对于形成和发展人与人之间相互尊重、友爱和信任有价值的信息。① 遗憾的是,查尔斯所称的私密信息并未囊括个人财政信息,也即主张他人不能控制与己相关的财务信息,而这一观点恰好与个人财政信息属于个人隐私的社会主流意识相背离,并未引起共鸣。

此外,个人信息自我控制理论的支持者在如何控制个人信息,尤其是如何界定"控制"上也存在争论互动。通常,个人信息被视作人格权的扩张,控制理论亦力图促进人格发展。鉴于此,信息主体自行决定公开的内容、范围、方式、程度等是实现个人信息自我控制的前提;个人信息被公开后,信息主体也可决定对个人信息的进一步处理方案,要求信息使用者修改、删除已被歪曲的信息,以维护信息主体的社会形象与人格尊严。从词义上看,控制常被解释为他人行使其个人信息所有权的方式,即"控制 = 所有"。这一观点源自洛克(John Locke)在《政府论》中提出的"人是自己的主人,自身和自身行动或劳动的所有者,本身就具有财产的基本基础。对于自然所供给的东西,每个人都有能使用多少就拥有多少的权利,而对于他能以他的劳动予以影响的一切东西,他都享有财产权;凡是他的勤劳所及,以改变自然使其所处的原来状态的一切东西,都是属于他的"。② 这种所有权的控制,从权利性质上解释,乃是他人对其个人信息享有的占有、使用、收益和处分的权利。循此,将他人的个人信息看作他人的财产即具有合理性。更进一步,个人信息自我控制理论基于将个人信息视作一般商品来对其进行控制。而若个人信息作为商品,便有可能向不负责的经营者出售,有可能面临信息收集者不诚信或

① See Charles Fried, *Privacy*, Yale Law Journal, Vol. 77, No. 3, 1968, pp. 475 - 493.

② [英]洛克:《政府论》(下篇),叶启芳、瞿菊农译,商务印书馆 1996 年版,第 29 ~ 30 页。

不谨慎问题,或将看似不相干的信息重组后生成个人私密信息,并准确定位到个人,甚至有可能很难纠正传播后的不准确的信息。这些可能性如若转变为现实,很大程度上将损坏信息社会的根基。一旦个人信息不复存在,又何谈控制?在另一个维度,控制自我信息的权利是隐私权的道德基础,控制方式是否应虑及道德元素,以柔性手段而非强制意味浓厚的刚性举措来实现控制目的?

个人信息自我控制的理论内涵本身就呈现一种模糊的、不确定的状态,同时,因其强调信息主体对信息的驾驭与决断,赋予信息主体自行决定是否公开或向他人提供其个人信息的绝对性权利,致使这一理论更倾向于一种理想主义的理念,而非着眼于现实的制度。然而,互联网领域的网络活动加剧了网络经营者与用户之间的信息不对称,占据技术高地的网络经营者仅采用简单的技术手段便可收集到海量个人信息,信息主体甚至不知道其个人信息在何时、怎样被网络经营者收集了,使此种绝对权的实现遭遇现实困境。个人信息的自我控制实际上是将个人信息放置在一个用屏障隔开的独立空间中,以此来保护个人信息的私密性,防范他人未经同意的信息利用行为。互联网技术的精进逐渐打破了信息隔断状态,Cookie 和类似跟踪技术使个人信息被动地在同一个网络区域中流通,信息主体难以实际控制其个人信息。即使个人信息自我控制理论受到相当的质疑,但并不能否定该理论在互联网时代的价值及其对个人信息保护的良好效用,应致力于从辨析理论在具体实践环境中面临的困境来寻求理论的时代发展路径。

欧盟毫无疑问是个人信息保护的立法先驱。受经济合作与发展组织(Organization for Economic Co-operation and Development, OECD)1980 年颁布的《隐私权保护和数据跨境流通指南》(*Recommendation of the Council concerning Guidelines governing the Protection of Privacy and Transborder Data Flows of Personal Data*)影响,欧盟于 1995 年制定《个人数据保护指令》(EDPD),表明了欧盟在个人信息保护上的价值取向。《个人数据保护指令》盖范围广袤,适用于个人数据处理的所有环节,并确立了合法原则、终极原则、透明原则、合适原则、保密和安全原则及监控原则等六大原则,允许个人数据在欧盟成员国间自由流通,以在全欧盟范围内实现数据保护最低限度为目标。[①] 特别需要指出的是,《个人数据保护指令》规定,第三国制定的与隐私相关的法律只有经过欧盟委员会以“充分性”为标准的判定,达到数据保护完备的保护准则,才能允许自欧盟向其跨境传输个人信息。[②] 这一时期,欧盟在被通知权的基础上,延伸至修改权,创设了以访问权为核心的个人数据权雏形。此后几年,欧盟陆续制定了《隐私与电子通信指令》(Directive 2002/58/EC)、《数据留存指令》(Directive 2006/24/EC)等以建构体系化的个人数据权,并逐步转向通过行政救济渠道保护消费者的个人数据。直至 2018 年 5 月 25 日欧盟《通用数据保护条例》(*General Data Protection Regulation*, GDPR)正式生效,弥合了此前个人数据保护的真空地带,企业收集、处理个人数据的行为才受到专门法的严厉规制。

以德国为代表的大陆法系国家曾长期缺乏隐私权、个人信息的概念,但却将其暗藏于民法典完整的人格权体系中予以保护。直至 1970 年,德国黑森州颁布《个人资料保护法》,该法虽是一部州立法,但却是世界上第一部个人信息保护法律,掀起了德国个人信息保护研究的热潮。从发展轨迹来看,领域理论(Sphärentheorie)为德国学者研究个人信息保护划定了范畴。学者为解决一般人格权在私生活的具体化问题而提出了领域理论,其认为人一方面作为个体,是一个私人,另一方面也是社会生物,拥有团体的本质,是一个社会人。私人领域为个人保留了一个内部空间,在这个空间中,个人拥有不让他人进入、不受公共环境侵犯、安宁的权利。[③] 领域理论主张将私人生活领域放置于一个同心圆的模型上,依其接近中心部分的远近,分不同层次加以保护。[④] 在吸纳了领域理

---

① 参见 Christopher Kuner:《欧盟的隐私和数据保护》,温珍奎译,载周汉华主编:《个人信息保护前沿问题研究》,法律出版社 2006 年版,第 32 页。

② See Directive 95/46/EC of the European Parliament and of the Council of October 24, 1995 *on the protection of individuals with regard to the processing of personal data and on the free movement of such data*, (1995) Official Journal L. 281, pp. 31 – 50. https://eur-lex.europa.eu/legal-content/EN/TXT/? uri = celex%3A31995L0046.

③ 参见王泽鉴:《人格权保护的课题与展望(三)——人格权的具体化及保护范围(6)——隐私权(上)》,载《台湾本土法学杂志》2007 年第 8 期。

④ 参见姚岳绒:《宪法视野中的个人信息保护》,法律出版社 2012 年版,第 102 页。

论优势的基础上,德国学者以信息来源特征为标准,分为公共领域的个人信息与私人领域的个人信息。更进一步,德国联邦法院依凭审判经验,将与个人相关信息领域细分为隐秘领域、私人领域及社会领域,其中隐秘领域、私人领域的个人信息原则上不应受到侵犯。[①] 在此基础上,德国联邦宪法法院创设了信息自决权,奠定了德国个人信息保护的理论基础,并掀起了德国学界对个人信息保护的研究浪潮。

随着科技的进步,研究不断深入,是否规范私权机构的信息处理行为在德国理论界饱受争议。学者对此问题的分歧,大致可分为四个流派:[②]

其一是绝对公法属性说。该派认为基于信息共享需求,有且只有国家才有能力建立中央化的庞大的个人信息数据库,在此过程中国家对信息的收集、处理或利用行为很有可能侵犯公民的个人信息权利,而私人主体受竞争关系的影响,没有能力也没有动机大量收集公民信息,也便不会损害公民的信息权利。相应地,法律也就只能规范公权力机关的信息行为。该说是最极端的限定个人信息保护范围的学说,并未取得大多数学者的赞同。

其二是侧重非国家机关信息行为说。支持者主张企业等非国家机关非法收集、利用个人信息的行为虽然还不明显,但不能否认这种现象存在,并处于逐渐蔓延态势。从根源上讲,非国家机关不法信息行为之所以未受到重视,主要在于消费者的智识盲点,即消费者尚未认识到其个人信息已经或正在被经营者滥用。如果继续放任不管,其带来的负面影响更甚于国家机关信息行为的消极效应。因此,法律亦应规范非国家机关的信息行为,并将其作为调整重点。然而,这一观点在后续德国制定《联邦资料保护法》时并未得到立法者的青睐。

其三是统一调控说。该说认为,无论是国家公权力机关还是私人机构都存在对个人信息的收集、处理、存储或利用行为,这两个主体的信息

---

① Vgl. Hubmann, *Das Persönlichkeitsrecht*, 2. Aufl., 1967, S. 268 ff.

② 参见蒋舸:《个人信息保护法立法模式的选择——以德国经验为视角》,载《法律科学(西北政法大学学报)》2011 年第 2 期。

行为都会对信息主体造成影响，因此，完备且有效的个人信息保护法律应当一视同仁，统一规范公有领域和私人领域的信息行为。该说受到了多数德国法学界学者的赞同，尤以德国个人信息保护法的元老级学者 Spiros Simitis 为代表。

其四是分别立法说。该派学者受自由经济主义学说的影响，认同并以侧重非国家机关信息行为说与统一调控说为基础，主张虽然国家公权力机关与私人机构的信息行为都应受到法律规范，但二主体在本质上存在差异，不可因共同的保护需求而忽视主体的个性化差异。并且，没有证据表明私人机构的信息行为带给公民的负面影响比国家机关的信息行为造成的消极效应更大。因此，他们认为需要避免统一调控说的"一刀切"模式，法律应分别规制公、私领域的信息行为。

前述四个学说较为全面地概括了德国学界对个人信息保护法是否应当调整私权机构信息处理行为的观点，统一调控说成为该问题的主流解释，完善了信息自决权理论。"德国是典型的成文法国家，惯用法律条文解决法律问题"，[①]信息自决权确立后，德国制定《联邦个人资料保护法》固化理论，回归法律条文。

二战后，被管制的日本在个人信息保护的理论研究和实践层面深受美国影响，最初仍从隐私权角度来保护个人信息。1964 年，有着日本隐私权保护第一案之称的"宴之后"案[②]正式将个人信息引入隐私权中，东京法院在判决中肯定了隐私权，并将其解释为"受法律保护的私生活无正当理由不被公开的权利"，[③]私生活包括与公共利益、群体利益无关又不愿或者不便令他人知悉的个人信息、不愿或不便他人干涉的个人私事

---

① Harry D. Krause, *Right to Privacy in Germany—Pointer's for American Legislation*, Duke Law Journal, Vol. 1965, No. 3, 1965, pp. 481 - 530.

② 日本前外务大臣有田八郎在竞选东京都知事失败后与其妻子畔上辉井发生婚变并离婚。作家三岛由纪夫就此事征得了畔上辉井的同意后开始创作小说，1960 年以《宴之后》为题在《中央公论》杂志上连载发表。有田八郎认为，小说中描写的主人公是对他的隐射，让他感到难堪，遂于 1961 年以三岛由纪夫侵犯其个人秘密为由向东京地方法院提起诉讼。

③ 王涛：《宪法上隐私权保护之逆行？——日本最高法院住基网判决评析》，载《第四届全国公法学博士生论坛论文集》。

以及不愿或不便令他人侵入的个人的生活空间。① 20世纪60年代末,佐藤幸治在《隐私权(公法层面)的宪法论之考察》一文中提出的自我信息控制权理论②赋予了个人信息自由权与请求权双重性质,成为日本个人信息保护的理论依据。该理论认为,个人有权在宪法幸福追求权的支持下控制与己相关的信息。法律应当禁止公权力违背个人意志,强行收集、使用或公开个人特有且不愿为人所知的信息的行为,但公权力若是以公共利益为目的,且采取了正当方式,其信息行为不能当即被认定为对个人权利的侵害。因此,公权力收集、持有、利用、传播个人信息的行为应被纳入法律的调整范畴,同时个人信息主体也应当被赋予请求公权力机关停止、修订、消除其个人信息的权利。该理论诞生于日本电子信息技术快速进步的时期,当时日本政府致力于打造电子化政府,使其很快得到社会各界的支持,并发展成为日本保护个人信息的主流学说。

然而,自我信息控制权理论对个人信息的概念解读含糊其词,致使如何界分个人信息一度成为日本学界的讨论热点。两种主要的观点分别以佐藤幸治与芦部信喜为代表。佐藤幸治教授认为,涉及隐私的信息分为隐私的固有信息与隐私的外延信息,前者指与精神或身体密切相关且高度私密的信息,后者为仅据单个信息不足以识别特定的个体,而累积起来却可能成为识别个人生活的信息。③ 芦部信喜教授主张将个人信息分为三类:第一类为在任何人视野中都能被认为是隐私的信息,对其应严格保护;第二类为一般情况下可以被认为是隐私的信息;第三类为不易辨明是否属于隐私的信息。④ 个人信息的使用、公开、传播等应由信息主体自行决定,而前述观点虽与个人信息的传统分类相通,即分为琐碎个人信息与敏感个人信息,却立足于第三人视角,由第三人决定他人

① 参见《日本个人信息保护法》,吕艳滨译,载周汉华主编:《个人信息保护前沿问题研究》,法律出版社2006年版,第151页。

② 参见佐藤幸治:「プライバシーの権利(その公法的側面)の憲法論的考察」,『法学論叢』86卷5号及び87卷6号;转引自葛虹:《日本宪法隐私权的理论与实践》,载《政治与法律》2010年第8期。

③ 参见[日]佐藤幸治:《宪法》,青林书院1990年版,第409~410页。

④ 参见[日]芦部信喜:《宪法》(第三版),林来梵等译,北京大学出版社2006年版,第108页。

的信息是否应被利用和公开，与当事人意思自治相抵牾，值得再行商榷。有日本学者亦意识到了这一点，在学界提出了新理论：以重视个人意思为指导原则，本人知悉且不违背本人意思的情况下，对个人信息的收集、利用等行为才不需严格审查。[①] 在客体上，法律保护的是尚不为一般人所知悉的个人信息，而规范个人信息的处理方式，确保个人信息的有效利用乃是法律致力实现的目标。[②]

从美德日在个人信息保护领域上的研究可知，无论是信息控制还是信息自决，抑或是信息隐私，都围绕着"个人对自我信息的绝对主导权"这一中心主题，也即个人有权自行决定何时、何地、于何种范围内公开与其相关的任何信息。然而，美国、日本对个人信息的研究发端于隐私保护研究，德国的个人信息研究则是从人格权中衍生而来。在对个人信息的保护方式上，与欧盟不加区分的保护模式相比，德国虽然也主张采取统一保护模式，但其是在区别公共领域和私人领域的基础上来规范信息行为。

我国台湾地区在个人信息保护与利用层面的研究主要借鉴了欧盟的成果。在研究早期，学者针对个人信息保护的基础进行了热烈探讨，形成了隐私权说与人格权说两大学说，但最终于 1995 年颁布的"电脑处理个人资料保护法"（2010 年修订时更名为"个人资料保护法"）中确立了人格权的权利基调，[③]同时延续了欧盟对个人信息保护的统一管理模式，集中规范公私领域的个人信息利用问题。

学者的研究主要从个人资料及个人资料权的概念、界限、范畴、判断标准、保护模式等维度具体呈现。针对个人资料的内容，欧盟已确定将

---

① 参见[日]涉谷秀树、赤坂正浩：《宪法 1——人权》，有斐阁 2007 年版，第 252 页。转引自王涛：《宪法上隐私权保护之逆行？——日本最高法院住基网判决评析》，载《第四届全国公法学博士生论坛论文集》。

② 参见[日]梶田幸雄：《日本个人信息保护法概要》，柴裕红译，载《人民法院报》2018 年 6 月 29 日，第 8 版。

③ 参见齐爱民：《大数据时代个人信息保护法国际比较研究》，法律出版社 2015 年版，第 94 ~ 95 页。

网络活动过程中的动态 *IP* 地址纳入个人资料保护范畴,[①]而我国台湾地区尚未有此规定。对此,有学者表示网络经营者可以此为由,不受"个人资料保护法"的约束,但长此以往,经营者的商业发展利益很可能与"宪法"所保护的基本人权冲突,不符合"法律规范"的逻辑架构。[②] 对于如何确定个人资料的范畴,学界以"可识别性"作为通用标准,细分为直接识别与间接识别。[③] 其中,依靠间接识别方式识别的个人资料如果是容易与其他资料对照、组合或以联结方式识别出特定个人的,则该资料对个人而言具有隐私的合理期待,应受到"法律"保护;反之,如果难以以前述方式识别出特定个人,则该资料对个人而言应不具有隐私的合理期待,也即此类资料不会受到他人的无端窥视、干扰或刺探,不属于"法律"所保护的个人资料范畴,予以适度公开或被他人合理知悉使用当无大碍。[④] 除此之外,我国台湾地区还在具体"法律"中对个人资料进行详细列举,以"列举 + 概括"的方式共同确立了"法律"所应保护的个人资料范围。在个人资料的保护模式层面,学者就权力机关对个人资料保护的过度干预现象指出,上位者不应从人格尊严的抽象角度过多地、具体地指示个人资料保护政策,反而应尊重民主机制的自由运作。而司法控制应放松权限审查,促使行政机关多授权,但须严格审查行政机关的具体决策。[⑤] 同时,也有研究正在关注如何平衡在个人资料保护过程中可能相冲突的法益,尤其是利用个人资料所带来的商业利益与个人资料保护间的法益平衡[⑥]以及个人资料保护与新闻自由间的衡平。从权利与义务的视角看,有学者主张"法律"应当保护当事人资讯自主决定的权利,要求资讯收集利

---

① 欧盟法院原本一直认为,个人信息仅包含静态 IP 地址,直至 2016 年"布雷耶案"(*Patrick Breyer v. Bundesrepublik Deutschland.* Case C-582/14)确认了动态 IP 地址也可构成个人信息。

② 参见程法彰:《数字经济时代下个人资料保护的冲突与欧盟个人资料保护规则显示的意义》,载《月旦法学杂志》2017 年第 264 期。

③ 参见黄翰义:《自直接识别性及公共利益之观点论个人资料保护法之缺失》,载《月旦裁判时报》2015 年第 31 期。

④ 参见邱忠义:《谈个人资料保护法之间接识别》,载《月旦裁判时报》2014 年第 30 期。

⑤ 参见翁逸泓:《OTT 发展之隐私与个人资料保护问题初探》,载《世新法学》2016 年第 10 卷第 1 期。

⑥ 参见王明礼:《论资讯隐私:科技与商业发展脉络下的观察》,载《中原财经法学》2014 年第 32 期。

用者负担资讯隐私保护义务，从而在主客体层面全方位保护个人资料。

转观我国，个人信息保护理念大致经历了四个阶段的转变：传统"阴私"理念、民法意义上的隐私理念、公法语境中的个人信息保护理念以及大数据时代个人信息理念，相关文献亦汗牛充栋，既有对个人信息保护基础理论的研讨，又有对微观制度的设计。

在基础理论层面，西方学者仍未完全厘清的个人信息权与隐私权的关系问题在我国学界依然引起热烈探讨。有学者另辟蹊径，避开了以从属关系为视角的研究进路，转而以保护和利用兼得的角度论证了隐私权中的个人隐私利益是个人信息权保护的重要内容，个人信息权中敏感信息权益亦是隐私权的主要保护目标。[①] 值得注意的是，有学者尖锐地指出，我国隐私制度的研究多是直接照搬或简单移植西方成熟的隐私理论，缺乏对隐私权价值及隐私利益本质的深入研究，致使我国隐私权制度的根基展现出很大的脆弱性。[②] 基于内在稳定性十分欠缺的隐私权制度来分析其与个人信息权，从消极层面看，很有可能会陷入极端的错误判断和决定，进而偏离制度构设的原初意图。2013 年修订的《消费者权益保护法》相较之前的草案，删除了"姓名权、肖像权、隐私权等个人信息"的说法，以"消费者享有个人信息依法得到保护的权利"作为定稿，回避了尚未形成定论的隐私权与个人信息权的从属之争，有望朝着有利于保护消费者合法权益的方向发展。[③]

以民事权利说为基础，个人信息权的归属问题一度也成为学界热议的焦点。整体上，学界或认为属于信息主体，或主张归于非信息主体，实际上是一种本权与他权之争，具体分为三派：

一派沿袭莱斯格教授的观点认为基于提升效率，个人信息的所有权应赋予消费者，尤其是在大数据技术广泛应用的时代，以促使个人信息的私

---

① 参见张新宝：《从隐私到个人信息：利益再衡量的理论与制度安排》，载《中国法学》2015 年第 3 期。

② 参见吴伟光：《从隐私利益的产生和本质来理解中国隐私权制度的特殊性》，载《当代法学》2017 年第 4 期。

③ 参见 2013 年 4 月 28 日公布的《消费者权益保护法修正案（草案）》第二项；第十二届全国人大常委会第五次会议 2013 年 10 月 25 日发布、2014 年 3 月 15 日实施的《消费者权益保护法》第 14 条。

法调整转向防御保护与积极利用两个层面共同进行。作为一项主动性权利,享有个人信息权的主体除了可以被动防御第三人的侵害以外,还能够积极主动利用个人信息。在积极权利层面,行为人未经许可收集、利用个人信息,权利人有权要求行为人更改或删除其个人信息,以排除他人的非法利用行为或恢复个人信息的正确状态。① 正如学者所言,"资讯自决权赋予了权利人一种排他的、积极的、能动的控制权和利用权",②由此,个人信息的产权应分配给消费者个人才能更好地实现其积极利用的权能。

另一派认为,个人信息应归付出了一定的智力和劳动来收集并占有信息的经营者所有,依据占有即所有规则,若无明显合理证据足以推翻占有,则推定占有人为权利人并进行保护,以节约社会成本,稳固社会秩序。网络经营者多打着"免费""优化用户体验"的招牌收集、使用消费者的个人信息。在此过程中,消费者无需给付金钱,从而产生"无偿性"的认知错觉,认为其与经营者间形成的是一种单务无偿合同关系。但实际上,经营者所拟定的格式合同往往超出这一范畴而要求消费者同意其个人信息被全面地收集及利用。经营者向消费者提供服务的经济动机在于收集其个人信息,并借助大数据技术予以商业化利用。双方在交易中互负具目的关联性的给付义务,形成双务合同关系,消费者支付的对价并非传统货币而是个人信息。借由服务换取信息的商业模式,经营者为此类双务有偿合同披上了单务无偿的外衣,实际情况却是消费者以同意经营者利用其个人信息作为接受服务的对价,促使个人信息发生对价性转换。③ 基于消费者"同意"的意思表示,其个人信息的所有权即转移到经营者一方。还有学者从信息附加值的角度出发,认为原始个人信息理应归信息主体所有,但经营者将收集到的原始信息通过大数据技术加工而产生的衍生信息的相应权益则应当属于经营者。④ 信息主权

---

① 参见王利明:《论个人信息权的法律保护——以个人信息权与隐私权的界分为中心》,载《现代法学》2013 年第 4 期。

② 任晓红:《数据隐私权》,载杨立新:《侵权法热点问题法律应用》,人民法院出版社 2000 年版,第 419 页。

③ 参见郑观:《个人信息对价化及其基本制度构建》,载《中外法学》2019 年第 2 期。

④ 参见谢远扬:《〈民法典人格权编(草案)〉中"个人信息自决"的规范建构及其反思》,载《现代法学》2019 年第 6 期。

(information sovereignty)正是在互联网数据企业巨头们占有与使用海量个人信息的基础上产生,反映出个人信息的商业价值及其背后庞大的信息经济价值链。

还有一派认为,个人信息应归社会所有,新兴技术的支撑使企业的商业模式正在快速向以海量社会数据为核心的方向转变。在法规范视野中,社会数据便是数据化了的个人信息,应当为其收集、处理、使用等行为构建明确的法律规范框架。在个人信息构成的信息流动链条中,有四类基本主体,即公民个体、其他公民个体、经营者与国家行政主体,其中,行政主体的强制性和控制力决定了其对信息的控制权与利用方向。[①] 个人信息不仅关涉个人利益,而且关涉他人和整个社会利益,具有公共性和社会性。信息主体对其个人信息并没有绝对的支配权,因其为社会团体中的一员,其人格的自由发展仰赖社会交往。与个人控制论相对应,社会控制可以作为大数据时代的个人信息保护和使用的理论基础。个人信息的社会控制意味着个人信息的使用由社会习惯或法律确定,而非信息主体的个人意志,保护个人信息的责任主体由以个人为主转向以社会为主,法律规范的重心应从收集行为转向使用行为。[②] 个人信息的社会属性决定了公民个体不直接享有其个人信息的自决权。本质上,消费者是否同意经营者使用其个人信息是经营者所有说的核心,而同意的前提是信息主体在作出意思表示时拥有对完整的个人信息权,包括防御他人对其个人信息的不当使用、允诺他人使用其个人信息等。申言之,即意味着这一信息主体对其个人信息享有主观权利,也印证了消费者所有说的观点。

另外,也有学者认为,带有人格权属性的个人信息应归于消费者,但具备财产权特性的个人信息因内容差别而在归属上有所不同。基本个人信息的财产权由消费者独享,伴生个人信息和预测个人信息的财产权由消费者与企业共有。其中,消费者在伴生个人信息的财产权中所占份额大于企业,在预测个人信息的财产权中的份额比则相反,而经处理过

① 参见敬力嘉:《大数据环境下侵犯公民个人信息罪法益的应然转向》,载《法学评论》2019年第2期。

② 参见高富平:《个人信息保护:从个人控制到社会控制》,载《法学研究》2018年第3期。

的匿名信息已丧失人身属性，其剩余的财产权应被定性为企业的无形财产，由企业独享。[①] 总而言之，学界对个人信息的权属或主张私有，或赞同公有，然而对于网络平台掌握的数据化的个体交易信息有学者却倡导以参与方共有的形式确定信息权属，即用户和平台共享信息产权。[②] 此举既可回报平台在整理、存储信息上倾注的努力，又未忽略作为源头的信息主体。在一定层面上，对信息权益的司法保护正是保护有价值的信息的控制权。基于此，司法实践认为"价值创造贡献理论"[③]应作为个人信息权属的主要判断路径，从原始信息、信息汇聚、衍生信息等信息价值链中各个节点的价值贡献来判定是否应当赋予信息提供主体、信息采集主体、信息控制主体、信息开发主体相应的信息权利。具体而言，在原始信息这一价值节点上，虽然信息的传播、处理效率有所提升，但其对于社会的价值贡献仍未脱离信息本身的内容。相较之，在衍生信息的价值链条上，其所提供的信息内容早已跳出了单一事实的范围，不再是一种内容描述性信息，而朝着探索、预测事物发展规律与趋势的方向前行，具有了创造性的价值贡献。[④]

正是由于个人信息权属未定，各方主体分割、储存数量不同、类型不

---

① 邢会强教授在不区分信息与数据的前提下，将信息分为个人信息、企业信息、政府信息三大类。企业信息被再细分为商业秘密与非商业秘密，政府信息被二次细分为国家秘密与非国家秘密，个人信息被再次划分为基本个人信息、伴生个人信息与预测个人信息三类。其中，基本个人信息是个人提交的关于本人的特定信息，包括个人标识型信息与个人属性型信息；伴生个人信息指个人在生活、交易或工作中形成并被信息企业记录下来的关于个人的信息，是个人活动的副产品；预测个人信息是通过大数据对个人画像后得出的结论，主要是一种属性型信息。参见邢会强：《大数据交易背景下个人信息财产权的分配与实现机制》，载《法学评论》2019 年第 6 期。

② 参见朱宝丽：《数据产权界定：多维视角与体系建构》，载《法学论坛》2019 年第 5 期。

③ 价值创造贡献理论是西方经济学的重要理论，包括劳动价值创造理论、要素价值创造理论和边际效用价值创造理论。亚当·斯密与大卫·李嘉图共同创建了劳动价值创造理论，认为生产者投入到商品生产的劳动量决定商品的交换价值，并且生产商品的劳动时间决定生产商品的劳动量，商品价值的大小主要取决于在最差条件下生产商品所投入的劳动量。萨伊创建了要素价值创造理论，认为商品的价值创造需要劳动要素、资本要素和土地要素，并且三方面要素投入到生产商品的过程中是需要获益的，换言之，商品价值的创造是需要成本的。杰文斯、门格尔由于瓦尔拉斯共同提出了边际效用价值创造理论，从主观视角出发，主张商品的价值对于人们来说是对商品边际效用的主观性评价，以主观性的心理评价解释商品价值的形成过程和在竞争条件下市场价格的形成机制。参见励贺林：《基于价值贡献的无形资产转让定价收益归属研究》，天津财经大学 2016 年博士学位论文。

④ 参见沙丽：《数据资源权属判断及司法保护路径》，载《人民司法》2020 年第 10 期。

同的个人信息,主体间无法实现互联互通,资源整合渠道不畅,阻碍信息流通与共享,影响信息化进程,形成难以破解的“信息孤岛”。[①] 对此,学者认为,虽然“信息孤岛”的形成有悖于信息的天然属性,但有其必然性,破除信息孤岛有利于促进产业发展与创新实践,需要多角度深入分析信息孤岛的生成要件,在“共享为原则,保护为底线”的立法理念指引下,重构个人信息权属分配体系,完善信息隐私保护制度,健全信息流通监管制度。[②] 有观点指出,“数据孤岛的痛不是技术问题,是利益问题,背后隐藏的利益导致了数据孤岛的产生”,[③]信息主体、信息控制者没有意愿分享信息并不是没有技术力量确保信息流通的安全性,而主要是基于自身利益的考量,信息流通与共享在很大程度上是一项公共利益大于私人利益的行为,受自利性驱使的个体或企业很难主动提供公共产品,加之媒体关于个人信息泄露、电信诈骗等报道层出不穷,使信息主体的心理负担不断加大,更没有决心共享个人信息。因此,强化信息流通的顶层设计,调和各种相互冲突的利益,通过利益衡量方式在一定限度内承认部分主体的信息利益,合理舍弃部分主体的不相干利益,寻求协调利益关系的平衡机制是解决“信息孤岛”问题的优化路径。

还有学者就运用公权还是私权模式来保护个人信息进行了讨论。公权保护模式论者主张,大数据时代个人信息的技术性特征过强,以至于个人无法以私权为制度工具控制其个人信息的存储、使用与传播,应当明确个人信息的公共物品性质,将其置于公权力机构的管制下,运用公法治理手段方可真正实现对个人信息的保护。[④] 私权保护模式论者认为,公权力保护个人信息的实质是以牺牲信息主体的权益为代价来确保

---

① “信息孤岛”存在于所有需要进行信息共享和交换的系统之间,指的是不同主体间的信息不能交流,相互之间在功能上不关联互助、信息不共享互换,使数据出现脱节,近似于海面上一座座相互孤立、无法沟通的小岛。“信息孤岛”将给经营者的信息利用带来诸多困难,例如,需要重复多次输入基础信息、信息存在很大的冗余、掺杂大量的垃圾信息、信息交流的一致性无法保证等。

② 参见叶明、王岩:《人工智能时代数据孤岛破解法律制度研究》,载《大连理工大学学报(社会科学版)》2019 年第 5 期。

③ 王轶辰:《信息孤岛、人才缺失,发展大数据还有啥问题?》,载《经济日报》2017 年 7 月 10 日,第 3 版。

④ 参见吴伟光:《大数据技术下个人数据信息私权保护论批判》,载《政治与法律》2016 年第 7 期。

政府利用个人信息实现信息流动与共享。此种方式具有相当的强制性，在很大程度上未顾及信息主体的自我意志，欠缺合法性基础。[①] 以个人信息为中心形成的法律关系多涉及平等主体，若以公权力肆意干涉平等主体间的纠纷，很可能会陷入国家失灵，相反，从权利义务的角度明晰平权主体各自的权责，更容易达到损害填补的目的。当然，其间也可能涉及公权力机关，对信息主体与政府间关系的调整也会不可避免地涉及公法。因此，对个人信息的保护应当公私合力，但仍要侧重私权保护模式。

学界亦针对个人信息保护的微观制度进行了探讨。有学者仔细研读了《民法总则》第 111 条的规定，梳理了《个人信息保护法》立法过程中的诸多建议稿、草案，将之与个人信息的权利内涵、特征、性质等理论研究对接，评析现行制度的优劣，以寻求有效保护个人信息的法律制度支持。[②] 个人信息权作为调和利益冲突的权利设计必须顾及各方利益，据此，有学者主张以知情同意权为基础建立个人信息权的积极权能体系，以被遗忘权为代表设置个人信息权的消极权能系统。[③] 而就如何保障信息主体对个人信息的支配权，有学者认为应创设知情同意规则，即他人使用个人信息须经信息主体同意，此亦为个人信息处理的正当性基础之一。我国现行法律确立了信息主体授权同意的一般原则，司法案例创立的信息获取"三重授权原则"[④]——个人对平台的授权、平台对第三方平台的授权、个人对第三方平台的授权深化了同意规则，但中间环节

① 参见王成：《个人信息民法保护的模式选择》，载《中国社会科学》2019 年第 6 期。

② 参见张新宝：《〈民法总则〉个人信息保护条文研究》，载《中外法学》2019 年第 1 期。

③ 参见叶名怡：《论个人信息权的基本范畴》，载《清华法学》2018 年第 5 期。

④ 两家淘友公司与微梦公司通过新浪微博平台 Open API 进行合作，两家淘友公司未经新浪微博用户同意，且未取得新浪微博的授权，获取并使用新浪微博用户的职业信息、教育信息，侵犯了微梦公司的竞争优势，破坏了互联网行业的公平竞争秩序，构成不正当竞争行为。本案确立"三重授权原则"后，脉脉网站想要获取新浪微博持有的用户个人信息，需要具备三重授权，即用户同意新浪微博收集利用其个人信息的授权、用户同意脉脉网站转存利用其存储于新浪微博上的个人信息、新浪微博同意脉脉获取其存有的用户个人信息。在三重授权原则关涉的三主体之间，用户占据着最终的决定性地位，其可以授权信息收集方，同时还可以授权信息接收使用方。参见北京知识产权法院审理的北京淘友天下技术有限公司、北京淘友天下科技发展有限公司与北京微梦创科网络技术有限公司不正当竞争纠纷二审案（案号为〔2016〕京 73 民终 588 号）。许可：《数据保护的三重进路——评新浪微博诉脉脉不正当竞争案》，载《上海大学学报（社会科学版）》2017 年第 6 期。

的授权，即平台对第三方的授权环节中平台授权依据为何？是信息权属？还是平台对信息的占有？抑或是竞争性利益？强调用户对个人信息的自主决定控制，是否会导致负外部性？其间，平台完全可以通过事先约定的形式将真正的授权予以架空，使之流于形式，此时，用户的权益如何保障？同时，受法理基础、社会环境等因素的影响，同意规则在实践中屡屡失灵。对此，学者建议通过重塑个人信息范围、调整经营者与消费者间的权利义务关系、引入举证责任倒置等形式在法律实施中落实同意规则。① 有学者意识到个人信息权实际上是一种舶来品，国内法律对个人信息权的保护更应关注域外趋势，尽可能在符合国情的基础上与国际接轨。同时，个人信息的跨国流通已较为常见，在制度建构时要注意参考趋同性保护原则来完善我国个人信息保护标准，拓展信息主权边界，引入个人信息的保护性域外管辖权。②

有学者注意到个人信息被侵犯后的救济问题，主张从侵权法的角度实施救济，建立三元归责原则体系，强调采取停止处理、数字加密等预防性责任方式，以保护信息主体合法的个人信息权益不受侵犯。③ 对此，有学者建议将个人信息保护纳入刑法保障范畴，随着刑事法律条文对于保护个人信息的规则设计朝着越来越严苛的方向修订，不法分子侵犯个人信息的案件数量将渐次减少。其中，最具代表性的乃是对“批量个人信息”的数量认定，2017 年《最高人民法院、最高人民检察院关于办理侵犯公民个人信息刑事案件适用法律若干问题的解释》规定以推定的证明方式认定涉案个人信息的条数，④有学者认为此规定不具有可操作性，难以定罪量刑，遂结合举证责任分配规则，提出了批量个人信息数量认定规

---

① 参见方禹：《个人信息保护中的“用户同意”规则：问题与解决》，载《网络信息法学研究》2018 年第 1 期。

② 参见张新宝：《我国个人信息保护法立法主要矛盾研讨》，载《吉林大学社会科学学报》2018 年第 5 期。

③ 参见叶名怡：《个人信息的侵权法保护》，载《法学研究》2018 年第 4 期。

④ 参见 2017 年 6 月 1 日实施的《最高人民法院、最高人民检察院关于办理侵犯公民个人信息刑事案件适用法律若干问题的解释》（法释〔2017〕10 号）第 11 条规定：“非法获取公民个人信息后又出售或者提供的，公民个人信息的条数不重复计算。向不同单位或者个人分别出售、提供同一公民个人信息的，公民个人信息的条数累计计算。对批量公民个人信息的条数，根据查获的数量直接认定，但是有证据证明信息不真实或者重复的除外。”

则,即以推定证明与被告人承担部分举证责任来共同确认批量个人信息的数量。该规则适用的前提是需存在批量(5000 条以上)的个人信息,并以控方抽样检测信息真实存在为基础,辩方积极举证提出反驳,意图推翻推定的数量认定,若辩方所举证据能达到"证据确实、充分,排除合理怀疑"的证明程度,则推定结论被推翻;反之,则以推定结论定案。[①] 在当时的制度环境下,这一规则的提出确实在一定程度上可以缓解实施困顿,但仅是学者提出的理论化操作方案。为解决个人信息数量认定问题,最高人民法院、最高人民检察院在 2019 年颁布的司法解释量化了网络服务提供者拒不履行信息网络安全管理义务致用户信息泄露规定中"造成严重后果"的情形,[②]对于被认定为此罪并造成严重后果的网络服务提供者最高可处以 3 年有期徒刑。[③] 诸如此类的具体制度设计是否能发挥效用,补足原先制度的缺陷,还有待实践的检验。

总体而言,国内外理论界针对个人信息这一主题的研究成果丰硕,既看到了合理利用个人信息给经济生活带来的巨大便利,也意识到了便捷性的黑暗面——滥用、盗用个人信息给信息主体带来的难以挽回的损失,积极探索运用法律手段遏制个人信息消极面扩张的机制。从部门法视角来看,现有文献多从宪法、民法、刑法等传统领域探讨个人信息的保护和利用,很少有研究专门以经济法作为切口展开或进行跨法学学科领域的研究。司法实践尝试将《反不正当竞争法》第 2 条第 2 款[④]的抽象性规定转化为个人信息的财产权予以保护和救济,试图通过扩大这一条款的适用范围来建立排他性信息财产权,将之置于《反不正当竞争法》的保

---

① 参见付玉明:《侵犯公民个人信息案件之"批量公民个人信息"的数量认定规则——〈关于办理侵犯公民个人信息刑事案件适用法律若干问题的解释〉第 11 条第 3 款评析》,载《浙江社会科学》2017 年第 10 期。

② 包括泄露行踪轨迹信息、通信内容、征信信息、财产信息 500 条以上;泄露住宿信息、通信记录、健康生理信息、交易信息等其他可能影响人身、财产安全的用户信息 5000 条以上;泄露前述以外的用户信息 50000 条以上。

③ 参见最高人民法院、最高人民检察院《关于办理非法利用信息网络、帮助信息网络犯罪活动等刑事案件适用法律若干问题的解释》(法释〔2019〕15 号)第 4 条,2019 年 11 月 1 日施行。

④ 《反不正当竞争法》第 2 条第 2 款规定:"本法所称的不正当竞争行为,是指经营者在生产经营活动中,违反本法规定,扰乱市场竞争秩序,损害其他经营者或者消费者的合法权益的行为。"其中"合法权益"即具有抽象性,留给法解释学较多的可发挥空间。

护框架中。[①] 姑且不论保护是否充分有效的问题,司法机关的这一做法针对的是非法侵入、使用企业信息的行为[②]而非规制不法收集、滥用作为个体的消费者的个人信息的情形,须知市场经济活动中受到不法信息行为伤害最严重的是消费者,运用经济法独具特色的规范措施保护消费者个人信息乃是贴合逻辑理性的国家治理选择。个人信息与社会经济活动的关系紧密,实际上绝大部分个人信息都流向了以信息为生的企业。这类企业的数量有多少呢？以其中的一个小分支——大数据企业为例,在数据红利的吸引下,大数据应用场景遍布金融、医疗、交通、教育等行业,大数据企业呈井喷式增长。依据《2018 中国大数据企业报告》,2018 年贵州省大数据企业已有 8900 家,更遑论全国。可以明显看出,越来越多的个人信息在向经营者聚拢,而宪法、民法、行政法以及刑法对保护个人信息的理论探讨多是基于单个主体或公权力机关的语境,忽略了实践中广泛存在的经营者侵害个人信息的情形,致使理论研究与真实世界产生脱节。站在更高层面,人民日益增长的美好生活需要包括物质性需要、社会性需要、精神文化需要,保护个人信息隐私对于实现人民各个层次的需要都非常重要。现有研究即便粗略涉及消费者的个人信息问题,也过于零散,未能形成一个稳定的研究体系,更没有提出针对消费者保护领域的个人信息问题的部门法或法律系统因应方案。鉴于此,本书试图跳脱出个人信息的传统法学研究思路,将研究主体集中于消费者,以

① 参见龙卫球:《再论企业数据保护的财产权化路径》,载《东方法学》2018 年第 3 期。

② 例如,北京市高级人民法院审理的北京阳光数据公司诉上海霸才数据信息有限公司技术合同纠纷案,法院认为,SIC 实时金融信息是一种新型的电子信息产品,应属电子数据库,原告作为特定金融数据的汇编者,对数据的收集、编排,即 SIC 实时金融信息电子数据库的开发制作付出了投资,承担了投资风险,其通过向公众实时传输该电子数据库的全部或部分而获取收益,因此对于该电子数据库的投资及由此而产生的正当利益应当受到法律保护。上海市第二中级人民法院审理的上海钢联电子商务有限公司诉上海纵横今日钢铁电子商务有限公司、上海拓迪电子商务有限公司的不正当竞争纠纷案件中,法院根据原告为采集单个的、分散的市场钢铁价格信息,组建了专业的资讯采集团队,且所收集的钢铁价格数据信息是市场公开的价格信息,并未对其进行再加工,同时,原告通过向会员实时发布综合性的钢铁价格信息而获取收益,已经形成了原告所特有的经营模式。因此,认定原告的数据信息系原告通过付出大量劳动所获得,该数据信息能够为原告带来利益,体现了原告的竞争优势,故原告对其数据信息享有合法权益。参见北京市高级人民法院民事判决书(1997)高知终第 66 号、上海市第二中级人民法院民事判决书(2012)沪二中民五(知)初字第 130 号。

经济法为制度进路,运用交叉学科视角,系统化地探讨消费者个人信息的有效保护问题。

三、研究思路与方法

本书从经济活动中存在的消费者个人信息治理难题出发,在权利观理论的指引下重新界定了消费者个人信息权的内涵和外延,并从法律文本层面对这一概念进行考辨。基于已有规范研究,通过梳理侵害消费者个人信息权的司法实践案例的类型与特征以及主要国家保护消费者个人信息权的既有模式,本书尝试从理论和实践两个维度对保护消费者个人信息权这一命题进行研究,拟解决如何在保护消费者个人信息权的同时,合理使用个人信息为社会创造价值。

在理论层面,本书首先萃取了国内外既有消费者个人信息权保护模式的共性,称之为"公私兼济保护模式",将这一模式进行解构后,可知其虽然具备一定的法理基础,也能够在因应信息侵害行为时产生积极作用,但在大数据技术飞跃时代却显现出尤为明显的局限性,不能有效保护消费者个人信息权。其次,基于公私兼济保护模式的限制,本书结合经济法、经济学的理论思路,以场景风险理论架构为核心构建了一套既能弥补公私兼济保护模式的制度缺失,又能有效治理网络传播时代个人信息乱象的全新的消费者个人信息权保护模式,称其为"场景风险保护模式",并详细阐释了这一模式的基本构造、基本原则、实践方法与优势。

在实践层面,本书整合了有关侵害消费者个人信息权的司法案例,运用描述性实证分析方法勾画了侵害行为的实践概貌。确立区分标准后,结合全貌描绘与个案实情,本书总结出侵害消费者个人信息权的具体行为类型,并提炼出侵害行为的基本特征,及其对既有保护模式的挑战,为论证公私兼济保护模式的局限性与场景风险保护模式的合理性奠定实证基础。

本书主要采用下述研究方法:

第一,文献资料分析法。在写作准备阶段,笔者已检索和收集现有关于个人信息研究的大部分文献,包括专著、期刊论文、调研报告等,以便于掌握学界对该问题的理论研究前沿。进入论文的写作阶段后,笔者仔细阅读和分析了所收集的中外文文献，找寻研究的共性和差异，并结合相关材料试图指出现有研究的不足之处，以体现本书的研究价值。同时，笔者对《个人信息保护法（草案）》《民法典》《网络安全法》《数据安全法（草案）》《消费者权益保护法》等法律、法规中涉及个人信息的条款进行文本解构，阐释个人信息保护和利用的法理根基，以探究当下大数据信息应用的现实背景下消费者个人信息权保护法律制度的改良方案。

第二，比较研究法。本书介绍了美国、德国、日本以及欧盟在个人信息保护方面的理论研究成果与实践路径，并将各国在研究源头、权利核心、保护范畴、利用模式等领域的研究情况作比较，重点考察不同文化背景、不同社会环境中隐私与个人信息的关系、信息自决在个人信息权保护中的地位、公法和私法保护模式的差异等研究成果，识别其内在机制，力图通过剖析既有保护模式，提取通用方案，评判方案的优劣，得出可供我国借鉴的保护消费者个人信息权的改良模式。

第三，历史分析法。本书梳理了个人信息权及其法律保护的历史发展，厘清了个人信息权保护制度变迁的历史沿革，从纵向层面揭示了个人信息权这一研究对象从萌生到发展，再到被重视的演化进程。在此基础上系统分析了我国政府为何会力求以公法的强制手段保护公民的个人信息，而学者却更希望以意思自治的赋权形式完成对个人信息的保护，进而阐明在以分享为主要特性的数字科技时代保护消费者个人信息权的合理化方案。

第四，系统分析法。本书将公权力机关、经营者与消费者纳入同一系统中研究，分析各方在个人信息权保护中所扮演的制度角色，考察在不同情形下三方主体间的互动或制衡关系，厘清第三方利用个人信息的边界以及保护个人信息权的倾斜度，为建构合理化的个人信息权保护法律体系奠基。

此外，本书亦尝试交叉学科研究方法，将经济学的信息偏在、场景完整性理论，管理学的风险导向理论等相关学科理论与经济法学的基础理论、价值目标相互渗透，以多元化的学科智识共同探析消费者个人信息权保护的因果链条、理论缺口、制度困境，以期找出实操性强且成效显著的解决方案。

四、创新之处

既有的个人信息治理现状、消费者个人信息权保护模式是本书的研究基础,也是本书试图超越的思维高山。鉴于此,本书可能的创新之处如下:

第一,理论创新。本书尝试构建一个适用于大数据时代背景下保护消费者个人信息权的理论研究框架——场景风险保护模式。既有消费者个人信息权保护模式已不符合时代要求且漏洞频出,而以兼顾保护个人信息权与促进个人信息合理使用为核心制度目标的场景风险保护模式既能弥补现有保护模式的制度之失,又能有效治理个人信息乱象,还能推动实现信息共享。

第二,研究进路创新。本书通过分析与梳理提炼出了公私兼济保护模式这一共通的消费者个人信息权保护模式,但由于制度本身的内在瑕疵与时代背景,这一模式的制度效用大打折扣。而与之呈现递进关系的场景风险保护模式恰好能够补足公私兼济保护模式的缺失,并以其制度的合理性与实用性有效保障消费者个人信息权。

第三,研究方法运用的创新。经验世界的道理并不完全听从于理论的逻辑,本书从实践出发开展理论研究,尽力实现法律实用主义。笔者通过北大法宝司法案例网络数据库检索了侵害消费者个人信息权的案例情况,筛选出 90 份民事判决书作为实证研究对象,在精细分析实践情境的基础上进行理论建构,所构建的场景风险保护模式脱生于司法实践,又因理论因素的加入而高于实践,形成了学理性与可操作性兼具的保护模式。

第一章　消费者个人信息权的理论基础

法学研究的延展需要长流不息的理论探索，理论是研究的内在逻辑。当前，消费者个人信息的治理问题十分严峻，保护边界不清、变相获取消费者同意、规范措施效果不佳等现实难题困扰着实务界和理论界。然而，学界在消费者个人信息权这一细分领域鲜有进行独立、充分的理论检视，由于消费者在市场经济中的特殊性，消费者的个人信息权在社会经济中的重要性显而易见，对其进行理论探研实有必要。关于个人信息权的理论在西方已较为成熟，有些观点经过不断批判、修正甚至已达成全球共识，消费者个人信息权应被视作个人信息权的研究子集，对其展开细致绵密的法理论证可适当借鉴个人信息权理论以及消费者权益保护的相关理论。

一、尚未消解的消费者个人信息治理难题

个人信息“裸奔”现象、滥用个人信息进行网络诈骗等信息乱象的负面效应在社会经济中聚合放大，即便大数据公司基于促进社会发展快速化、便捷化而收集利用个人信息，也会引得信息主体反感、抗拒。消费者个人信息问题的解决一直是促进网络传播时代进一步发展的难点，公权力强制打击、私主体协商、中间机构居中调解等治理手段纷纷登场，虽有一定的压制效果，但针对性治理后问题仍旧重复出现，说明了现行制度无法起到化解消费者个人信息问题的效用。

（一）模糊不清的保护边界

既有关于消费者个人信息问题的治理模式虽然倡导公权与私权合力为之，但也存在如何划分公权与私权保护范畴的问题。这其实是一个

边界问题，可细分为两个有着递进关系的次级问题：其一，侵害行为与非侵害行为边界如何划分；其二，确定侵害事实后，哪些行为由公权规制，哪些行为划到私权范围，公私保护领域的界线何在？现有治理模式即使不求公私保护方式一定泾渭分明，却也无法有效化解前述两个难题。

首先，在授权范围内合理使用个人信息是合法的，不当或未经授权收集使用他人个人信息可能涉及非法侵害。现有规范对于使用个人信息的范围并不明朗，导致信息使用者在收集使用个人信息时往往突破最小必要原则，超越信息主体的授权范围，过度采集使用他人个人信息，进而致使判断某行为是否侵害消费者个人信息的标准也不明晰。有言论指出可依据利用个人信息的主体、被利用的个人信息的类型来进行判断。但由于现有立法文件对个人信息的规范性定义并不统一，这一判断基准还有待进一步商榷。不论是私权保护模式，还是公权治理模式均尚未提出具有操作性的侵害行为判定标准，亦延续常识性认知——行为后果论，即观察是否出现了消费者个人信息被泄露、被滥用的后果，如垃圾信息源源不断地向私人手机号码发送，各种“量身定制”的坑蒙拐骗接踵而来，银行存款不翼而飞等，再依据后果的严重程度、舆论关注度决定是否采取相应的规制措施。行为后果论主要关注危害性后果，其必然由侵害行为导致，却忽略了依法而为的信息行为所形成的结果，挤压了合法信息行为的生存空间，从而不能准确地区分侵害行为与非侵害行为。有观点基于保护个人信息的内在价值以及控制个人信息的传播利益确立了处理个人信息合法性标准，即信息行为满足知情同意与利益衡量两大要件则不应被视为是信息侵害行为。① 进一步来看，官方报告为了实现信息社会的共享功能，号召合理利用个人信息，但合理与违法的界限何在？只在限定区域内公开个人信息，这是合理使用吗？打着公益旗号而故意泄露个人信息是合理使用吗？边界缺失将会使得行为的定性存疑，影响后续治理措施的制定和实施。

---

① 该观点认为，知情同意是合法处理个人信息的充分非必要条件，而基于权利的利益论，权利意味着特定个人利益构成了他人义务的证立理由，界定个人信息权范围的关键就在于识别出在何种情况下相关个人利益能够证立他人的义务。参见于柏华：《处理个人信息行为的合法性判准——从〈民法典〉第111条的规范目的出发》，载《华东政法大学学报》2020年第3期。

其次，假定存在能够轻易、准确地判定信息侵害行为的标准，在确定某一信息行为构成侵害后，是将其划入公权规制领域，还是私权保护范畴呢？处于“中间地带”的侵害行为又如何确定归属？或许有人会提出，为什么一定要区分公权保护和私权保护呢？笼统保护不是更能够囊括更多的侵害可能范围吗？其实不然，部门法基于系统分工与法理基础差异而体现的专业性是统合法不能比拟的，同理，将不同的信息侵害行为置于公权或私权的保护范畴，也是专业性的体现。如若界限不明，可能会产生错位保护，影响保护效果。基于权利义务的分配，公权与私权的质的特征较为明显，行使公权的行政部门多处理的是垂直权利义务关系，一般个体常陷入水平权利义务关系中。这就需要把控核心领域防线，明晰哪些是公领域不容退让的中心区域，哪些是私领域不可妥协的中枢地带，因为权力或权利行使范围的模糊将带来管理缺位、越位、保护不当等弊端。

保护消费者个人信息的边界实际上是围绕是否保护与如何保护问题进行争论，模糊的边界助长了个人信息侵害行为的争议性，尤其是对于较为隐蔽的通过分析次生个人信息来实施侵害的行为，越来越难以运用法律武器进行精准打击。例如，微信群控案中自动化、批量化操作微信的行为实际上就是对用户信息进行大规模全面的统计和深度的运算发掘，再提供给经营者予以商业化使用。① 大数据时代的个人信息收集、使用时刻处于变动中，经营者借用技术手段更换“马甲”来分析、利用消费者个人信息的举动难以捕捉，确立侵害与否的边界也因变动速度快而可能虚置。

（二）隐蔽不显的同意获取手段

在收集使用个人信息之前或过程中征得消费者同意是现有保护模式对经营者提出的要求，是努力践行“合法、正当、必要”这一基本法则的

① 微信群控案中被告通过“聚客通群控软件”，利用 Xposed 外挂技术收集的用户信息包括账号信息、好友关系链信息以及用户操作信息（含朋友圈点赞评论、支付等），将这些信息存储于其服务器中，再根据信息交易市场需求利用技术进行深度加工。参见杭州互联网法院 2020 年 6 月 20 日作出的关于“腾讯计算机公司、腾讯科技公司诉被告浙江某网络公司、杭州某科技公司不正当竞争纠纷”一案的一审判决书。

重要表现。[1] 基于产权规则视角，以所有者同意为起点达成合作契约需要满足交易成本可控的条件，在交易关系中，消费者负担的信息搜寻、风险判别等成本明显高于经营者，加之经营者为了应对执法监督机关的合法合规审查，通过告知同意、默示同意、[2]推定同意等显著性不强的方法在形式上取得消费者同意，为其后续的个人信息处理行为加固了“免责盾牌”，使消费者的个人信息随时可能陷入被侵害的危险境地。

以常见的手机 APP(Application 的简称，即移动智能终端应用软件)为例，为了节省成本，部分手机 APP 未按照工信部要求对信息数据采取必要的保护措施，便利了 APP 经营者或黑客利用安全漏洞提取个人信息另作他用。2018 年中国消费者协会针对消费者个人信息泄露这一问题展开网络问卷调查，根据调查结果发布的《APP 个人信息泄露情况调查报告》从内容和整体结构上都凸显了现实情况的严峻。[3] 工信部公布的 2019 年第二季度《工业和信息化部关于电信服务质量的通告(2019 年第 3 号)》中检测了 61 家互联网企业和 51 家手机应用商店的应用软件，发现 32 款应用软件存在问题，其中关涉消费者个人信息的有 24 款。

网络经营者在收集、使用消费者个人信息之初确实在努力争取同意，惯用的方式是在正常使用 APP 前与用户订立关于使用规则和隐私条件的合约。学理上，制定并公布隐私政策一般被认为是网络经营者自我规制的重要工具，也是其确保收集、利用行为经受合法合规审查的重要形式。征

---

① “合法”意味着非信息主体收集、处理个人信息的行为应符合我国法律规范；“正当”表明个人信息收集、利用的目的和手段需满足诚信原则；“必要”则预示收集、利用的个人信息仅限实现正当目的的所必需。

② 有学者甚至认为信息隐私的访问权失控的主要原因是所有网站乃至整个网络环境的默认同意收集个人信息使然。参见郭旨龙：《从公民身份到信息身份：隐私功能的理论重述与制度安排》，载《法制与社会发展》2020 年第 5 期。

③ “APP 个人信息泄露情况调查报告”显示，85.2% 的受调查消费者都曾遭遇过个人信息泄露，泄露后遭受的突出困扰包括推销电话或短信骚扰(86.5%)、诈骗电话(75%)与垃圾邮件(63.4%)，对此，消费者最忧虑的是个人信息被用于从事诈骗窃取活动(70.5%)以及贩卖或交换给第三方(52.4%)。对于个人信息的泄露渠道，62.2% 的受调查消费者认为是经营者未经本人同意采集个人信息而致，主张是由于经营者或不法分子故意泄露、出售或者非法向他人提供个人信息的占 60.6%。令人诧异的是，当消费者察知其个人信息被泄露后，大约有三分之一的受调查者选择“自认倒霉”，其中包含部分消费者曾积极向消费者协会、行业组织、行政部门等反馈，但收效甚微，亦未能解决问题，多次应对无效后再次面对个人信息被泄露便只能接受现状。

得消费者同意是信息隐私的传统法律保护路径——知情同意架构(notice-and-consent framework)这一保护个人信息的基础性规范的应有之义,即经营者事先制定含有同意收集、利用用户个人信息等内容的隐私协议,并在与消费者发生法律关系之前,取得消费者的明示或默示认同。①

站在经营者的角度,其已主动向用户披露了涉及个人信息收集、处理规定的《法律声明及隐私权政策》,并在用户注册时取得了授权许可,其获取用户个人信息的行为是合法的。然而,隐私协议是由网络经营者为了重复使用而预先单方拟定的,并未与相对方商讨协议条款,用户也不能就合约内容与经营者讨价还价,内容定型化且相对方在订约过程中处于被动服从地位,属于典型的格式条款,按照合同法的规定,如果协议排除了相对方的主要权利,阻碍合同目的达成,应被认定为无效。含有同意收集、处理个人信息的条款夹杂在大量烦琐条款中,既无强调又无提醒注意,很容易被消费者忽略。隐私协议中的同意条款很有可能被认定无效,进而推翻经营者收集、利用个人信息的合法性要件。正如兰道(Susan Landau)所言:"隐私协议的目的是为了覆盖所有意外情况,不是为了供人使用而设计。"②学者的实证研究揭露出,网络经营者拟定的隐私协议在法定要求和推荐性要求层面均低于世界普遍标准,公开隐私政策的网络经营者数量不多,其中,隐私政策的内容与关于个人信息保护法律规定的衔接度不高,企图依靠隐私协议来实现自我规制的理想远未达到。③ 隐私政策的文本化、形式化问题较严重,在集体行动难题的困局下,从文本转向实践的成功案例并不多见。④ 实践中,曾出现有经营者虽将信息使用、隐私同意等内容置于格式条款中,但通过把相应条款加黑加粗的形式以提请用户注意,此种另辟蹊径的举措是否可被视为合法合理的告知方式呢?尤其是在网络环境中,加黑加粗方式是否足以尽到提示义务以及告知义务?对

① 参见冯洋:《从隐私政策披露看网站个人信息保护——以访问量前500的中文网站为样本》,载《当代法学》2019年第6期。

② Susan Landau, *Control Use of Data to Protect Privacy*, Science, Vol. 347, No. 6221, 2015, pp. 504-506.

③ 参见冯洋:《从隐私政策披露看网站个人信息保护——以访问量前500的中文网站为样本》,载《当代法学》2019年第6期。

④ 参见李延舜:《我国移动应用软件隐私政策的合规审查及完善——基于49例隐私政策的文本考察》,载《法商研究》2019年第5期。

此，司法实践的看法并不一致。[①] 面对实践差异，理论层面有何回应？改进告知方式是否需要结合充分性与合理性双重视角予以考量？更值得深思的是，经营者通过隐私协议或公告进行告知即意味着信息主体对其信息处理行为的同意这一观点在司法实践中得到了支持。[②] 是否揭示无

---

① 对于网络服务提供者以加黑加粗字体对用户进行告知提示这一问题，杭州互联网法院审理的"徐某与芝麻信用管理有限公司隐私权纠纷"一案持肯定态度。法院根据《芝麻信用服务协议》的约定"在您使用本服务的全部期间，您授权本公司向可以合法提供您的用户信息的主体采集该等信息。为了免除您重复授权的不便，您作出前述授权，表明前述信息提供者无需再逐一向您另行获取其向本公司提供您的信息的授权，该等信息提供者可以依您在本协议中的授权径行向本公司提供您的用户信息。"因此，认定原告在注册芝麻信用时已经授权芝麻信用公司向法院采集原告的涉诉案件信息。原告虽主张系芝麻信用公司诱导其注册并同意《芝麻信用服务协议》，但未提交相关证据予以证实，而从《芝麻信用服务协议》的内容来看，该协议虽为芝麻信用公司制定的格式条款，但其以加粗加黑的字体这一合理方式提请用户注意免除或者限制其责任的条款，应视为合法有效，对双方均有约束力[参见杭州互联网法院 2018 年 4 月 28 日作出的民事判决书，(2018)浙0192 民初 302 号]。苏州市中级人民法院审理的"孙丁丁诉苏宁易购电子商务公司网络购物管辖权纠纷"一案却持否定态度。法院认为，苏宁易购公司制定的管辖权协议格式条款仅通过字体加黑方式尚未尽到合理提请消费者注意的义务。首先，字体加黑方式能够引起消费者合理注意的前提是与其他条款字体明显不同，而根据苏宁易购公司提供的经过公证的《苏宁易购网站会员章程》网页打印件，《苏宁易购网站会员章程》内容共计 12 页，每一页均有多条黑体标示条款，其中共达 6 页中的黑体标示条款明显多于非黑体字条款。因此，经过字体加黑的管辖权条款与其他条款并无明显区别，未起到提请消费者合理注意的作用。其次，由于网站页面与纸质介质存在差异，纸质介质通过加黑或字体变化方式容易引起消费者注意，但网站页面本身内容丰富，消费者浏览时注意力容易被分散，故在网站页面上字体加黑方式的提示注意功能降低。网站经营者有更多更有效的提请注意方式如弹出式页面等可供选择，理应根据实际情况采用合理的提请注意方式[参见苏州市中级人民法院 2015 年 7 月 1 日作出的民事裁定书，(2015)苏中民辖终字第 00253 号]。

② "安徽美景信息科技有限公司与淘宝(中国)软件有限公司不正当竞争纠纷"一案中，淘宝公司系"生意参谋"零售电商数据产品的开发者和运营者，该数据产品主要为淘宝、天猫商家的网店运营提供数据化参考服务、帮助商家提高经营水平，淘宝公司对该数据产品享有竞争性财产权益。美景公司运营其"咕咕生意参谋众筹"网站，以提供远程登录服务的方式，招揽、组织、帮助他人获取"生意参谋"数据产品中的数据内容，并从中获取利益。法院认为，淘宝公司收集并使用用户数据信息的行为不违反法律规定。淘宝公司作为网络服务提供者，在网络上已公示了《淘宝平台服务协议》与淘宝隐私权政策，明确宣示了收集、使用用户信息的目的、方式、范围，同时提示会根据用户浏览及搜索记录、设备信息、位置信息、订单信息等，提取浏览、搜索偏好、行为习惯等特征，并承诺会将个人信息做匿名化、去标识化处理。"生意参谋"数据产品所涉网络用户信息主要表现为网络用户浏览、搜索、收藏、加购、交易等行为痕迹信息，以及由行为痕迹信息推测所得出的行为人的性别、职业、所在区域、个人偏好等标签信息。这些行为痕迹信息与标签信息并不具备能够单独或者与其他信息结合识别自然人个人身份的可能性。"生意参谋"数据产品中涉及的用户信息种类均在上述服务协议和隐私权政策已宣示的信息收集、使用范围之内，因此淘宝公司收集并使用用户数据信息的行为并未违反法律法规关于个人信息保护的规定[参见浙江省高级人民法院 2019 年 7 月 2 日作出的民事裁定书，(2019)浙民申 1209 号]。

论告知形式与内容能否被用户便利观察、阅读、理解，也不顾告知效果，只要经营者实施了告知行为，履行了告知义务，即可视为是用户同意的意思表示？细察之，其形式与实质均有悖于制度意图。

即便网络经营者对同意告知进行了改良，采取“强制读秒”“下拉至最后”等强迫消费者阅读隐私协议的措施，但实践效果并不尽如人意。中消协发布的《APP个人信息泄露情况调查报告》表明，73.8%的受调查者曾阅读过用户协议或隐私政策，但其中能够认真阅读完相应文字说明的受调查者仅占26.7%，浏览性粗略阅读有关政策的受调查者将近40%。在占比26.2%的从不阅读APP用户协议或隐私政策的受调查者中，高达61.2%的所选缘由乃是因不授权就没法正常使用，只能被迫接受。国外研究对经营者制定隐私政策的动机以及如何执行隐私政策进行的持续性调查表明，遵守特定法律的要求是订立隐私政策的前提，具体法律规则对建立最低限额和制定某些“合规导向”措施十分重要，这就导致越来越多的隐私条款过于模棱两可并直接影响执行方向。[①] 知情同意架构偏向以私权自治来保护个人信息，因其过于注重实现信息主体的自决权，对个人信息的合理流动以及他人的正当利用产生了一定的抑制作用。那么，此种自我规制方式是否在实务中沦为形式？是否会对消费者造成损害？随之而至的薄弱的监管力度是否会再次将消费者个人信息置于危险境地？

部分APP经营者要求用户勾选“已阅读并同意用户须知”选项，才能正常使用。然而，大多数APP制定的“用户须知”存在字数多、字体小、专业术语多、语句晦涩难懂的特点，有些APP甚至将“同意收集和利用用户信息”的选项置于深层，需要点击浏览多个界面方可看到目的选项，为节约时间，消费者通常仅简要浏览便勾选，亦不会特意层层点击查阅个人信息相关条款。APP经营者正是利用了消费者怕麻烦的心理，在用户须知中设置诸如“APP有权收集并对用户提交的个人信息进行商业利用”条款，一旦消费者点击“同意”选项，便视为同意经营者对其个人

① See Kenneth A. Bamberger, Deirdre K. Mulligan, *Privacy on the Books and on the Ground*, Stanford Law Review, Vol. 63, No. 2, 2011, pp. 247 – 316.

信息进行商业利用。有些APP采用“使用即同意”的隐私政策，在登录页面以较小字号的简短文字写明“继续使用即视为同意隐私协议”，而于隐私协议中设置用户同意软件采集信息并出售给第三方平台的条款。还有些APP甚至在消费者注意盲区直接默认勾选“同意”选项。以在移动设备上安装百度APP为实例，下载完成后打开APP会自动弹出一个“温馨提示”对话框，在“温馨提示”的界面中以较小字号的黑色字体阐述了该APP的创作目的、优势等信息，并用同等字号的蓝色字标出了《用户服务协议》、《隐私政策》及《使用百度前必读》。点击进入《隐私政策》，在文本中又以较大篇幅的小字体写明了该APP利用何种技术、如何收集用户个人信息、怎样使用个人信息、对用户信息的安全保障措施等内容。用户若想要正常使用APP，需要在之前的“温馨提示”界面上点击，而该节目设置了“不同意”和“同意并继续”两个按钮，并且“同意并继续”按钮设置得更为突出。如果用户点击“不同意”，又会出现另一个温馨提示“请同意并接受《用户服务协议》、《隐私政策》及《使用百度前必读》全部条款后再开始使用我们的服务”，点击界面中的“下一步”按钮又回到了最开始的“温馨提示”对话框。也就是说，用户必须点击“同意并继续”按钮才能正常使用APP，看似给予了消费者选项而实际上剥夺了消费者的选择权。同时，部分经营者因消费者的不明确反对或通过填写收货地址、联系方式等个人行为有所表示而默认消费者同意其收集、利用个人信息，典型的如网络经营者自认为得到了用户的默示许可而收集用户网页浏览记录并实施精准营销。

部分经营者为了使收集、处理消费者个人信息的行为拥有“合法外衣”，处心积虑地套取消费者的同意，尤以手机APP的索权问题最为严重。APP专项治理工作组对市面上常用的100款APP使用通讯录、位置、电话、传感器、短信等个人信息的权限情况展开调研，调研结果形成《百款常用APP申请收集使用个人信息权限列表》向社会公布。该列表显示，申请收集个人信息的相关权限最多的是“360手机卫士”软件，多达23个，平均数约为10个，表明“360手机卫士”软件通过不断要求用户授权，获得用户同意使用其个人信息，最终可收集至少23项用户信息，大多数APP以索权方式可收集至少10项用户信息。部分APP甚至出现强制要求用户同意的情况,如果用户不同意授权,则 APP 无法安装或运行,此类情形最严重的是“QQ 同步助手”软件,意图使用该软件的用户必须赋予 APP 19 项个人信息的使用权,方可确保 APP 的正常运行。事实上,有些权限对于手机软件的常规使用并不具有充分的必要性,但几乎所有手机软件都会尽可能多地申请用户同意使用与功能不相干的权限,过度索取服务范围以外的权限,目的在于获取更多的用户信息,利用信息获利,而最常见的利用乃是经由广告精准投放带来高额收入。

由此,不得不追问,此类“同意”是否等同于授权?是否代表消费者真实的意思表示?还是经营者为规避合法合规审查而采取的规避手段?是否能够保障消费者在自由意志下进行理性的自主选择?在消费者不真正知情的前提下,对其个人信息的收集与使用是否符合法律规范?实际上,多数消费者并不知晓同意收集、利用条款的存在,更不知晓自己因贪图方便而点击的“同意”按钮给经营者打开了收集、使用个人信息的大门,当被接二连三的推销电话、短信、邮件“轰炸”时,其个人信息被泄露已成定局。不同于国内常用的经由隐私政策来告知同意的方式,为了摆脱用户与网络服务经营者之间没有对等议价空间的不对称状态,自《通用数据保护条例》(*General Data Protection Regulation*, GDPR)实施以后,欧盟境内的网络服务经营者即采取了“one by one”模式,该模式有别于一次性告知用户隐私文件的内容,而是先将需要告知用户的所有信息条文化,在用户使用时如果涉及相关需要用户知晓或同意的规则便通过一条一条跳出来的方式进行告知。不可否认,部分个人信息异常敏感、外泄风险大,运用逐条告知的形式确实能够起到防范效果。然而,频繁干扰用户、要求用户点击“同意”按钮,此种告知过度、同意过频的方式是否会引起用户与网络服务经营者关系的失衡呢?是否会出现用户因疲于应对同意请求,在某次下意识地点击后却错将有关其个人信息的权利转让给经营者的情况?

庆幸的是,公安部在 2019 年 4 月发布《互联网个人信息安全保护指南》,加强了保护个人信息安全的操作流程,国家网信办联合工信部、公安部、市场监管总局于 2019 年 11 月联合下发《APP 违法违规收集使用个人信息行为认定方法》,明晰了实践中 APP 经营者取得用户同意的大部分“钻空子”行为，将之认定为违法违规行为，为落实保护消费者个人信息提供指引，并以此文件为基础联合开展违法违规收集使用APP个人信息行为的专项治理活动。但遗憾的是，认定方法因涉及范围广、规范力度不足，极有可能损害经营者的根本利益，实际操作时往往“重举轻放”，在严厉的打击下，亦可能刺激经营者开发更为隐蔽的侵害行为，进而使得既有保护模式的“具文”命运难以挣脱。

（三）成效不佳的规范措施

既有保护模式力主行政力量与私人自治共同致力于整治消费者个人信息乱象，但不论公权还是私权维度的保护都存在规范渠道堵塞、规范措施施展不畅、效果不尽如人意的问题。

在公权保护层面，可能存在行政部门相互推诿或多头重复规范的情形，进而导致效果泛化。随着各行政机关间的信息联动、行动联合越来越紧密，侵害个人信息而应受可能不止一个行政机关的处罚，在确定侵害主体时，各行政机关因惧怕担责而互相推卸致使找寻成本高于处罚成本，大大减弱了行政机关积极作为的内生动力，更为行政机关不当使用个人信息提供了“寻租”空间。个人信息保护规范的清晰度不够，相关行政部门的释法空间得以大大拓宽，规范组织架构以及适合的规范体系难以成形。同时，科层组织间的原生阻隔使得既有规范的传导顺畅度不足、传导耗散性明显，规范主体的注意力分配不均。在总体利益被分层分化后，规范主体的主动性、互动性亦大为减弱。专门保护个人信息的统一执法机构尚未建立，相关行政部门发现侵害活动时均有执法权，这种行政执法权力的重叠性很有可能导致“合法加害”，执法效果因多部门重复执法而悖于法律的根本价值，多种法益冲突时亦难以区分主要法益与次要法益，进而使公权规范路径难以发挥预期作用。

在私人自治层面，个体通过诉讼寻求保护是常态化的自我救济方式，然而，与频发的个人信息泄露、侵害事件相比，诉诸法院来维权的单个消费者并不多见。细研之，作为原告的单个消费者除了取证能力弱、维权成本高以外，有些时候甚至无法满足起诉资格、受案范围、举证责任、诉讼时效等起诉的常规要素。特别是在举证层面，由于信息侵害行为与损害事实间的因果关系证明难度较高，加之举证责任分配不明，是否构成侵害的判定较难,即使被认定侵害成立,得到法院支持的经济损失赔偿或精神损害抚慰金案件较少,即便判令赔偿,赔偿的数额也普遍偏低。确证因果关联的推理的证据将直接影响权利义务的配置格局以及侵害行为的成立与否。普通消费者相对于拥有技术、以信息为业的实体或网络经营者在搜证、举证上处于弱势地位,从实质公平的角度,应将更多的举证责任分配给经营者。但根据“谁主张,谁举证”的诉讼原则,身为原告的消费者就主张的侵害事项出示证据是诉讼义务的要求,本着保护消费者的初衷而强制经营者对未侵害进行举证并不符合民诉法关于举证责任倒置的八种情形,贸然变更程序规则,有违程序正义。申瑾诉携程公司侵权责任纠纷案①中,北京市朝阳区法院以经营者具有安全保障义务为裁判要点判决携程公司侵权。从法理上讲,安全保障义务根源于维护公共安全的价值取向,场景具有公共性是这一价值的前提条件。大数据时代侵犯消费者个人信息多发生在互联网环境下,而网络空间虽以虚拟性为主,却在提供社会服务、参与社会交往中形成了独特的公共性,因此,网络经营者在保护个人信息上的义务无法被忽视。基于收益与义务的对等性,网络经营者经由收集、利用消费者个人信息而获得丰厚的财产增值,亦应当承担防止消费者个人信息陷入危境的义务。从网络平台运营模式来看,消费者几乎已就经营者保障信息安全形成了合理的信赖利益,出于对经营者技术优势、人力物力支持的信任,即便是经常发生且影响广泛的故意泄露个人信息的行为,消费者亦相信经营者采取的规范保护措施具备合理性,能够提高保护的整体效率。信息侵害行为的发生却正是基于经营者在消费者认知体系中的较高信任度,因此,司法维度规范消费者个人信息纠纷主要从加重经营者义务的角度进行,但过分轻视了消费者的自力更生能力,过度偏重一隅的权利保护路径,有失公平正义,亦不足以充分调动相关主体的积极主动性。

二、消费者个人信息权的概念廓清

之所以会出现难以消解的消费者个人信息难题,首要缘由即是概念

① 参见申瑾与上海携程商务有限公司、支付宝(中国)网络技术有限公司侵权责任纠纷案,案号为(2018)京0105民初36658号。

不明晰。概念界定是进行法学研究的起点。“定义在同一时间范围内，可以使指导我们如何用词的潜在原则变得清晰明朗，并可以使我们用该词所表示的现象与其他现象之间的关系得以显现。”①现有研究并未直接定义何为消费者个人信息，以及如何界定消费者个人信息权，但国内外学者从学理层面提出了有关个人信息与个人信息权的多重涵义，世界各国亦在立法文件中阐释了个人信息与个人信息权的概念。概念是看待事物的一种方式，视角和焦点的不同并非无关紧要。本节试图厘清学界和各国法律文本的定义路径，结合市场环境中消费者的特殊身份地位来诠释消费者个人信息权的概念，指明信息开放时代对固化概念的不友好态度，论证弹性解释在内涵阐释上的优势。

（一）消费者个人信息的内涵与外延

明晰消费者个人信息的内涵与外延是界定消费者个人信息权的前提。顾名思义，消费者个人信息由“消费者”与“个人信息”两部分组成，即与消费者这一市场主体相关的个人信息。然而，这样简单地望文生义不仅对理解消费者个人信息的本义产生误导，还有碍于辨别我国市场经济与司法实践中大量潜在的消费者个人信息。技术高速发展时代信息数量不知凡几，但并不是所有信息都是消费者个人信息，都应受到法律保障，而含义的明晰恰好起到了筛选作用，为消费者个人信息保护相关法律法规的实施划定范围。

意图阐明消费者个人信息的内涵首先应当明晰个人信息的内涵。翻阅《辞海》可知，个人信息被解释为“进行各种统计、计算、科学研究或技术设计等所依据的数值”。②《布莱克法律词典》在解释隐私时对信息隐私进行了阐述，其指个人有权决定自己的信息是否、如何以及在何种程度上传达给他人，特别是牵涉个人私生活的敏感和机密信息。③

个人信息这一法律术语在国际上存在争议。截至 2019 年，全球大

---

① ［英］哈特：《法律的概念》，张文显等译，中国大百科全书出版社 1996 年版，第 15 页。

② 参见辞海编辑委员会：《辞海》，上海辞书出版社 2010 年版，第 1212 页。

③ See Bryan, A. Garner, *Black's Law Dictionary* (*Ninth Edition*), Published by WEST, 2009, p. 1315.

约有 135 个国家或地区制定了个人信息保护相关法律、法规,[①]而就法律名称来讲,“个人数据”、“个人信息”与“信息隐私”三者使用最多。其中,以欧盟及其成员国为代表的国家受欧盟《数据保护指令》的影响,沿用“个人数据”(personal data)的概念;美国、新西兰等普通法国家常使用“信息隐私”(informational privacy)这一语词;而日本、韩国、加拿大等国则惯用“个人信息”(personal information)进行表述。此外,我国台湾地区常用“个人资讯”来表达。虽然各国及地区受法律传统及语言使用习惯的影响,选用不同的词语来表述个人信息,但殊途同归,实质上不会影响法律所欲表达的真实内容。[②]

从学界研究来看,学者们在个人信息的界定上言人人殊。王利明教授认为,个人信息是指与特定个人相关联的、反映个体特征的、具有可识别性的符号系统。[③] 杨立新教授指出,个人信息指与特定自然人相关联,反映个体特征,具有个人身份可识别性,以电子或者其他方式记录的,能

---

① 参见《中国法学》杂志社:《中国法学会民法学研究会 2019 年年会》,载微信公众号 https://mp. weixin. qq. com/s? __biz = MzI0MTE5NTI0Nw = = &mid = 2650359290&idx = 2&sn = 373f5c9e585dcd15238354c46c4914d0&chksm = f102a47ac6752d6cb5de2676794eae839ecd221771bbaf571b823f0425de206436f4bf06cccc&mpshare = 1&scene = 23&srcid&sharer _ sharetime = 1572435318978&sharer_shareid = f29d20f512d43016ce4797f7b7d4c741%23rd,2019 年 11 月 4 日访问。

② 关于数据与信息的关系,国际标准化组织(ISO)指出,数据是信息的一种形式化方式的体现,该种体现背后的含义可被再展示出来,且该种体现适于沟通、展示含义或处理。简言之,信息和数据是在内容和形式两个层面上对同一个对象的描述。学界结合词语的词源、词义、翻译差异等因素针对我国法律应采用“个人信息”还是“个人数据”进行了讨论。有学者认为,个人信息和个人数据概念在目前的法律表述上一直是混用的,主要体现为在诸多法律文件和资料中两者经常相互指代,总结了混用的三种表现形式,分别为信息包括数据型、数据包括信息型以及信息和数据并立型。实际上,西方国家语境中的个人数据特指个人信息。同时,有学者认为信息和数据虽然在语义和内涵上存有差别,但在以比特作为信息单元的数字化技术中,两者具有高度的共生性和共通性,在法律概念使用上并没有严格区分的必要。本书赞成前述观点,在文中采用“个人信息”这一表述,限于篇幅,对其与其他表述的细节性差异在此不作深入探讨。参见马特:《个人资料保护之辩》,载《苏州大学学报(哲学社会科学版)》2012 年第 6 期;韩旭至:《信息权利范畴的模糊性使用及其后果——基于对信息、数据混用的分析》,载《华东政法大学学报》2020 年第 1 期;梅夏英:《信息和数据概念区分的法律意义》,载《比较法研究》2020 年第 6 期。

③ 参见王利明:《论个人信息权在人格权法中的地位》,载《苏州大学学报(哲学社会科学版)》2012 年第 6 期。

够单独或者与其他信息结合识别的自然人个人身份的各种符号系统。[①]齐爱民教授主张，个人信息乃是自然人的姓名、出生年月日、身份证号码、户籍、遗传特征、指纹、婚姻、家庭、教育、职业、健康、病历、财务情况、社会活动，以及其他可以识别该个人的信息。[②] 张新宝教授提出，个人数据是指涉及个人的已被识别和可被识别的任何资料，如个人的自然情况和识别信息（姓名、遗传基因、病史、籍贯等）、社会与政治背景（宗教信仰、教育程度、政治主张、财产状况等）、生活经历与习惯（婚姻史、消费习惯等）、家庭基本情况（配偶、父母、子女的情况等）。[③] 刘德良教授从个人信息与自然人身份的关系指明，个人信息应该是那些能够据此直接指明或间接推断出自然人身份而又与公共利益没有直接关系的私有信息。[④] 我国台湾地区的范姜真媺教授认为，个人资讯是关于个人之一切事项之事实、判断、评价等之所有资讯。换言之，有关个人之资讯并不仅限于与个人之人格或私生活有关者，个人之社会文化活动、为团体组织中成员之活动，及其他与个人有关联性之资讯，全部囊括于内。[⑤] 从国外学者的研究来看，黛安·麦克唐纳（Diane MacDonald）和克里斯汀·斯特雷特菲尔德（Christine Streatfeild）从表现形式上对其进行描述，即不管个人是否愿意将个人信息发送给服务提供者（如银行或社交媒体网站），还是个人在不知情的状况下将个人信息提供给第三方收集者（如通过访问网站提交个人信息材料），其中所涉信息都可被认定为个人数据。[⑥] 雷蒙德·瓦克斯（Raymond Wacks）在其著作中对个人资料下了定义，指有关于个人的被合理地期待为私密的或敏感的事实、通讯和意见，因而对它们的收集、使用或流传会想加以阻止或限制。[⑦] 帕伦特（Parent）认为，个人信息指社会中多

---

① 参见杨立新：《个人信息：法益抑或民事权利——对〈民法总则〉第111条规定的“个人信息”之解读》，载《法学论坛》2018年第1期。

② 参见齐爱民：《中华人民共和国个人信息保护法示范法草案学者建议稿》，载《河北法学》2005年第6期。

③ 参见张新宝：《隐私权的法律保护》（第二版），群众出版社2004年版，第137页。

④ 参见刘德良：《论个人信息的财产权保护》，人民法院出版社2008年版，第20页。

⑤ 参见范姜真媺：《政府资讯公开与个人隐私之保护》，载《法令月刊》2001年第5期。

⑥ See Diane A. MacDonald, Christine M. Streatfeild, *Personal Data Privacy and the WTO*, Houston Journal of International Law, Vol. 36, No. 3, 2014, pp. 625 - 654.

⑦ See Raymond Wacks, *Personal Information: Privacy Law*, Clarendon Press, 1993, p. 26.

数不愿意向外透露的信息（除对朋友、家人等外），或是个人极敏感而不愿他人知道的信息。[①] 理查德·墨菲（Richard Murphy）则从一个较为宽泛的角度定义个人信息，指个人可被他人识别的关于个人的任何数据。[②]

在立法层面，世界上最早以国家性法律保护个人信息的当属瑞典在1973年制定的《资料法》。自此，个人信息保护立法在全球范围内如雨后春笋般展开。各国正式出台的法律法规文件对个人信息也有所界定。1985年加拿大通过《隐私法案》（*Privacy Act*），规定个人信息是以任何形式记录的有关可识别个人的信息，包括但不限制前述内容的普遍性，列举了种族、年龄、血型、婚姻状况、私密信件、金融交易信息、职位信息等个人信息具体情形。[③] 德国《联邦个人资料保护法》（1990）第3条规定，个人资料是指任何关于已识别或可以识别自然人的客观情况的属人或属事的信息。欧盟在"95指令"中将个人数据定义为与已识别或可识别（直接或间接被识别）的自然人有关的任何信息，特别是通过一个识别号码或一个或多个特定于其身体、生理、心理、经济、文化或社会身份因素便可识别出自然人的信息。[④] 美国国会于1998年通过的《儿童在线隐私

---

① See Parent, W. A., *A New Definition of Privacy for the Law*, Law and Philosophy, Vol. 2, No. 2, 1983, pp. 305 – 338. 转引自陈起行：《资讯隐私权法理探讨——以美国法为中心》，载《中正法学集刊》2000年第14期。

② See Richard S. Murphy, *Property Rights in Personal Information: An Economic Defense of Privacy*, Georgetown Law Journal, Vol. 84, No. 7, 1996, pp. 2381 – 2418.

③ See Canada's Privacy Act PART 1. 2 Definitions. 该法案详细列举的个人信息为：（a）有关个人的种族、民族或族裔、肤色、宗教、年龄或婚姻状况的资料；（b）与个人的教育或医疗、犯罪或就业史有关的信息，或与个人参与的金融交易有关的信息；（c）分配给个人的任何识别号码、符号或其他特定信息；（d）个人的地址、指纹或血型；（e）个人的意见或建议，但有关他人的意见或建议，或有关由政府机构或条例所指明的政府机构的某一个部门向另一个人发出的补助金、奖状或奖品的建议除外；（f）个人向政府机构发出的明确或隐含私人性质或机密性质的信函，以及对此类信函的答复将揭示原始信函内容；（g）他人对个人的看法或意见；（h）另一名个人对由（e）段所提述的机构或机构的一部分拟向该名个人发放补助金、奖励或奖金的建议所持的意见或意见，但如该名个人的姓名与另一名个人的意见或意见一致，则不包括该名个人的姓名；（i）个人姓名连同与个人有关的其他个人信息一起出现或姓名本身的披露会披露个人信息的；（j）与个人的职位或职能有关的个人信息；（k）有关正在或正在根据合约为政府机构提供与所提供服务有关的服务的个人的资料，包括合约条款、个人姓名，以及个人在提供该等服务过程中所提出的意见或建议；（l）与授予个人的任何财政性质的可自由支配利益有关的资料，包括发给牌照或许可证等；（m）关于已死亡20年以上的个人的资料。

④ See Directive 95/46/EC Article 2 Definitions.

保护法》(*Children's Online Privacy Protection Act*,COPPA)明确了个人信息的称谓,并将其解释为在网上收集的可识别个人身份的信息,包括姓名、家庭地址、电邮地址、电话号码、社会安全号码以及委员会确定的任何其他标识。[①] 日本《个人资讯保护法案》对个人资讯(个人信息)的定义是有关生存着的个人的资讯,包含姓名、出生年月日或其他表述等可以识别出特定个人的信息,涵盖可以明显与其他信息相对照并能够借此识别出特定个人的信息。[②] 亚太经合组织在2005年发布的《亚太经合组织隐私框架》(APEC Privacy Framework)中指出,个人信息是与个人相关的已识别或可识别的所有信息。[③]

依据学者在2018年的不完全统计,我国现行有效的个人信息保护法律法规、部委规章、政策文件已超过100部,制定主体涉及全国人大常委会、国务院部委、地方政府、行业协会等中央、地方多个部门,规制范围遍及电信、金融、保险、互联网、安全技术、刑事犯罪等多个领域。[④] 我国个人信息保护立法从信息化和消费者权益保护两个领域拉开帷幕,并逐步在法律法规中出现个人信息的内涵解释。

在法律这一位阶层面上,我国首部从互联网安全角度系统规定个人信息保护的法律《网络安全法》于2017年6月1日施行,其对个人信息进行了界定,指以电子或者其他方式记录的能够单独或者与其他信息结合识别自然人个人身份的各种信息,包括但不限于自然人的姓名、出生日期、身份证件号码、个人生物识别信息、住址、电话号码等。[⑤]《民法典》在人格权编中发展了个人信息的概念,规定个人信息是以电子或者其他方式记录的能够单独或者与其他信息结合识别特定自然人的各种信息,包括自然人的姓名、出生日期、身份证件号码、生物识别信息、住

---

① See Children's Online Privacy Protection, SEC. 1302. Definitions(8).

② 参见日本2003年颁布的《个人资讯保护法案》(Japan Act on the Protection of Personal Information Law)第2条。

③ See "APEC Privacy Framework" Part II. Scope. 9. Personal information.

④ 参见齐爱民、张哲:《识别再识别:个人信息的概念界定与立法选择》,载《重庆大学学报(社会科学版)》2018年第2期。

⑤ 参见《中华人民共和国网络安全法》(2016年11月7日公布,2017年6月1日施行)第76条。

址、电话号码、电子邮箱、健康信息、行踪信息等。① 最为直接相关的《个人信息保护法(草案)》在2020年10月21日公布的公开征求社会公众意见稿中将个人信息界定为以电子或者其他方式记录的与已识别或者可识别的自然人有关的各种信息,不包括匿名化处理后的信息。②

在部门规章这一位阶上,2005年出台的《个人信用信息基础数据库管理暂行办法》从信用的角度对个人信息进行了细分,指出个人信用信息包括个人基本信息、个人信贷交易信息以及反映个人信用状况的其他信息。而个人基本信息是指自然人身份识别信息、职业和居住地址等信息;个人信贷交易信息是指商业银行提供的自然人在个人贷款、贷记卡、准贷记卡、担保等信用活动中形成的交易记录;反映个人信用状况的其他信息是指除信贷交易信息之外的反映个人信用状况的相关信息。③2013年工业和信息化部颁布的《电信和互联网用户个人信息保护规定》中指明个人信息是电信业务经营者和互联网信息服务提供者在提供服务的过程中收集的用户姓名、出生日期、身份证件号码、住址、电话号码、账号和密码等能够单独或者与其他信息结合识别用户的信息以及用户使用服务的时间、地点等信息。④

在规范性文件这一位阶上,公安部网络安全保卫局、北京网络行业协会、公安部第三研究所于2019年联合下发的《互联网个人信息安全保护指南》规定的个人信息是指以电子或者其他方式记录的能够单独或者与其他信息结合识别自然人个人身份的各种信息,包括但不限于自然人的姓名、出生日期、身份证件号码、个人生物识别信息、住址、电话号码、通信通讯联系方式、通信记录和内容、账号密码、财产信息、征信信息、行踪轨迹、住宿信息、健康生理信息、交易信息等。⑤

在司法解释层面,最高人民法院、最高人民检察院《关于办理侵犯公

---

① 参见《民法典》第1034条。

② 参见《个人信息保护法(草案)》第4条。

③ 参见《个人信用信息基础数据库管理暂行办法》(中国人民银行令〔2005〕第3号)第4条。

④ 参见《电信和互联网用户个人信息保护规定》(2013年7月16日公布,2013年9月1日施行)第4条。

⑤ 参见公安部网络安全保卫局、北京网络行业协会、公安部第三研究所于2019年4月10日联合发布并实施的《互联网个人信息安全保护指南》第3.1条。

民个人信息刑事案件适用法律若干问题的解释》(法释〔2017〕10号)对《刑法》第253条之一规定的"公民个人信息"进行了解释,明确了其指以电子或者其他方式记录的能够单独或者与其他信息结合识别特定自然人身份或者反映特定自然人活动情况的各种信息,包括姓名、身份证件号码、通信联系方式、住址、账号密码、财产状况、行踪轨迹等。[①]

在自律性规范上,《信息安全技术公共及商用服务信息系统个人信息保护指南》规定个人信息是可为信息系统所处理、与特定自然人相关、能够单独或通过与其他信息结合识别该特定自然人的计算机数据。[②]

从国内外学者及各国法律文件对个人信息的内涵界定来看,"典型列举+一般条款"的定义形式占据主要地位,其中,一般条款以"结合识别"作为核心要件。在界定模式上以概括式为主,[③]其最大优势是简洁,以精练的词语准确概括被解释对象的性质、特征,对个人信息而言,该模式的重点在于使用何种语言、如何调整语序来描述"信息是否具有可识别性"这一概念核心。但如此界定较易出现因概念涵摄过广或不及的后果,在操作性上具有一定难度。长期占据通说地位的识别说在前述概念界定中依然起到主导作用,但关联说的异军突起亦得到不少支持。"可识别性"是识别说理论下个人信息的显著特征,即信息主体与个人信息存在某一客观确定的可能性。[④] 可以被识别是个人信息分类的标准,而合理明确的个人信息法律分类又是个人信息保护的基础与前提。[⑤] 可

---

① 参见2017年3月20日通过,2017年6月1日实施的《最高人民法院、最高人民检察院关于办理侵犯公民个人信息刑事案件适用法律若干问题的解释》(法释〔2017〕10号)第1条。

② 参见国家质量监督检验检疫总局(现为国家市场监督管理总局)、国家标准化管理委员会于2012年11月5日发布,2013年2月1日实施的《信息安全技术公共及商用服务信息系统个人信息保护指南》第3.2条。

③ 我国香港地区2012年修订的《个人资料(私隐)条例》中也采取概括式的形式定义个人资料:"个人资料指符合以下说明的任何资料——(a)直接或间接与一名在世的个人有关的;(b)从该资料直接或间接地确定有关的个人的身份是切实可行的;及(c)该资料的存在形式令予以查阅及处理均是切实可行的。"

④ 参见高秦伟:《个人信息概念之反思和重塑——立法与实践的理论起点》,载《人大法律评论》2019年第1期。

⑤ 参见刘洪岩:《基于"可识别性"风险的个人信息法律分类——以欧美个人信息立法比较为视角》,载《上海政法学院学报(法治论丛)》2020年第5期。

见,个人信息作为"能够区分特定自然人的一套符号系统"①能否被识别关系到其是否能得到法律保护,而能够被识别的个人信息则是"信息主体人格的外在标志"。② 识别说将与人相关的信息分为个人信息与非个人信息,前者在西方理论中被称为个人可识别信息(personally identifiable information),以信息是否能够识别个人身份作为判断标准,并以寻觅个人信息保护与信息流动间的衡平点为使命。然而,由于对"识别"的法律意义辨识不清,关于直接识别与间接识别、动态识别与静态识别等问题众说纷纭,使识别说在适用时缺乏操作性。相对而言,由美国国家标准与技术研究院最早提出的关联说在一定程度上弥补了这个缺陷。关联说主张界定个人信息时要注重适用信息场景的动态性,不提倡预先为个人信息圈定一个固定范围,而需虑及场域特征来具体判断是否为个人信息,力图实现保障个人信息隐私与促进个人信息合理利用并举。应该说,识别说与关联说并非替代关系,而是互为补充,这也迎合了经济开放时代语境中概念界定动静相融的基本要求。

消费者是与之关联的另一概念。1978 年国际标准化组织消费者政策委员会召开第一届年会,首次将消费者解释为为个人目的购买或使用商品和服务的个体社会成员。③ 梁慧星教授主张,消费者是为自己和家庭生活消费的目的而购买商品、接受服务的自然人。④ 我国《消费者权益保护法》通过界定消费者的消费行为,引申出消费者这一概念的内涵是为生活消费需要购买、使用商品或者接受服务的个人。⑤ 经济社会的发展和变动使得固化意义上的消费者的内外流动性逐步加强,其外显的抽象性与互换性要求应以弹性的角度来理解在信息社会中登场的消费者。⑥ 尽管如此,消费者的自然人属性依然得到了诸多学者的认可。依

---

① 王利明:《论个人信息权的法律保护——以个人信息权与隐私权的界分为中心》,载《现代法学》2013 年第 4 期。

② 张新宝:《从隐私到个人信息:利益再衡量的理论与制度安排》,载《中国法学》2015 年第 3 期。

③ 参见谢次昌主编:《消费者保护法通论》,中国法制出版社 1994 年版,第 1 ~ 2 页。

④ 参见梁慧星:《中国的消费者政策和消费者立法》,载《法学》2000 年第 5 期。

⑤ 参见《消费者权益保护法》第 2 条。

⑥ 参见高庆凯:《"消费者"概念:登场机制与规范构造》,载《法学》2019 年第 10 期。

循着消费者主要是自然人这一思路，法律保护消费者的合法权益不受侵害，保障消费者依法行使自身权利，其中必然也包括保护消费者的个人信息权益以及保障消费者能够依法行使相应权利来维护其个人信息权益。

依前述可知，理论界和立法界对个人信息与消费者的内涵解释实际上是循着话语图像理论的进路展开，根据这一理论主张，语词可以精确对应现实，只要在概念层面界定清楚了，就可以确保对现实的法律干预和界定都准确和精细。[①] 然而，由于语词本身无可规避的歧义、不周延，常规性地遵从语义解释的进路较易出现许多无谓之争，甚或掩盖了语词所意图展现的社会深层次因素，很容易陷入一种概念游戏的循环。这似乎很教义学，其实只是“看上去很美”的屠龙术，仅存留有限的学术价值。层出不穷的社会现象使得话语图像理论要求的以语词为起点对概念进行纯粹的形式逻辑解释无法直面真实世界的纠结，维特根斯坦直言不讳地指出，“任何一般的定义都有可能遭到误解，举例不是一种间接的解释方法，而是缺少更好的方法”。[②] 鉴于此，在阐释消费者个人信息的内涵时应注意在明确概念本质的同时匹配持续变动的社会环境，保持足够的明智和敏感，该坚持教义的地方坚持，该放弃时放弃，或出于慎重绕过教义对概念的禁锢。消费者个人信息的概念内涵在兼顾法定性、考量信息风险的同时，更应当体现动态性与开放性，以此有效消弭纯粹语义解释所引发的分歧。动态理论亦已被欧盟个人数据保护规则融入界定个人数据概念中。详言之，消费者个人信息这一概念网络的内涵特征包括以下层面：

第一，主体为消费者，是为了满足生活需要的消费者所进行的信息活动。

第二，与之不断进行互动交易，发生事实关系或法律关系的主要是经营者。

---

① 参见苏力：《是非与曲直——个案中的法理》，北京大学出版社 2019 年版，第 110 页。

② ［奥］路德维希·维特根斯坦：《哲学研究》，涂纪亮译，北京大学出版社 2012 年版，第 45 页。

第三,内容具有广泛性,涵盖整个消费过程与流通环节中生成的与消费者相关的个人信息。

第四,流动的个人信息具有鲜明的私人属性,能够直接或间接识别特定消费者身份,具有影响消费者人格尊严与经济利益的功能寓意。

第五,关注个人信息与消费者之间相关关系的强弱程度,二者的相关程度越高,不当处置个人信息对消费者的损害就越大,反之,相关度极低的,则不应被纳入消费者个人信息范畴。

第六,以动态化的信息市场为主要场域,尤其是信息高度集中的网络环境。

对消费者个人信息外延的阐释意在回答哪些信息应被囊括进消费者个人信息的范畴。在《消费者权益保护法》修订前,上海市人大常委会在2002年率先发布的《上海市消费者权益保护条例》中解释了消费者个人信息的外延,包括经营者在提供商品或服务时获知的消费者的姓名、性别、职业、学历、联系方式、婚姻状况、收入和财产状况、指纹、血型、病史等与消费者个人及其家庭密切相关的信息。[①] 然而,这些个人信息缺乏类别化、体系化的归纳,与现实中常见的消费者个人信息存有差距,也不能映射出这一法律概念的核心。因此,还需从与之密切关联的,论述较为丰厚的个人信息的外延中再次寻觅。

从学者对个人信息的列举式定义来看,姓名、出生年月日、身份证号码、户籍、遗传特征、指纹、民族、婚姻、住址、家庭情况、教育、职业、病史、财务情况、消费习惯、收入、宗教信仰、社会文化活动、基因密码、视频偏好、性偏好、信用记录、瞳孔颜色等与个人相关的生理、心理、经济、文化或社会信息都属于个人信息。美国于1974年通过的《隐私法案》(Privacy Act)第a条第4款定义了记录(record),即有关一个人之任何单项性、累积性或集合性的资料,包括但不限于其教育、财务处理、医疗过程及犯罪或职业经历等,并包括其姓名、识别号码或其他象征个人的

① 参见上海市人大常委会2002年10月29日发布、2003年1月1日实施的《上海市消费者权益保护条例》第29条。

特定表征，诸如手指指印、声音音带、一张照片等资料。[①] 法律条文虽名为“记录”，所规定的内容实际上却与个人信息紧密相连。我国台湾地区“个人资料保护法”规定，“个人资料”指自然人之姓名、出生年月日、居民身份证统一编号、特征、指纹、婚姻、家庭、教育、职业、病历、医疗、基因、性生活、健康检查、犯罪前科、联络方式、财务情况、社会活动及其他得以直接或间接方式识别该个人之资料。[②] 早在 2003 年，国务院信息办即委托周汉华教授牵头起草《个人信息保护法》，最终形成的专家建议稿明确指出，个人信息指个人姓名、住址、出生日期、身份证号码、医疗记录、人事记录、照片等单独或与其他信息对照可以识别特定的个人的信息。[③]《最高人民法院关于审理利用信息网络侵害人身权益民事纠纷案件适用法律若干问题的规定》（法释〔2014〕11 号）指出，个人信息包括自然人基因信息、病历资料、健康检查资料、犯罪记录、家庭住址、私人活动等个人隐私和其他个人信息。[④]

信息资源占据主导地位的现代工商社会更新换代不断加速，特别是现实情境中的信息种类不断增多，明晰消费者个人信息的外延使运用抽象语词描述的概念内涵更清楚，但同时也增大了列举更新的难度。鉴于此，将现实世界中繁杂的消费者个人信息按照信息特征予以分类，列出每一类别中的代表性信息，有利于厘定消费者个人信息的外延。具体可以分为：

（1）消费者个人身份信息，如消费者的姓名、曾用名、性别、籍贯、身份证号、护照号码、手机号码、连接数据（账户号码或密码）、邮箱、宗教信仰、婚姻状况、政治面貌、受教育情况、工作经历、犯罪记录等。

（2）消费者个人家庭信息，如消费者的家庭住址、家庭成员情况（包括配偶、子女、父母等亲属的基本信息）等。

（3）消费者个人生物信息，如消费者的指纹、掌纹、声纹、耳郭、基因

---

① 参见詹文凯：《美国法上个人资讯隐私权的相关判决》，载《律师杂志》1999 年第 233 期。

② 参见中国台湾地区 2010 年“个人资料保护法”第 2 条。

③ 参见《中华人民共和国个人信息保护法（专家建议稿）》（周汉华组织起草）第 9 条。

④ 参见 2014 年 8 月 21 日发布、2014 年 10 月 10 日实施的《最高人民法院关于审理利用信息网络侵害人身权益民事纠纷案件适用法律若干问题的规定》（法释〔2014〕11 号）第 12 条。

密码、血型、遗传特征、面部特征、视网膜或虹膜影像等。

(4)消费者个人金融信息，如银行账号、存款余额、信用卡交易和消费记录、信贷记录、个人信用记录、投资偏好、金融产品购置情况等。

(5)消费者的伴生个人信息，其指消费者在市场交易中形成的并被信息企业通过技术手段记录保存的个人信息，①如消费者的网上购物记录、搜索引擎的检索记录、电子书阅读记录、位置信息、IP地址、上网浏览轨迹等。

综上，消费者个人信息与一般民事主体个人信息均具备可识别性和关联性的内涵特征，两者的异质性亦不容忽视。首先，消费者个人信息的外延更广，网购记录、购物网站上的浏览痕迹信息等不在传统民事个人信息范畴中的信息却属于消费者个人信息的组成部分。其次，相较于一般民事主体对其个人信息的强控制力，消费者个人信息很容易被经营者掌握，而一旦信息落入经营者之手，消费者对其个人信息的处分权就会被完全剥夺。再次，一般民事主体个人信息的核心在于对个体人格利益的保障，消费者个人信息除了保护消费者人格权益之外，还强调利用个人信息对消费者带来的商业财产价值。最后，现实环境中侵犯消费者个人信息的行为已朝着组织化方向发展，擅自收集、分析整理、利用消费者个人信息已成为以信息企业为代表的经营者常用的谋利策略。鉴于此，消费者个人信息已超出一般民事主体个人信息的范畴，即使两者部分内容先天重叠，但在大数据环境下，保护民事主体个人信息的传统方案已无法有力确保消费者个人信息的安全，需要用新的眼光单独看待消费者个人信息，充分调动法理教义和各种社会科学知识，仔细权衡利弊得失，挑选出社会整体福利损失最小的保护方案。

(二)保护消费者个人信息的价值根基

依据美国法学家庞德的观点，“在法律史的各个经典时期，无论是古代还是近代世界，对价值准则的论证、批判或合乎逻辑的适用都曾是法

---

① 参见邢会强：《大数据交易背景下个人信息财产权的分配与实现机制》，载《法学评论》2019年第6期。

学家们的主要活动。"[①]厘清价值问题是进行法律科学研究的基本命题。法的价值体现了法对人们的需要的满足，是人们关于法的绝对超越指向，[②]是人们对未来社会的美好希冀。同时，法的价值也是一个由多重要素构成、以多元形态存在的体系。该体系内部的各种价值要素的位阶上下浮动，因此价值评判在法中有着重要作用。[③] 通过事实构成与法律后果之间的连接，每个法律规范都将表明：在事实构成所描述的事实行为中什么才应该是适当的、"正义的"，立法者也借此部分表达他们对如何组织社会的设想。任何法律规范都包含了立法者的"利益评价"，也即"价值判断"。[④] 运用法律保护消费者个人信息，需要跟随安全、自由、秩序、效率、正义等价值理念的引导，以求实现法的价值追求。

第一，保障消费者个人信息的安全是法律从始至终所欲实现的价值目标。在法的价值层面，安全指的是通过法律力求实现的、社会系统基于其要素的合理结构而形成的安定状态，以及主体对这种状态的主观体验、认知和评价。[⑤] 以内容为划分依据，安全包含人身安全、财产安全、精神安全、信息安全等，将某种权益置于安定状态则是安全价值的要义，以此来增强权利主体的安全感，进而提升其对社会的信任感，达致社会稳定的终极目标。正如博登海默所言："安全有助于人们享有诸如生命、财产、自由和平等其他价值的状况稳定化并尽可能地维续下去。"[⑥]由此可知，安全价值是秩序、自由、正义等法律价值得以实施与巩固的前提和基础，越能够得以充分实现安全价值的社会，越容易建立一个稳定的社会格局，以此为基础来打造先进的经济发展模式所遭遇的阻力越小，越有利于推动社会向前发展。作为一种法律价值，安全存在的应然意义得以显现，同时，社会现实中人们对具体事件的安全需求可谓在需求层次中占据了十分重要的地位，以此赋予其实然意义。因此，对于规范运作状

---

① [美]罗斯科·庞德：《通过法律的社会控制》，沈宗灵译，商务印书馆1984年版，第55页。

② 参见卓泽渊：《论法的价值》，载《中国法学》2000年第6期。

③ 参见张文显：《法的概念》，法律出版社2011年版，第65页。

④ 参见[德]伯恩·魏德士：《法理学》，丁晓春、吴越译，法律出版社2013年版，第61页。

⑤ 参见安东：《论法律的安全价值》，载《法学评论》2012年第3期。

⑥ [美]E.博登海默：《法理学：法律哲学与法律方法》，邓正来译，中国政法大学出版社2004年版，第317页。

态下的公民权利而言,安全价值起到了稳定器的作用,面对超出法律控制的权力运作,安全价值则发挥抑制器的功能以起到保护重大利益的作用。消费者个人信息是否处于安定状态关乎消费者个体权利能否得到保障,特别是在当下个人信息安全治理体系尚未建成、个人信息安全保障能力尚不足以独当一面的情境下,保障消费者个人信息的安全成为一项难以即刻化解的难题。无形之手能否摆脱“一乱就治,一治就乱”的循环,赋予消费者稳定的安全预期取决于市场秩序管控能力,而处于管制下的市场更易于保障消费者个人信息安全。基于稳定性与协调性对安全价值的效用,保护消费者个人信息安全应当体现两层意思:一是对消费者个人信息本身的保护,二是保障消费者的个人信息能够被合法利用。双重目标的实现亦需要安全价值保驾护航。

第二,保护消费者个人信息体现了消费者对交易自由的追求。无论从古希腊时期奴隶的反抗到资产阶级为实现“人生而自由”发动革命,从孟子“万物皆备于我”的境界到孙中山先生以“三民主义”自由观为思想指引领导民主革命,自由是人们的永恒追求。马克思对自由曾有过精辟的论述:“自由确实是人所固有的东西,连自由的反对者在反对实现自由的同时也实现着自由;他们想把曾被他们当作人类天性的装饰品而否定了的东西攫取过来,作为自己最珍贵的装饰品。”[①]那些宣称自由革命的言论,实际上是反对别人的自由,坚决捍卫自己的自由。一定社会中人们受到法保障或得到法认可的按照自己意志进行活动的人的权利就是法的自由。[②] 正如洛克所言,“法律的目的不是废除或限制自由,而是保护和扩大自由。这是因为在一切能够接受法律支配的人类的状态中,哪里没有法律,哪里就没有自由”。[③] 人们理想中的自由是自己的行为不受束缚,然而自由免受侵犯需要法律保障,这就要求在法律的限度内行使自由,法律范畴以外的自由不受保护。大数据技术的突飞猛进逐步加大了利用消费者个人信息干预消费者市场交易、社会生活的深度和广度,

---

① [德]马克思、恩格斯:《马克思恩格斯全集》(第1卷),中共中央马克思恩格斯列宁斯大林著作编译局译,人民出版社1956年版,第63页。

② 参见卓泽渊:《法的价值论》(第二版),法律出版社2006年版,第267页。

③ [英]洛克:《政府论》(下册),叶启芳、瞿菊农译,商务印书馆1996年版,第36页。

诸如网购等消费者在市场经济中的简单行为都有可能留下消费者的个人信息，而处理这些个人信息，或多或少会对消费者的自由带来影响。消费者个人信息被泄露、被有心人恶意利用的事件频频发生，使消费者个人信息自决权的实现面临巨大挑战。在信息技术不断进步的时代，消费者希望没有后顾之忧地在市场中自由交易而不必担忧自己在交易活动中提供的个人信息被泄露或不当利用，希望能够依照自己的想法自由控制个人信息，这是自由价值的应然内涵，亦是法律所欲实现的价值目标。

第三，保护消费者个人信息是维护和稳定市场秩序的要求。秩序是规范社会活动的基本要素。不同的时期对秩序的追求不同。凯尔森将秩序视为一个不同级的诸规范的等级体系。[①] 我国古代对秩序的理解乃是控制社会阶层流动，以维护剥削阶级的统治。法家代表韩非子眼中的秩序是“天下之常道”，谓之“臣事君，子事父，妻事夫，三者顺则天下治，三者逆则天下乱”。[②] 从整体主义视角来看，秩序一方面象征安全稳定，另一方面代表对行为和结果的可预测性。连贯、规律的社会活动需要秩序的保障。脱序作为秩序的对立面，标示着社会结构的一致性、社会关系的稳定性已然破裂，不可预测的因素将侵入社会，人们的安全受到威胁。消费者个人信息在一定程度上具有财产属性，商业化利用将个人信息置于市场经济活动中，保障消费者个人信息在市场交易中的安全性已成为一项不可规避的经济责任。因此，保护消费者个人信息，界分消费者与经营者的权利义务，在维护消费者信息安全、稳定市场秩序层面有着积极效应。

第四，保护消费者个人信息体现了效率价值的基本要求。经济学对效率的解释是，耗费最少的资源获得最大的产出，也即“价值极大化”。同时，效率还意味着对社会资源的配置，促进资源由低效率转向高效率，进而以优化配置的方式实现效益的增长。这一经济学价值被法学吸收，

---

① 参见[奥]凯尔森：《法与国家的一般理论》，沈宗灵译，中国大百科全书出版社 1996 年版，第 141 页。

② 韩非子：《韩非子·忠孝》。

形成了兼具社会效益与经济效益双重意义的法律价值。经济分析法学派将追求效率作为核心思想,主张法的创制与执行都应以最大限度地提高社会财富为出发点。[①] 事实上,效率价值在法律上较为频繁地应用乃是优化权利义务的配置模式以实现法律效果的帕累托改进。市场经济中,效率对于提升社会生产力,激励生产者积极性,优化社会资源的配置起到了助推作用。硅谷战略领袖杰弗里·莫尔曾言:"在这个世界,信息为王。你拥有的信息越多,你的分析能力越好,速度越快,你的投资回报将会更高。"[②]消费者个人信息体量庞大,如若充分合理利用,必然利于市场经济的发展;信息资源配置不当,不仅会造成资源的浪费,而且还会给不法分子以可乘之机。法律设定的效率引导机制在一定程度上能够控制个人信息非法利用行为。法律处罚的存在是为了事先预防违法行为的发生,并通过改变资源配置模式减少违法行为的供给。违法行为人在非法利用个人信息前必然要动用一定的资源获取个人信息,衡量行为后果的成本收益,而与经济、自由挂钩的严厉的处罚措施不但会增加违法行为人的行为成本,还会随着实际惩罚率的上涨迫使违法行为人承受高风险的心理重压,由此,违法行为人可能会倾向于认为停止或不进行违法行为对其而言是最有效率的,进而达到阻遏违法的目的。[③] 效率是社会发展的基本价值目标,也是一项社会美德,优化消费者个人信息的配置和利用方案,重新设置信息主体与信息使用者的权利义务,既能够改善消费者在市场交易中原有的不利处境,更能体现效率价值的"理想王国"——帕累托最优。

第五,保护消费者个人信息契合正义价值努力求索的宗旨。正义与人的生产、交往密切相关,是人际关系的最高价值目标。正义经过了长时期的推演和论证才形成了独有的价值属性。古代西方学者将能力与权力挂钩,以"强权即公理"作为正义观,文艺复兴以后的西方学者对正

① 参见齐延平:《法的公平与效率价值论》,载《山东大学学报(社会科学版)》1996 年第 1 期。

② [法]伯纳德·利奥托德、[美]马克·哈蒙德:《大数据与商业模式变革:从信息到知识,再到利润》,郑晓丹等译,电子工业出版社 2015 年版,第 5 页。

③ 参见谢鹏程:《基本法律价值》,山东人民出版社 2000 年版,第 179~183 页。

义的看法发生了转变，他们认为正义源自社会契约，遵守契约是正义的主要内容，而法律则是判断是否正义的准则。对此，霍布斯指出："法律就是关于正义与不义问题的法规，被认为不义的事没有一种不是和某些法律相冲突的。"①直至现代西方以罗尔斯为代表的学者大致厘清了正义的内涵，指明了正义的价值取向。根据罗尔斯的观点，社会的基本结构是正义的主要问题，详言之，社会主要制度分配基本权利和义务，决定由社会合作产生的利益的划分方式。② 公平和平等是正义的核心价值，无知之幕是正义被选择的前提，只有作为公平的正义才是真正的正义，价值的平等分配方能显现正义。实质正义与形式正义是正义的基本内容，前者强调公平，公民应当享有平等的政治自由，在读书、就业等方面被公平对待；后者着重规则（法治），要求严格地一视同仁地依法办事。③ 市场经济环境下，消费者与经营者的地位不平等是与生俱来的，当经营者利用先天优势地位恶意抓取、利用、出售消费者的个人信息时，作为弱势群体的消费者难以求诸有效的救济措施，因此，针对不同市场主体的特性构建合理的权利义务体系，在资源有限的态势下，权利分配向消费者这类弱势主体倾斜，以真正落实法律面前人人平等的价值理念。

（三）权利观是消费者个人信息权概念的理论支撑

检视现有研究关于消费者个人信息权的诸多学说，笔者发现曾出现过所有权客体说、人格权客体说、隐私权客体说、资料权客体说、法益说④等观点，但并未形成共通性的理论确信。总体来看，大致形成了法益观与权利观两大理论阵营的对垒。

法益观认为应将消费者个人信息看作一种民事利益，即消费者个人信息利益。何谓民事利益？杨立新教授认为民事利益是民事主体之间为满足自己的生存和发展需要而产生的，对一定对象需求的人身利害关

① ［英］霍布斯：《利维坦》，黎思复、黎廷弼译，商务印书馆1985年版，第206页。

② 参见［美］约翰·罗尔斯：《正义论》，何怀宏等译，中国社会科学出版社2003年版，第7页。

③ 参见严存生：《法的价值问题研究》，法律出版社2011年版，第536页。

④ 参见王心阳：《论个人信息权的法律属性及立法保护思考》，载《科技与法律》2016年第6期。

系和财产利害关系,可分为民事权利保护的民事利益、法益保护的民事利益与不受权利和法益保护的民事利益三部分。[①] 民事利益体现了实体权利之外的利益在民法上的价值,法益说的立论基础在于消费者个人信息包含人格利益和财产利益双重性质,法益保护不需要以明定的权利为前提,由此成为一些新型利益寻求法律保护的惯用方式。[②] 技术腾飞的信息时代,新型法益如雨后春笋般生长,虽然法益可以通过立法上升为权利以获得法律"名正言顺"的保护,但并非所有的法益都能上升至权利,期望以权利的形式将应受保障的法益一一列明不具现实可能性,部分法益长期以法益形式存在或许才能真正实现价值。由于消费者个人信息问题的复杂性,法律条文中尚未以单纯的民事权利予以规定,而是抽象地指明法律应当保护消费者的个人信息以及个人信息受侵犯后的惩治手段,以保有个人信息的自由流通属性。[③] 有学者进一步指出,立法上未明确赋予消费者个人信息权实际上是一种制度留白,"为未来个人信息如何在利益上兼顾财产化,以及与数据经济发展的关系配合预留了一定的解释空间"。[④]

相较而言,权利观则强调消费者享有个人信息权,义务主体负有不得侵害该权利的义务。[⑤] 全国人大法律委员会经研究肯定了个人信息作为民事权利的观点,指出个人信息权利是公民(包括消费者)在现代信息社会享有的重要权利。消费者个人身份信息的独立性是法律保护的客体,即使法益与权利具有同源性,但法益保护方式在保护消费者个人信息层面存在不完全的问题,想要真正实现完整性保护,应当立足于权利本位观,将其解读为消费者个人信息权,以民事权利的形式予以保护。权利说以探究个人信息与消费者的关系、信息中的利益类型为起点,进而厘定消费者个人信息的权利属性并将其与现有民事权利对照,找寻与

---

① 参见杨立新:《民法总则》,法律出版社 2013 年版,第 199 ~ 200 页。

② 参见宁立志、傅显扬:《论数据的法律规制模式选择》,载《知识产权》2019 年第 12 期。

③ 参见王利明:《中华人民共和国民法总则详解》,中国法制出版社 2017 年版,第 465 页。

④ 龙卫球、刘宝玉:《中华人民共和国民法总则释义与适用指导》,中国法制出版社 2017 年版,第 404 页。

⑤ 参见杨立新:《中华人民共和国民法总则要义与案例解读》,中国法制出版社 2017 年版,第 413 页。

之相契合的具体民事权利,再纳入民事权利体系中予以保障。诚如冯·图尔所言:"权利是私法的核心概念,同时也是对法律生活多样性的最后抽象。"[①]在性质上,权利是一种以法律为后盾的力量,是一种类型化的利益,加之权利边界理论较为成熟,运用权利模式来保护新生事物较之于其他模式更为可靠:一是法律保护消费者个人信息,在很大程度上是保护其中蕴含的权利;二是司法实践充分说明了保护消费者个人信息的必要性,国外亦存在将消费者个人信息视为权利来保护的立法例。

实际上,回归权利的法理本源能够增强消费者个人信息权这一概念的说理性。德沃金(Ronald Dworkin)的权利理论认为,由于人的自利性,不同个体所追逐的个人利益不尽相同,如果他们希望,他们就有权利保护这些利益,这使得以权利为基础的理论在形式上满足公平性要件。众所周知,权利与义务相生相随,在多数情境中,相关的权利和义务却并不一定相互对应,反而呈现出一种派生关系。派生顺序影响派生结果。换言之,权利从相关义务中派生而来所产生的结果与义务从相关权利中派生而形成的结果是不一样的,前者通过义务来证明权利的合理性,后者则恰恰相反。[②] 切换到消费者个人信息层面,因消费者是其个人信息的生产主体,基于人的逐利本性,消费者亦希望借由个人信息谋取私人利益,而利益保护则需诉诸权力,法律赋予消费者个人信息权正是对消费者权利诉求的回应。从派生性来看,消费者个人信息权从他人的义务中派生而来,因为经营者等市场主体有不得擅自利用消费者个人信息的义务,所以,消费者有维护其个人信息不被他人滥用的权利,由此证明了这一权利存在的合理性。

权利要素论主张权利的本质包含五种要素,分别是利益、主张、资格、力量与自由,其中自由是权利的核心属性。[③] 以权利为基础的理论将个人放在中心位置,视个人的决定或行为为根本重要性的权利行使方式,关心个人的独立,而不重视个人行为的服从性。消费者个人信息权

---

① [德]海迪尔·梅迪库斯:《德国民法总论》,邵建东译,法律出版社2001年版,第62页。

② 参见[美]罗纳德·德沃金:《认真对待权利》,信春鹰、吴玉章译,上海三联书店2008年版,第231~238页。

③ 参见夏勇:《权利哲学的基本问题》,载《法学研究》2004年第3期。

以信息自决为理论基底,在这一理论支撑下,消费者可以自行决定何时何地在何种范围内公开或不公开其个人信息,强调消费者对其个人信息的控制。

诞生于20世纪六七十年代的信息自决理念是个人信息权的核心内涵。从生成背景来看,当时自动化技术得以发展,走在技术变革前列的发达国家试图在国家治理领域攫取技术红利,因此,他们将信息自动化运用于国家管理中,作为提高行政效率的措施。而单方面地提升效率却与隐私保护产生冲突,为纾解这一冲突,西方学界结合人格权,朝着既不阻碍技术助力效率提高路径,又不过度干涉个人信息隐私的方向进一步诠释了其时的隐私理论。马尔曼(Mallmann)最先提出"信息自决"(informationelle selbstbestimmung)这一概念,他认为,自我表现连通了个人与外界社会,且为当时与他人沟通的唯一方式,其实质是使用个人信息、公开个人信息,让他人了解自己。鉴于自我表现对个人的人格发展举足轻重,应当赋予个人对其个人信息的决定权。① 随后,信息自决权理论开始慢慢在一些法院判例中显现。1969年的小普查案、1972年的病历卡提供案、1973年的以真实犯罪案情为蓝本拍摄纪录片等案例共同揭示出一个理念——每个人有权自行独立决定其全部或特定过程的生活图像是否或如何公开。② 1983年德国宪法法院审理的人口普查案③被学者视为是德国个人信息保护法发展史上的大宪章。④ 该案法官认为,个人有权对抗他人对其个人资料无限制的收集、储存、使用和传送,因为这是人格自由发展的前提要件。个人资料是对个人生活事实的记载,勾勒了自然人的"人格图像",法律应当确认和保护个体对其个人资料的交

---

① See Vgl. Christoph Mallmann, *Datenschutz in Verwaltungsinformationssystemen*, München, 1976, S. 50 – 54.

② 参见李震山:《论资讯自决权》,载《人性尊严与人权保障》,元照出版有限公司2009年版,第209~210页。

③ 1982年,德国联邦政府颁布《人口普查法》,拟全面收集全国公民的个人信息,包括姓名、住址、家庭、工作、收入等所有与个人相关的信息。该法引起了社会各阶层的抗议,在其正式实施(法律确定的实施日期是1983年4月1日)前,民众以违宪为由向德国宪法法院提起诉讼,要求废法。经审理,法院判决《人口普查法》部分违宪。

④ 参见王泽鉴:《人格权保护的课题与展望(三)——人格权的具体化及保护范围(6)——隐私权(中)》,载《台湾本土法学杂志》2007年总第97期。

付、使用的自由决定权。[①] 基于此,信息自决权意指原则上有权决定其个人信息是否能被他人知悉及知悉的方式、范围,其由个人信息及自决权两部分构成,前者属于受保护的人格法益,后者是人格权的具体权能内容。[②] 值得注意的是,因人的社会属性,信息自决的应用应受到重大公共利益的限制,但国家公权力机构利用这一例外规定盲目扩充对公民个人信息的收集、使用、传输范围,使对抗公权力成为信息自决理论的核心,并在学界形成共识。然而,现代社会中信息产业已成为当下世界各国发展的核心动力之一,信息技术已普及至普通公民,较之六七十年代信息自决理论产生时的社会背景有着翻天覆地的改变。环境的变动必然使得理论适用受到影响,信息自决理论在信息高速时代还有生存空间吗?同时,理论本身亦存有缺陷,如权利规定过于绝对、含义模糊不清、边界不明、保护范围宽泛等,这些情形都有可能限制理论的应用场景。即便如此,因个人信息与消费者的相关程度高,消费者在市场经济中处于弱势地位,切不可否定个人信息作为权利的存在价值。

权利在不同的场域背景下的含义不同。大多数情形下,"有权做某事"的含义是,如果他人干预权利人做某事,这种干预就是错误的,或者为了证明干预的合理性,干预者需要提出适恰的理由。在部分情景中,"有权做某事"可能表示权利人做某事是正确的,或权利人有权去做对其而言是错误的事。[③] 因此,消费者个人信息权在大数据背景下的含义具有特殊性。消费者很难知悉经营者利用技术手段掌握了自己的哪些个人信息,很难预见其会如何使用这些信息,进而需要法律赋予权利,以使消费者通过行使知情权而知晓其个人信息被他人收集的情况,行使同意权对他人利用其个人信息表达态度。

一切法律关系皆可化约为"权利"与"义务"。[④] 美国法学家霍菲尔

① 参见齐爱民:《个人资料保护法原理及其跨国流通法律问题研究》,武汉大学出版社2004年版,第70页。

② 参见郑观:《个人信息对价化及其基本制度构建》,载《中外法学》2019年第2期。

③ 参见[美]罗纳德·德沃金:《认真对待权利》,信春鹰、吴玉章译,上海三联书店2008年版,第252页。

④ 参见[美]霍菲尔德:《基本法律概念》,张书友编译,中国法制出版社2009年版,第26页。

德(Wesley Newcomb Hohfeld)提出的权利概念分析理论把各种法律关系纳入反映法律对立者(jural opposites)与法律相关者(jural correlatives)关系的图表,通过成对解释的方法精细分析个案中权利与义务的分野及应用,如图1-1所示。

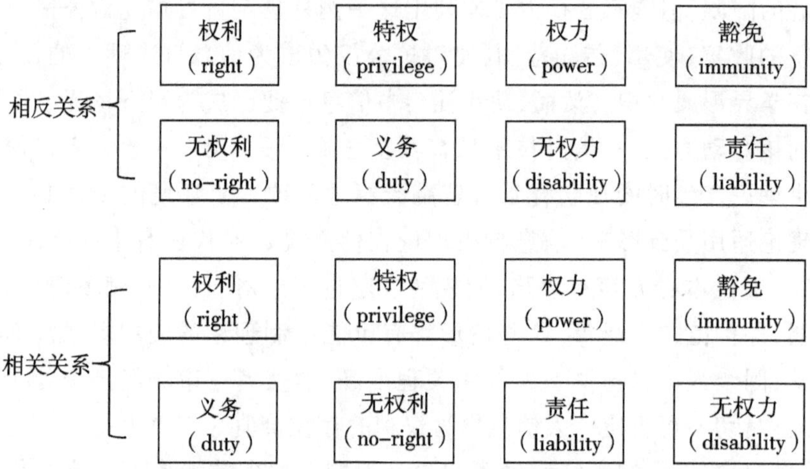

图1-1 权利理论与法律相关者之间关系

根据霍菲尔德的观点,"权利"一词包含四个维度的意思,即权利(right)、特权(privilege)、权力(power)以及豁免(immunity),而由于权利与义务的相对性,前述四类享有权利的情形对应相应的义务承担情形,分别为义务(duty)、无权利(no-right)、责任(liability)和无权力(disability)。两个层次之间或存在相关关系,或存在相反关系。[①] 在这种关系格局下,被赋予权利的主体有权就某项利益或行为提出自己的诉求,有权决定做或不做某事,有权强迫相关义务方为或不为某种行为,有权不受某种对待。[②] 最常用的权利概念实际上是主张(claim),要求他人履行特定的作为义务或者不作为义务,其与义务之间必然会形成相互对

① See Wesley, Newcomb, Hohfeld, *Fundamental Legal Conceptions as Applied in Judicial Reasoning*, Yale Law Journal, Vol. 26, No. 8, 1916-1917, pp. 710-770.

② 参见夏勇:《权利哲学的基本问题》,载《法学研究》2004年第3期。

应的关系，两者相伴相随，也即“有权利即有义务”。[①] 对于消费者个人信息而言，消费者没有公开其个人信息的义务，也没有不公开的义务，能够自由决定是否公开其个人信息，在霍菲尔德权利理论中此为消费者的特权，公开与否是消费者的自由。在相关关系中，与特权相关的是“无权利”，在相反关系中，与特权相反的是义务。相关者，互为充分必要条件。消费者公开或不公开其个人信息的特权的相关方是他人无权、不得阻碍或干预消费者的行为自由，也不能凭借意志改变与消费者间的内在规范关系。相反者，一方存在则另一方不必存在。[②] 消费者免于必须同意或不同意他人收集使用其个人信息行为的义务符合霍菲尔德的权利分析路径，进而证实了消费者个人信息的权利属性。

何为权利的本质？学界主要形成了三种学说：意思说、利益说和法力说。意思说认为个人意思自由活动或受意思支配的范围是权利的本质；[③]利益说力主个人之所以要主张权利，乃在于希望满足特定的物质或精神利益，权利是法律所保护的利益；法力说将意思说与利益说的精髓予以融合，强调权利的本质是“特定利益＋法律上之力”，即法律赋予权利主体的一种力量，凭此，权利人可自由支配自己的行为、所属物或相关义务者，以实现特定利益。[④] 法力说已被学界视为通说。消费者寻求法律保护个人信息的目的乃是看重个人信息作为资源形态之一在数据时代的资源性价值，希望法律能够赋予其自由支配个人信息的力量，确保信息利益的实现。[⑤] 而赋权是达成这种法律保护的最优方式，即赋予消费者个人信息权，使消费者能够不受他人干涉，自由地处置其个人信息。

循着权利观的思路，现有学说理论对消费者个人信息权属于何种民事权利这一问题有不同解读，整体上较为杂糅，不成体系，仍需从理论视野再度梳理。具体来讲，可大致归纳为下述几种学说：

---

① 参见陈景辉：《权利和义务是对应的吗？》，载《法制与社会发展》2014年第3期。

② 参见温昱：《搜索引擎数据痕迹处理中权利义务关系之反思——以两起百度涉诉案例为切入点》，载《东方法学》2020年第6期。

③ 参见王泽鉴：《民法总则》，中国政法大学出版社2001年版，第83页。

④ 参见梁慧星：《民法总论》（第三版），法律出版社2007年版，第69～70页。

⑤ 参见李伟民：《“个人信息权”性质之辨与立法模式研究——以互联网新型权利为视角》，载《上海师范大学学报（哲学社会科学版）》2018年第3期。

1. 人格权说

以人格权来保护消费者个人信息是多数我国台湾地区学者的基本研究理念,他们认为,姓名、出生日期、指纹等个人信息均依附于人格权存在,个人信息上的权利具有专属性,不得转让、放弃,保护个人信息就是维护消费者作为人的人格尊严与精神利益。这一观点包含个人信息不受侵犯的消极防御维度与信息主体自主决定其个人信息的积极利用维度,恰好契合个人信息的权利内涵。

该学说可再细分为一般人格权说与独立人格权说。倡导消费者个人信息权为一般人格权的学者认为,个人资料体现的人格利益远超具体人格利益的范畴,现有法律框架无法对其进行有效保护,实际上,其所体现的乃是人格权的基本利益,如人格尊严、人性自由、人身完整等,符合一般人格权的表达方式。①《德国基本法》所保护的人格自由发展是一般人格权的分支,确立了个人对其人格发展享有自我决定的权利,也是法律保护个人信息的基础。②《消费者权益保护法》将个人信息权与人格尊严保护权并列于同一个法律条款,说明了个人信息权的一般人格权属性。在人格权普遍化的趋势下,将消费者个人信息权纳入人格权保护体系是法律发展的必然趋势。对此,学者强调并尽力维护市场经济语境下消费者的尊严,指出当今时代与人的属性相关的利益的私法权利得到了普遍承认,认可法律在提高作为人的人格地位方面所做的努力。③ 一般人格权的概念较为抽象,且涵盖面广,在消费者个人信息权保护上,此种覆盖面宽广的性质界定能否起到有效的保障作用?我国虽然移植德国的人格权框架建造了人格权体系,但《民法典》就"个人信息保护"设立了专门章节。已列入第十三届全国人大常委会的立法规划的《个人信息保护法》亦是一部有关个人信息保护的特别法,由此说明我国法律着力打造的个人信息权并非一项一般人格权。一般人格权说不符合我国

① 参见马俊驹:《个人资料保护与一般人格权(代序)》,载齐爱民主编:《个人资料保护法原理及其跨国流通法律问题研究》,武汉大学出版社2004年版,第1页。

② 参见谢远扬:《信息论视角下个人信息的价值——兼对隐私权保护模式的检讨》,载《清华法学》2015年第3期。

③ 参见王泽鉴:《民法总则》(增订版),中国政法大学出版社2001年版,第87页。

的法律实践。

以王利明教授为代表的民法学家主张,消费者个人信息权是一项独立人格权。[①] 虽然个人信息与隐私之间的关联性深厚,但两者在属性、客体、内容等层面的差别决定了无法将个人信息置于隐私权体系中进行保护。同时,独立人格权属性能够提升个人信息的民事法律地位,赋予个人信息权更强的保护力度。[②] 有学者认为,个人信息权是一项独立人格权的理由在于:首先,个人信息权具备独立的人格要素。人格权是一种与主体不可分离的人身权利,不存在主体本身之外的客体,针对主体本身的姓名、身体、荣誉和名誉、私生活、肖像等要素,身份信息等个人信息体现了人格利益,与个人人格难以分割,应被人格权统摄。[③] 其次,个人信息权的客体内容丰富,其他权利难以覆盖。家庭住址、电话号码、电子邮箱等需要与其他信息结合才能识别出个人身份的间接个人信息被泄露的情况在现实生活中较为常见,使信息主体的私生活受到干扰,而现有权利体系却无法有效规制,也即说明了只有将个人信息权作为一项独立权利才有利于接受法律保护。再次,个人信息权作为新设的独立人格权,不仅展现了人格利益,还呈现出财产利益。应当承认,凭借自我意志对人格利益的自主利用是保护人格权的重要形式。个人信息权虽是一项人格权,但对其积极利用以及因利用所获的财产收益也应作为权利内容的关键部分。信息时代语境下的个人信息权以自我决定为其权利基础,运用其消极防御的人格属性与积极支配的财产属性直面大数据时代的个人信息保护问题。最后,在责任形式上,个人信息保护法主要防范行政主体对公民个人信息的侵犯,强调以行政责任作为侵害责任,不足以防备个体或经营者对个人信息的侵害行为,而将个人信息权确立为独立人格权,则可增加侵害者的民事责任,更全面地规制侵犯个人信息的

---

① 参见王利明:《论个人信息权的法律保护——以个人信息权与隐私权的界分为中心》,载《现代法学》2013 年第 4 期。

② 参见杨立新:《民法典人格权编草案逻辑结构的特点与问题》,载《东方法学》2019 年第 2 期。

③ See Philippe Malaurie, *Droit Civil*, *Les Personnes*, *Les Incapacities*, Edition Cujas, 1992, pp. 99 – 100. 转引自王利明:《人格权法研究》,中国人民大学出版社 2005 年版,第 9 页。

行为。[①] 总而言之,即使个人信息权的权利内容包裹精神性人格权利与物质性财产权利,涵盖信息保有权、信息决定权、信息知情权、信息更正权、信息锁定权、个人信息保护权、被遗忘权等具体权利,[②]但本质上仍应被纳入人格权体系,将之确立为一项独立的人格权。

2. 财产权说

将消费者个人信息权视作财产权予以保护的观点曾得到不少欧美学者的赞同。20 世纪 60 年代,美国学者威斯汀最早开始讨论个人信息是否为财产。他肯定了个人信息的财产权性质,并主张借助保护产权的方法来保护个人信息,[③]由此引发了西方学界对个人信息财产权保护的关注。波斯纳法官基于经济学的产权理论主张个人信息是有价值的,应当给予人们关于自己信息的财产权,并允许人们自愿交换或出售信息产权,以确保资源得到最宝贵的利用。[④] 约翰·洛克(John Locke)在劳动论中提出了"身体延伸说",提出每个人对其身体的各个部分都享有财产权,个体与社会环境的互动产生了个人信息,其属于身体的无形延伸部分,理应被作为个人财产权予以保护。[⑤] 萨缪尔森(Pamela Samuelson)抛出了"信息是财产吗"的疑问,并从促进信息产业发展的角度予以肯定性回答。[⑥] 玛格丽特·雷丁(Margaret Jane Radin)在其所构建的人格论中,将财产作强、弱区分,认为具有身份可识别性的财产是强财产。个人信息以识别个人身份、体现人格利益为特征,是典型的强财产。个人信息如果被侵害就属于侵犯强财产,损害后果的不可逆性表明将之视为财产

---

① 参见王利明:《论个人信息权在人格权法中的地位》,载《苏州大学学报(哲学社会科学版)》2012 年第 6 期。

② 参见杨立新:《个人信息:法益抑或民事权利——对〈民法总则〉第 111 条规定的"个人信息"之解读》,载《法学论坛》2018 年第 1 期。

③ See Alan F. Westin, *Privacy and Freedom*, New York: The Bodley Head, 1967, pp. 24 - 25.

④ See Richard A. Posner, *The Right of Privacy*, Georgia Law Review, Vol. 12, No. 3, 1978, pp. 393 - 422.

⑤ See John Locke, Perter Laslett, *Two Treatises of Government*, Cambridge University Press, 1988, pp. 1690.

⑥ See Pamela Samuelson, *Is Information Property*?, Communications of the ACM, Vol. 34, No. 3, 1991, pp. 15 - 18.

才可得到有效保护，应赋予信息主体相应的信息财产权。[①] 劳伦斯·莱斯格（Lawrence Lessig）在其1999年出版的巨著《代码和网络中的其他法律》（Code and other Laws of Cyberspace）中首次系统地提出并阐释了数据财产化理论，该理论认为纯粹采取绝对化方式保护用户的信息或隐私不仅达不到预期保护效果，还可能使合法合理的数据收集、使用、处理活动陷入僵局，影响数据驱动经济的发展功能，而因数据本身就具有财产属性，将财产权品格附着其上乃是题中应有之义，且可以满足不同数据主体的信息隐私利益需求，并以相当强劲的推力促使数据流通活动顺畅开展。[②] 爱德华·扬格（Edward J. Janger）丰富了个人信息财产权保护理论，提出产权保护能够迫使实现个人信息进入法律体系，并赋予法官和司法机构更多的话语权，允许他们通过逐步发展普通法规则来执行和阐明保护个人信息的规范。[③] 利特曼（Jessica Litman）直指个人信息就是一种产权，信息主体作为财产的所有者，应该拥有自己的信息，应该有权控制对信息财产的处置。但承认个人信息财产权则预示着信息的私有化，信息所有者有权限制对其个人信息的利用，由此将会威胁到言论自由。[④] 事实上，这是一种对个人信息财产权与言论自由关系的误读。信息主体主张个人信息财产权需要遵从合理原则，在利益衡平的基本法律理念指导下，言论自由等各项权利正是限制该权利的力量。

我国部分学者因对个人信息财产属性产生质疑，认为个人信息无法被完全让与，不是法律意义上的财产，若强制将其认定为财产，可能会导致隐私保护与信息价值“向下竞争”的消极后果，甚至损及公共福祉。[⑤] 在学术开放的格局下，不同学者提出的不同观点没有是非对错之分，均是学者们为后续研究作出的学术努力。虽然有少数学者不认同个人信

---

① See Margaret Jane Radin, *Property and Personhood*, Stanford Law Review, Vol. 34, No. 5, 1982, pp. 960 – 979.

② See Lawrence Lessig, *Code, and other Laws in Cyberspace*, New York: Basic Books, 1999.

③ See Edward J. Janger, *Muddy Property: Generating and Protecting Information Privacy Norms in Bankruptcy*, William and Mary Law Review, Vol. 44, No. 4, 2003, pp. 1801 – 1882.

④ See Jessica Litman, *Information Privacy/Information Property*, Stanford Law Review, Vol. 52, No. 5, 2000, pp. 1283 – 1314.

⑤ 参见徐文：《论个人数据的非财产性及其守护屏障》，载《兰州学刊》2020年第9期。

息的财产属性，但也并不妨碍主流学者坚守个人信息财产权的观点。学者认为社会发展促使个人信息与有形载体脱钩，单独保护个人信息需要赋权，而财产权是较为适合的权利。个人信息是信息时代重要的战略资源，其虽然在表象上与常见的有体物不同，但本质上仍是一种物质存在形式，具有使用价值和价值，符合财产的特征。[①] 个人信息商业利用的普遍化说明了个人信息的价值特性，市场竞争者竞相追逐消费者的个人信息也正是看重其所含有的经济价值。根据民法理论，只要具备稀缺性、有用性与可支配性即可被认定是法律上的财产。就个人信息而言，即便诸如姓名、肖像等直接个人信息可能与人格相关，但从个人信息本身来讲，其产生于信息主体却不属于信息主体的构成部分，也就当然与信息主体的人格相分离，自然不属于人格权范畴。同时，个人信息具有使用价值，其可以因特定需求被整合、分析。值得关注的是，个人信息的使用价值会伴随使用者的增多而递减，尤其是在相互竞争的市场主体或行业之间尤为明显，从而使其在价值上具有稀缺性。消费者有权支配其个人信息。即便个人信息看似无法触摸，却需占据一定的存储空间，进而使其能够被处置。而个人信息的商业化利用需在商业场景中展开，法律有能力控制其商业使用的领域、群体等要素，消费者也能通过利用个人信息来增添财产利益，满足生产生活需求，契合财产法鼓励创造财富原则。[②] 可见，个人信息满足财产的三大性质，不仅个人信息本身蕴含价值，经加工处理的个人信息亦含有价值，利用个人信息甚至能够产生财产收益，其价值性与财产性更坚定了学者将其纳入财产权体系的决心。有学者聚焦公开的个人信息，主张应赋予此类信息的控制者有限排他性的准财产权，以便于对抗特定的信息侵害行为。[③] 准财产权的观点是在肯定个人信息财产价值的前提下对信息控制主体财产权益的保障，本质上仍坚持财产权说。此外，还有学者认为传统法律架构无法适应当前信息经济利益关系合理调整的需求，应细致解构信息经济的结构本质，充

---

① 参见刘士国：《大数据背景下民法典编纂应规定的条款》，载《法治研究》2016 年第 6 期。

② 参见刘德良：《个人信息的财产权保护》，载《法学研究》2007 年第 3 期。

③ 参见杨翱宇：《数据财产权益的私法规范路径》，载《法律科学（西北政法大学学报）》2020 年第 2 期。

分结合数据的双向动态特点,从两个阶段展开新型财产权的建构。这一新型财产权具有广义性,包括用户基于个人信息的人格权、财产权以及经营者数据经营权和数据资产权。[①]

3. 隐私权说

国外学者通常将个人信息权当作隐私权的一部分,美国学界甚至确立了信息隐私权这一专属概念,以宣示个人信息在隐私中的附属地位。坚持隐私权说的学者主张,个人信息本质上就是一种隐私利益,各国相关立法和判例几乎都关涉隐私,倡导保护个人信息的目的其实是要求保护个人隐私。[②] 从隐私权的权利内涵来看,个人信息、个人私事与个人领域是隐私权的基本内容,利用互联网技术非法收集、传播、使用个人信息的行为应被认定为是侵犯信息主体隐私权的行为。[③] 隐私权是公民的一项民事权利已被确证,私人事务、私人秘密等内容虽然关涉公民的个人信息,但也是隐私权的内容之一,在法律并未明确确立个人信息权的前提下,以日臻成熟的隐私权进行保护是信息主体的最优选项。

此外,还有学者跳脱出民法权利的范畴,因个人信息权是宪法上的基本权利,[④]而主张消费者个人信息权应被放入宪法人权的保护体系中。欧盟等国际组织一般认为个人信息权源自宪法,是受宪法保护的基本人权。我国有学者也持相同观点,称个人信息权是作为一项宪法基本权而存在。[⑤] 然而,我国现行《宪法》并未直接规定个人信息权这一权利,即使从与之最贴近的通信自由与通信秘密受保护权中也不能当然推出个人信息权的内涵。如若将之确立为一项宪法上的基本人权,在中国体制下需要获得全国人民代表大会的批准,而现下的立法及修法工作未曾也并不准备在短期内提出个人信息权入宪的提案,可见,这一观点并不适用于中国语境。

---

① 参见龙卫球:《数据新型财产权构建及其体系研究》,载《政法论坛》2017 年第 4 期。

② 参见王郁琦:《NII 与个人数据保护》,载《信息法务透析》1996 年第 1 期;转引自齐爱民:《个人资料保护法原理及其跨国流通法律问题研究》,武汉大学出版社 2004 年版,第 34 页。

③ 参见汤啸天:《网络空间的个人数据与隐私权保护》,载《政法论坛》2000 年第 1 期。

④ 参见贺栩栩:《比较法上的个人数据信息自决权》,载《比较法研究》2013 年第 2 期。

⑤ 参见郭明龙:《个人信息权利的侵权法保护》,中国法制出版社 2012 年版,第 44 页。

还有学者提出框架权说,认为传统理论混淆了权利客体和权利对象,现有研究误将附着于个人信息上的财产价值当作人格权进行保护。信息时代的变迁将会新生许多其他权益,这些权益并不足以被纳入人格权或财产权体系,只有将个人信息权看作一种框架性权利,确立其价值综合体地位,才能为个人信息的保护提供"兜底"作用,还可作为权源衍生具象化的个人信息权利。[①] 随着个人信息种类的多样化,保护个人信息的难度日益增大,我国正着力建造有具体法律支撑的,稳固的个人信息权利体系,此说过于笼统,忽略了现实立法进展。

值得注意的是,消费者个人信息权与消费者主权间存在难以割离的关系。亚当·斯密在《国富论》中率先申明了消费的重要性和消费者在市场交易中的地位,"消费是一切生产的唯一目的,只有在能促进消费者利益时,生产者的利益才应给予考虑……消费者在市场交易各主体中具有决定性地位"。[②] 政治领域的主权在民思想与经济领域的经济民主主义为消费者主权奠定了理论前提。循此,英国经济学家哈特于 1936 年率先提出了消费者主权理论(consumersovereignty)。[③] 哈特认为,消费者与经营者(生产者)是两种不同利益导向型的市场主体,消费者在乎的是商品的使用价值,而经营者(生产者)关注的是以货币为表现形式的价值。经营者(生产者)为了实现马克思意义上的"惊险跳跃"[④]就必须要考虑到市场中消费者的需求,以获取市场的消费趋势。换言之,消费者的意愿和偏好对经营者(生产者)的决策起决定性作用。荷兰谚语"顾客就是国王"(Deklantiskoning)肯定了消费者的至高无上地位。根据消费者主权理论,消费者除受制于自己的知识、信息与实际能力之外,不应

---

① 参见任龙龙:《个人信息民法保护的理论基础》,载《河北法学》2017 年第 4 期。

② 亚当·斯密:《国富论》,译林出版社 2011 年版,第 106 页。

③ See Joseph Persky, *Retrospectives: Consumer Sovereignty*, Journal of Economic Perspectives, 1993,7(1),pp.183–191.

④ 马克思曾在《资本论》中指出:商品的第一形态变化是商品价值从"商品体"跳到"金"体上,这是商品的惊险的跳跃。参见[德]马克思:《资本论》(第 1 卷),中共中央马克思恩格斯列宁斯大林著作编译局译,人民出版社 1975 年版,第 124 页。

有任何外在力量来妨碍或代替其自主选择。[①] 从字面直观来看，消费者主权似乎与“权利”关联，但实际上它并不是一项具体权利，而是一种价值目标。[②] 在一定程度上，消费者主权可以看作是民主价值观在“最大限度地实现自由和正义的社会控制”中的体现。

“无形之手”意图运用市场自我调节力量，通过加大经营者的单方竞争来激发市场潜能最大化，然而，市场最终仍以消费者需求作为调节导向，经营者的产品供给仍需考量消费者需求。同时，理性且有批判意识的消费者的货币投票行为亦形成了一种对经营者的社会约束，正如弗兰克·费特所说：“每个消费者在某种程度上决定了行业方向。民主市场中，每一分钱都有投票权。”[③]这说明了市场经济对消费者意志与选择的重视度，消费者拥有市场交易的最终决定权。在互联网普及时代，消费者主权仍有用武之地，即便是运用最先进的技术手段也无法在数量繁多的产品、复杂多变的消费者需求中进行准确计算，生产者（经营者）在决策时依然需要重点参考消费者通过市场反馈的信息。促进消费者主权的行使或有效的消费者选择是反垄断和消费者保护法的共通目的，[④]消费者主权理论以实现消费者福利最大化为最高目标，所谋求的最终价值乃是达成消费者在市场经济中的自由、公正与实质平等。当然，消费者主权理论并不完全排斥政府干预，如果市场调节不能，出现市场失灵时，政府可以适度介入，但需要考虑消费者的意愿。

商品经济的本质决定了消费者在市场交易中的弱势地位，消费者很难防范经营者借助交易活动收集、利用其个人信息。市场并不具有强制力，但增强市场自律能够在一定范围内保护消费者，具化至消费者个人信息上则意味着市场已经意识到消费者的个人信息濒临被侵犯的边缘，

---

① 参见张维平、伍晓鹰：《经济自由主义思潮的对话·消费者主权——谈弗里德曼〈资本主义与自由〉》，载《读书》1986年第11期。

② 参见秦鹏、黄学彬：《消费者主权质疑——一种环境伦理下的人文思考》，载《社会科学研究》2006年第1期。

③ Frank. A. Fetter, *The Principles of Economics with Applications to Practical Problems*, New York: The Century Cooperation, 1905, p. 394.

④ See Neil W. Averitt, *Robert H. Lande*, *Consumer Sovereignty: A Unified Theory of Antitrust and Consumer Protection Law*, Antitrust Law Journal, 1997, 65, p. 713.

意图以市场自身的调控力帮助消费者抵御来自经营者的信息滥用风险，以使消费者与经营者在因个人信息利用产生的冲突中势均力敌，实现消费者主权理论中的平等的价值目标。若经营者不当利用消费者个人信息的手段十分隐蔽，消费者很难察觉且发觉后的自我救济失当时，政府在事先评估具体情形和考量消费者意愿后，可以介入以保护消费者个人信息免受更严重的侵害。可以说，在一定意义上，政府干预是私法领域保护消费者个人信息权的最后一道防线。

（四）法律文本层面的消费者个人信息权概念考辨

我国在立法层面对个人信息的保护实际上经历了很长一段时期。以时间为序，最早对个人信息收集、利用和保护加以规范的法律当属2005年公布的《刑法修正案（五）》中增设的“窃取、收买、非法提供信用卡信息罪”，且对金融机构工作人员利用职务之便而为的不法信用卡信息处置行为采取从重处罚。① 2009年《刑法修正案（七）》对《刑法》第253条的内容进行拓充，新增一种情形作为“非法获取公民个人信息罪”之一，首次将窃取或以其他方式非法获取公民个人信息、出售或非法提供公民个人信息的行为情节严重的规定为犯罪行为，确立“出售、非法提供公民个人信息罪”与“非法获取公民个人信息罪”两项罪名，从而在刑法规制范围内保护个人信息。② 2012年《全国人民代表大会常务委员会关于加强网络信息保护的决定》明确表示，国家保护能够识别公民个人身份和涉及公民个人隐私的电子信息，首次对网络服务提供者和其他企

---

① 《刑法修正案（五）》第1条规定：“有下列情形之一，妨害信用卡管理的，处三年以下有期徒刑或者拘役，并处或者单处一万元以上十万元以下罚金；数量巨大或者有其他严重情节的，处三年以上十年以下有期徒刑，并处二万元以上二十万元以下罚金：（一）明知是伪造的信用卡而持有、运输的，或者明知是伪造的空白信用卡而持有、运输，数量较大的；（二）非法持有他人信用卡，数量较大的；（三）使用虚假的身份证明骗领信用卡的；（四）出售、购买、为他人提供伪造的信用卡或者以虚假的身份证明骗领的信用卡的。窃取、收买或者非法提供他人信用卡信息资料的，依照前款规定处罚。银行或者其他金融机构的工作人员利用职务上的便利，犯第二款罪的，从重处罚。”

② 《刑法修正案（七）》第7条规定：“国家机关或者金融、电信、交通、教育、医疗等单位的工作人员，违反国家规定，将本单位在履行职责或者提供服务过程中获得的公民个人信息，出售或者非法提供给他人，情节严重的，处三年以下有期徒刑或者拘役，并处或者单处罚金。窃取或者以其他方法非法获取上述信息，情节严重的，依照前款的规定处罚。单位犯前两款罪的，对单位判处罚金，并对其直接负责的主管人员和其他直接责任人员，依照各该款的规定处罚。”

业事业单位、国家机关及其工作人员在收集、使用、保管公民个人电子信息中应当遵循的原则、承担的义务及法律责任作出了较为细化的规定。2013 年修正的《消费者权益保护法》在第 14 条中明确了消费者享有个人信息依法得到保护的权利。2017 年《网络安全法》在“网络信息安全”章节中针对个人信息的收集、使用、存储、管理、泄露、窃取、投诉、举报、安全监督等方面进行了更为全面细致的规定。2015 年《刑法修正案(九)》将原“非法获取公民个人信息罪”修改为“侵犯公民个人信息罪”，扩大了非法获取、提供、出售个人信息的适用范围。① 2017 年《民法总则》第 111 条明确表示法律保护自然人个人信息的立场。2020 年，《民法典》人格权编“隐私权与个人信息保护”章第 1032～1039 条以正面阐释加反向列举的方式对个人信息、个人信息处理原则、不当处理与泄露、篡改、丢失的法律责任、对个人信息的收集、查阅、复制、更正、删除、存储、保密等设计了可操作的规范程序，《个人信息保护法》更以专门法的形式来保护个人信息。

我国现行部分法律文本对个人信息权有着相应表述：《民法总则》第 111 条规定为“自然人的个人信息受法律保护”；《民法典》第 1034 条的表达与《民法总则》的规定完全一致；《消费者权益保护法》第 14 条将之阐述为“消费者享有个人信息依法得到保护的权利”。由此可知，法律规定对个人信息权的态度犹疑不定，但却肯定地将之定位为一项权益。《消费者权益保护法》虽然没有明确使用个人信息权，但其以“依法得到保护的权利”这种婉转的表述方式首次在法律体系中明确了消费者个人信息的权利属性。与之相对照，《民法总则》即使第 110 条列举了生命权、隐私权、荣誉权等诸多权利，也仍未列明信息权这一权利。

值得注意的是，《民法典》将个人信息的规定置于“隐私权与个人信

---

① 《刑法修正案(九)》第 17 条规定：“违反国家有关规定，向他人出售或者提供公民个人信息，情节严重的，处三年以下有期徒刑或者拘役，并处或者单处罚金；情节特别严重的，处三年以上七年以下有期徒刑，并处罚金。违反国家有关规定，将在履行职责或者提供服务过程中获得的公民个人信息，出售或者提供给他人的，依照前款的规定从重处罚。窃取或者以其他方法非法获取公民个人信息的，依照第一款的规定处罚。单位犯前三款罪的，对单位判处罚金，并对其直接负责的主管人员和其他直接责任人员，依照各该款的规定处罚。”

息保护”章节下，从章节标题拟定来看，该章节主要规定了“隐私权”与“个人信息保护”两项内容，两者在表述上的差异即个人信息保护缺少“权”，隐私权保留了“权”，虽然仅有一字之别，但法律解读却相去甚远。

如果为个人信息加“权”，形成“个人信息权”，因其在《民法典》中的所处的位置，应将之理解为人格权的内在性权利。当人格权受到侵害，法律保护的力度较为强大，例如，行为人没有过错侵害他人隐私，当事人可以要求停止侵害、排除妨碍，但面对侵害个人信息的行为，当事人是否能够行使同样的请求权，法律并没有明文规定，至少《民法典》关于人格权请求权的规定只适用于确定的人格权。若依照侵权责任编中关于侵权行为危及人身财产安全的规定，当事人也可以要求停止侵害、排除妨碍，前提需要明确个人信息的人身财产性。可知，个人信息权在法律中的确立极有可能遭遇法律适用不明确的问题，甚至面临对个人信息属性的质疑。此外，立法者忧心采用“个人信息权”的表述可能会出现法律保护过度的情形，毕竟对个人权利的保护是以对他人自由的限制为代价，过度保护可能会影响信息流动与信息共享，长远来看，甚至可能妨碍数字经济这一基本国家战略的发展。

法律虽然没有明确规定“个人信息权”，但将个人信息归于自然人基于人身自由、人格尊严产生的其他人格权益，①其民事权益属性得以肯定，并承认了个人信息权益与姓名权、名称权、肖像权等可商业化利用的人格权益具有同样的经济利益，还将其范围扩大至精神利益，是一种通过保护性规范予以保护的形式。立法者未明确指明“个人信息权”的理由乃是认为个人信息不可能类似于一般有体物，能够被他人独占、排他地支配，如果将之确立为一项具体的权利，则可能会导致个人信息无法合理地流动与使用，对于信息主体与社会而言弊大于利，因为在很大程度上，法律对个人信息的保护需要着重协调的是安全与自由之间的关系。而将之作为一项人格利益来保护，则可以丰富个人信息受法律保护

① 参见《民法典》第990条规定：“人格权是民事主体享有的生命权、身体权、健康权、姓名权、名称权、肖像权、名誉权、荣誉权、隐私权等权利。除前款规定的人格权外，自然人享有基于人身自由、人格尊严产生的其他人格权益。”

的范畴,如自然人有权许可他人使用个人信息、自然人可以依法向信息处理者[①]提出查阅和复制其个人信息的请求、自然人有权提出异议及要求采取更正等必要措施、自然人有权请求删除其个人信息。《最高人民法院关于审理利用信息网络侵害人身权益民事纠纷案件适用法律若干问题的规定》中虽列示为公开或损害个人信息,没有为个人信息加“权”,但其后的条文规定却将此类行为视为独立的侵权行为,间接承认个人信息的权利属性。此外,其他规定有个人信息的法律文件大多存在语义模糊、认定条件不清等问题,不能轻易辨别其法律属性,导致认知分歧,不利于后续制度构建。

消费者个人信息权是消费者对于其自身相关信息的权利,这一法律概念的确立赋予了消费者作为权利人的主动权,能够主动请求行使、保护权利;如若否认其权利属性,消费者便失却了主动权,仅能在受到侵害后寻求法律保护,未受侵害不能主动请求,而此时会涉及相对人的义务违反与责任问题。在另一维度,基于消费者个人信息权,消费者对权利的自觉性、控制性会明显提升,而若仅是将其视为纯粹受法律保护的利益,则不存在权利人,也不存在权利人参与,对该利益的保护强弱程度取决于法律规定与国家意志,消费者的意志不在考量范围内,进而导致信息使用不受限。从权利的固有特性来看,权利人可以积极行使权利,也可以自愿放弃,不论是行使还是放弃,均受到法律保护。消费者作为信息主体有权告知经营者其电话号码、家庭住址等个人信息,亦可以主动放弃其所享有的个人信息权,但弃权行为须受到严格限制。同时,消费者在自愿向经营者揭示其个人信息后表示放弃个人信息权,并不意味着经营者可以将消费者的个人信息恣意传播。

前述关于消费者个人信息权应被归入哪项具体权利范畴的观点,本书认为尚未精准体现这一权利的特性,传统民事权利体系欠缺能够将其完整涵摄的权利类型,因此,基于权利轮廓与利益区分,将之视为一项独立的新兴权利——消费者个人信息权,或许能够达到权利设置的预期目标。

---

① 《个人信息保护法(草案)》明确将进行个人信息收集、存储、使用、加工、传输、提供、公开等活动的主体统称为“个人信息处理者”。本书亦遵循这一称谓。

传统民法非财产权即人格权,或非人格权即财产权的权利分类方法已然过时,数据信息环境下个人信息的内容有了新的体现,不能因个人信息的部分内容与人格权重合就认定其为人格权,也不可基于个人信息的财产价值而得出其是财产权的结论,必须以发展的眼光迎接新兴权利的到来。基于人格权、财产权和个人信息权在权利内容、表现形式、行使方式与救济方式维度的对比(如表1-1所示),有学者认为,个人信息权既非人格权,又非财产权,但因其拥有人格权和财产权部分属性,如附着了信息主体的人格尊严与自由,也承载着信息处理者的使用利益与公共利益,应将其视为一种新型的复合权利。[①] 这一观点意在表达个人信息权兼具人格要素和财产要素,不能将其单独定性为人格权或财产权,建议拆除人格与财产的"隔离之墙"。此外,还应意识到两种要素在个人信息权中的比例不均等性,孰轻孰重视具体情形而定,将其视为一种新兴权利既迎合了民事权利的基本内涵,也避免了人格权与财产权的"争夺"。

表1-1 人格权、财产权与个人信息权三元分置

权利类型	权利内容	表现形式	行使方式	救济方式	涉及的利益类型	侵害救济方式
人格权	与人格利益相关	消极的防御型权利	与人身密不可分且无法交易	事后救济为主	个人利益	精神损害赔偿
财产权	与财产利益相关	积极的交换使用型权利	可以交易	事前预防	个人利益或集体利益	财产损害赔偿
个人信息权	与人格和财产利益都相关	主动型权利	可以交易	事前预防和事后救济	个人利益和公共利益	精神损害赔偿和财产损害赔偿

大数据时代,消费者个人信息在完整性、共享性和财产性上越发突出,已然突破了单纯的人格权、财产权或隐私权的范畴,将其设立为一项新兴权利更贴合现实需求。一般而言,生成新兴权利大致要渐次历经个案裁

① 参见张素华:《个人信息商业运用的法律保护》,载《苏州大学学报(哲学社会科学版)》2005年第2期。

判、司法解释、法律规定三个步骤。[①] 需要说明的是,消费者个人信息权这种新兴权利不位于人格权框架内,也不在财产权体系下,而是一种与人格权、财产权并肩的权利。司法实践亦倾向于将消费者个人信息权视为一项新兴权利,原因在于司法案件中已存在侵犯消费者个人信息的情形,而当事人却无法提出直接法律依据来精准概括这一行为,进而可能使其因诉求错误遭遇不被受理的后果。因此,当事人为了寻求司法救济,期待司法机关认可相关行为的违法性,渴求立法机关将消费者个人信息权利化。同时,司法机关为了纠纷解决于法有据,发挥司法能动力,推定认可消费者个人信息的权利性质。

从民事权利角度来看,消费者个人信息权是既融合了人格权与财产权的某些权利特征,又将人格权与财产权进行了发展的新兴权利束。民事权利二分法以权利内容主要或直接体现的是人格利益还是财产利益,以及权利与权利主体能否分离为标准,将民事权利划分为人格权与财产权。人格权的权利内容主要体现权利主体的人格利益且与权利主体不可分离,财产权的权利内容直接体现财产利益并可与权利主体分离。从权利内容维度观之,个人信息权是对人格利益与财产利益的混同,部分个人信息能够与信息主体相分离,部分个人信息却只能与信息主体紧密相连,可见,其兼具人格权与财产权的部分权利特征。[②] 详言之,消费者有知悉其个人信息被他人收集、使用、用于何处的权利,有权自主决定其个人信息的使用、公开、传播、转让、删除等,有权同意或拒绝他人收集、利用其个人信息的,有权查询在公开状态中的与其相关的个人信息并可要求发布方或平台方对错误、缺漏的个人信息进行更改;非经事前允诺,任何人、任何组织不得任意收集、储存、运用、传递消费者个人信息;以公共利益为由的信息利用须进行严格限制,还需要遵循民主法治原则。[③] 可见,因个人信息不仅反映了个人身体特征、生活习性,更关涉个体的人格尊严,与主体不可分离,更与个体人格的发展紧密相连,其公开、使用受到了制约。而通过对消费者个人信

---

① 参见王庆廷:《新兴权利渐进入法的路径探析》,载《法商研究》2018 年第 1 期。

② 参见余筱兰:《信息权在我国民法典编纂中的立法遵从》,载《法学杂志》2017 年第 4 期。

③ 参见李震山:《人性尊严与人权保障》,元照出版有限公司 2001 年版,第 277 页。

息的商业化利用获得经济利益则赋予了个人信息财产价值，两种属性兼容并济，共存于个人信息权中。值得注意的是，消费者个人信息权并非一项绝对权，而应将之认定为一项防御性权利。若将之视为排他性的绝对权，无疑有助于信息交易、转让活动的便利性，便于个人信息财产价值的实现，但此种方式对权利和利益不加区分笼统保护，为个人信息穿上权利外衣极有可能致使权利泛化在实践层面蔓延。将消费者个人信息权视作防御性权利旨在寻求个人信息保护与流动间的平衡点，当个人信息遭遇他人侵害时才能主张权利，其余情况下个人信息能够自由流动。①

"人财共济"是个人信息权利保护所追逐的永恒目标。人格权在当代社会环境下除了仍保持先天性享有以外，如姓名、肖像、身份证号码等彰显身份的标表型人格要素的商业化利用为人格权增添了越来越多的积极权能；②而个人信息财产权在客体范围层面受到限制，其所保护的只能是与特定主体身份相关的信息。换言之，个人信息乃是财产权保护的正当对象。③因消费者的市场主体身份，消费者个人信息被局限在商业语境中，此间，消费者在乎的是附着于个人信息之上的财产权，虽不否认个人信息的人格权属性，但仅附带保护人格权益。易言之，保护消费者个人信息虽然也是以"人财共济"作为制度目标，但"人"和"财"有着先后次序，财产权保护优先于人格权。

基于经济法的权利视角，消费者个人信息权是社会效益与经济效益兼具的新兴综合权利。众所周知，消费者在市场经济中处于弱势，滥用、倒卖、故意泄露个人信息的恶性事件层出不穷，而这些不当行为的始作俑者大多数是经营者。因此，宪法、民法、行政法层面的保护方案已无法满足现实需求，难以有效发挥制度功能实现法律的社会效益。个人信息安全亟待法律保障，需要具体法律规定以条理化的制度安排予以规制，此时，在经济法权利体系中确立消费者个人信息权为一项新兴的、特别的权利，跳脱出

---

① 参见冯德淦：《数据的二元划分与体系保护》，载《中南大学学报（社会科学版）》2020年第5期。

② 参见石佳友：《人格权立法的进步与局限——评〈民法典人格权编草案（三审稿）〉》，载《清华法学》2019年第5期。

③ 参见刘德良：《个人信息的财产权保护》，载《法学研究》2007年第3期。

民事权利范畴的常规看点，跨入经济法规制领域，能够有效规训经营者不法利用个人信息的行为，实现个人信息的社会性。需要申明的是，消费者个人信息权与个人信息权虽然重合度较高，但并非绝对等同的概念，两者的差异显现于消费者在社会关系中扮演的独特角色，[①]进而使得消费者个人信息权倾向于是以主体为区分标准并承载多重属性的权利束。在利益类型层面，消费者个人信息权既涉及个人利益，又与公共利益相关，民法保护模式仅能提供私权保护，这就决定了保护消费者个人信息权需要超越私权保护，但又不能被公权完全吸纳而剥夺消费者的自主权，因此，有着"第三法域"之称的经济法或许能兼顾两重利益，成为保护消费者个人信息的重要法域。当然，经济法的内在价值——可持续发展和实现社会整体利益，与消费者个人信息权兼顾的消费者个人信息权益和信息资源有效利用的权利目标吻合，更凸显了消费者个人信息权的经济法权利性质。

（五）消费者个人信息权的社会职能

互联网信息社会带来的新的权利争持、新的利益诉求为新兴权利的产生提供了生长环境，传统权利在应对新社会形态的繁复纠纷时越发显得束手无策，合法、合理、合逻辑的新兴权利已然成为殷切的社会需求。消费者个人信息权作为一项人格性与财产性兼备、经济效益与社会效益兼容的权利新态，理应展现其对于社会母体的功用，防范个人信息垄断现象的发生，积极发挥社会公共职能。

首先，社会公共利益是消费者个人信息权表征的实质内涵，亦是实现权利社会职能的直接结果。在权利话语体系的脉络下，回应非公共主体的权利诉求乃是设置权利的惯常旨趣。换言之，权利是维护私主体利益的正当途径。消费者个人信息权既身为权利，其在相当程度上以维护消费者的信息利益为己任，但因消费者在经济关系中的特殊地位，以及作为主要信息侵害者的经营者在经济活动中的社会责任，消费者个人信息权在一定程度上亦应以保护社会公共利益不受不法侵害为社会职能。例如，消费者个人征信信息的泄露既关涉消费者的信用评价，也涉及消费者的经济利益，

① 参见李友根：《论经济法权利的生成——以知情权为例》，载《法制与社会发展》2008 年第 6 期。

同时还与公共信用利益息息相关。依据美国法律,征信业务一直被视作一项关涉公共利益的事务。① 现实诉讼中,被诉征信机构常以其行为是基于公共利益而为之作为泄露个人信息指控的抗辩,从多层面证实了个人征信信息的公共利益性。以小见大,消费者个人信息权作为消费者表达公共利益的格式之一,蕴含着深厚的社会精神。虽然出于多方考量,理性的公益思想并不一定能够被普通大众完全接受,但将维护社会公共利益当作实现消费者个人信息权的内部驱动力能够为可持续发展的经济理念提供可供选择借鉴的备选方案。

其次,在目前处于社会弱势阶层的消费者亟需寻求合适的利益表达方式的情形下,个人信息权的设置有益于将消费者的利益诉求之声向社会公开表达。近年来,消费者个人信息被泄露的频繁度、真实度和精确度令人咂舌,未经授权而收集、分析、利用消费者个人信息谋取私益的事件不胜枚举,和个人信息权相比,运用隐私权、财产权等既生权利来维护消费者的个人信息利益往往缺乏专业性与周延性。消费者个人信息权专门针对消费者的个人信息在社会经济活动中受损而生,为消费者对抗强势主体的信息侵犯提供了权利武器,展示了为弱势群体利益代言的社会职能定位。社会整体理念已将弱势群体的正当权益从个体层面上升到了社会层面,要求为之提供周全的权利保障。易言之,维护弱势群体的权益不仅要求强势主体承担帮扶责任、法律法规予以倾斜性配置,还强调弱势群体的自我努力。消费者个人信息权正是消费者奋力维护信息权利的自助方式,在一定层面上亦推动了社会弱势群体信息利益的权利表达。

消费者个人信息权的社会职能对当前构建和谐共生社会的意义重大。在当下"道路通向城市"的社会转型进程中,社会公共利益的维护与弱势群体的利益表达是决定成败的关键性因素。鉴于此,基于良性社会经济体制的指引,从尽力将公共利益隔离于危险境地与畅通弱势群体利益诉求表达之路两个维度构筑消费者个人信息权的社会职能有利于深化公共意识,引起社会各界对消费者信息权利的关注。

---

① 参见艾茜:《个人征信法律制度研究》,中国政法大学2006年博士学位论文。

第二章 侵害消费者个人信息权的行为类型

现实世界中,侵害消费者个人信息权的不法事件常常被媒体曝光:名为"壹佰信息"的网站公布了全国98万位企业负责人的手机号并在网上以1500元的价格整套出售;[①]12306铁路用户的账号、明文密码、邮箱等个人信息在网上疯传,泄露信息数量高达13万余条;[②]UCLOO窃取5460名网站会员的个人信息并以"最低一元一周"的价格公开叫卖。[③] 由此引发的个人信息保护问题不仅威胁到消费者的生活安宁,更触及社会安定。

央视"3·15"晚会聚焦消费者权益保护与规范市场经济秩序,自2008年起,晚会开始关注消费者个人信息的不当使用,之后几乎每年都会在晚会上揭发社会中不当使用消费者个人信息的热点案例。截至2019年,晚会已曝光的不法利用个人信息侵害消费者信息权益的案例多达16件(如表2-1所示),且侵害行为所造成后果的严重性逐年递增。[④]

---

① 参见何薇、孙琦:《98万个企业负责人手机号码网上公开被叫卖》,载《重庆晨报》,http://www.qzwb.com/gb/content/2006-02/11/content_1971766.htm? wid=51&cid=6748,2019年11月25日访问。

② 参见百度百科:《12306泄密事件》,载https://baike.baidu.com/item/12306泄密事件/16502781? fr=aladdin,2019年11月25日访问。

③ 参见李萌:《从"劫个隐私"看网络个人资料保护之空白》,载《中国经济周刊》2006年第1期。

④ 2008年和2009年的"3·15"晚会连续将目光集结于垃圾短信群发和个人隐私信息泄露上,将源头归咎至滥用消费者个人信息,且滥用程度甚为猖獗,对个人信息安全、社会稳定和国民经济皆构成巨大威迫。鉴于此,2009年2月28日第十一届全国人大常务会第七次会议通过《刑法修正案(七)》,正式将出售或非法提供公民个人信息的行为列入侵犯公民个人信息罪,以刑法这一重器规制不法行为未来发生的可能性。2012年,"3·15"晚会继续关注个人信息安全,戳穿了罗维邓白氏公司购买并兜售巨量消费者个人信息的骗局,2012年11月,法院开庭审理罗维邓白氏公司买卖信息一案,五被告人被判承担刑事责任,此案也因其巨大影响力而被载入史册。

表2-1 2008~2019年"3·15"晚会曝光的侵害消费者信息权益的案例

年份	案例
2008	分众无线日发数亿垃圾短信
2009	海量信息科技网公开叫卖个人信息
2012	罗维邓白氏公司兜售高端消费者信息
	招行工行内部员工被曝兜售客户个人信息
	垃圾短信通过中国电信正规渠道发送
2013	高德地图涉嫌窃取用户隐私
	部分安卓软件涉嫌窃取个人信息
	网易分析邮件收集用户隐私
2014	高鸿通信利用恶意软件收集用户个人信息
2015	公共场所无密码 WiFi 泄露个人信息
	联通公司员工盗用用户身份信息重复激活开卡并出售
2016	公共免费 WiFi 可瞬间盗取用户一切隐私
	商业促销活动盗取消费者信用卡信息
2017	科视公司以检查为名收集学生信息
2019	探针盒子秘密收取用户信息,智能机器人拨打推销电话
	手机应用程序"授权信息"泄露个人信息

前文已论证消费者个人信息权是一项人格利益与财产利益交织,个人利益与公共利益相融,且具备相当社会职能的新兴权利,消费者在市场交易中始终处于弱势地位,其权利较易受到伤害也很难得到补救。在不法侵害消费者个人信息权事件频发的现实情境下,根本问题是信息主体能否意识到他人对其个人信息的收集利用行为侵害了本人应受保护的个人信息权?存在三种因素影响信息主体对个人信息收集和利用行为的判断:一是个人信息的类别,信息主体很难获知被收集利用的个人信息是否具有身份识别性,是主动公开还是"被"公开。二是个人信息的来源,被收集利用的个人信息是属于原始个人信息还是衍生个人信息?如果是衍生个人信息,是否脱敏?是否包含个人可识别信息?三是个人信息的应用场景,个人信

息被收集利用后究竟是应用于对信息主体有利的场景，还是用于更利于增加信息处理者商业利益的场景，或是类似于天网信息帮助维护社会治安而对社会公益有意义的场景。既然从信息主体的内部视角无法准确判知是否存在个人信息侵害行为，借助第三方的外部视角进行观察与检验，将相关信息以客观形式展现在第三方面前，再由第三方运用其专业知识和技术理性加以甄别，有助于保证信息侵害行为的被识别出的速度性、科学性与准确性。

如此严峻的现实形势，不得不令人追问，既有保护模式难道无法应对侵害消费者个人信息权的行为吗？事实上既有保护模式过分看重理论自洽，忽视了制度实践的重要性，须知只有着眼于实践过程，才能避免理念化了的建构的误导，尤其是意识形态化了的建构的误导，进而方可完成纸面制度向行动中的制度的转换。[①] 司法作为代表性的外部机制，以成熟的法律程序制度设计为支撑，在审判人员高度的司法实践理性和娴熟的裁判技术下，纠纷将得到有条不紊的化解，司法公共信任将进一步植根于民众的内心，真正实现广大民众的社会期待与集体心理寄托。[②] 诉讼是司法实践的重要表现形式，通过诉讼定分止争成为消费者保护其个人信息的策略。借助诉讼平台的公共论辩功能，消费者可还原其与信息侵害者的法律关系、回放侵害行为的发生情境、呈现权利归属的依据与制度支撑等，在司法“竞技场”上证明其权利的正当性。

诉讼终结而形成的司法案例是进行案例实践研究的关键素材。案例分析源于实践又高于实践，既需要解析具体实践案例，还需归纳不同案例的共通之处为填补制度缺漏指明方向。司法案例从法律的角度对显现于实践中的问题进行了专业分析，消费者个人信息权被侵害的过程、行为方式、行为人的心态、审判者的裁判倾向等诸多要点在司法案例中能够得以准确彰示，细研之，不但可以理清侵害消费者个人信息权的行为类型，为有效应对方案的制定指引思路，并且可以通过实践进路回应制度的理论建

① 参见黄宗智：《经验与理论：中国社会、经济与法律的实践历史研究》，中国人民大学出版社2007年版，第439～440页。

② 参见吴元元：《基于声誉机制的法官激励制度构造》，载《法学》2018年第12期。

构,以期对制度完善有所贡献。

一、消费者个人信息权侵害行为的实践概貌

伴随年代推移,信息呈现爆炸式增长,底层技术实现质的突破使人们处理信息更为得心应手,体量庞大的信息利用为国家注入了经济活力,为社会带来巨大的经济价值,更便利了公民的日常生活。与此同时,我们不得不面对信息技术发展带来的负面产品——消费者个人信息权被侵害。

司法实践是既有理论的映射,描绘实践图景有利于完善理论。本书以北大法宝司法案例网络数据库为基础数据库进行案例检索。因刑法专设"侵犯公民个人信息罪"这一罪名以规制个人信息犯罪行为,本书以"侵犯公民个人信息罪"为检索关键词,案件名称、法院名称、文书类型、法院层级、审判程序、裁判日期、检索范围、匹配方式等均采默认为条件进行检索,结果显示共有7036篇刑事裁判文书,其中2018年最多,为2576篇。因保护消费者个人信息权是本书的核心,据此,本书改变检索条件,以"消费者个人信息权"为检索关键词,其他检索条件默认进行检索,结果为0,说明消费者个人信息权并未被收录入司法案由,且尚未直接被裁判文书吸收。由此,本书再以"个人信息权"为检索关键词进行检索,结果显示所涉刑事裁判文书为162篇,民事裁判文书为85篇,行政裁判文书为7篇。从司法实践整体运作观之,我国个人信息保护呈现以刑事打击为主,民事救济为辅,行政处罚穿插其间的特征。

如前所述,消费者个人信息权与人格权、财产权等民事权利相关,因此,本书将集中于民商事经济案件,经查阅前述检索结果中的民事裁判文书,笔者发现大多数相关案件以隐私权、名誉权等人格权纠纷为案由,可见,司法实践并未将个人信息与隐私、名誉等具体人格权内容严格区别。因此,为保证样本案例的完整性,本书以"人格权纠纷"为案由,并在全文检索栏中输入"个人信息权",默认其余检索条件进一步检索。检索结果为相关民事裁判文书有41篇。根据自动检索结果并结合人工甄别剔除重复案例、适用错误案例,本书选取了90份侵害消费者个人信息权的民事案例作为分析对象。同时,这一案件量亦经受了中国裁判文书网、北大法意数据库的检验。

经过对90个分析样本的梳理，可以揭示出以下基本规律和特点：第一，法院在受理侵害个人信息案件时，通常以隐私权纠纷、名誉权纠纷或一般人格权纠纷作为案由迂回说理，甚少直接以个人信息权纠纷为案由；①第二，司法实践中常见的被侵害的个人信息包括电话号码、身份证号码、债务信息、病史等；第三，法院经审理认定权利侵害成立，裁判结果常为要求被告停止侵害，公开赔礼道歉，支持赔偿维权合理开支；第四，网络环境中侵害个人信息的频率高于现实社会里的侵害频率；第五，判决是否支持精神损害抚慰金多与侵害行为是否造成损害后果有关，一般情形下，如果造成了严重损害后果，法院对于赔偿精神损害抚慰金的诉求多会予以支持，反之则驳回；第六，如果被告在诉讼过程中已停止侵害行为或主动采取行动进行挽救，且之前的侵害行为并未造成较大危害，法院多会判决驳回诉讼请求；第七，法院认定是否侵害权利的判断核心是证据的证明力，即主张方所提供的证据对其主张的印证的强弱程度，如果原告未能提供证据或证据不足以证明其个人信息受到侵害的主张，则需承担不利后果。

如前所述，宏观分析可以从整体视角上鸟瞰司法实践中个人信息权被侵害的概况，但无法准确观察到具体的侵害行为模式，而做到这一点，必须深描个案，找寻个案的共性与个性。为此，下文将基于类型学原理，从个案中提炼出消费者个人信息权侵害行为的类型公式。

二、侵害消费者个人信息权的具体行为类型

确认权利是否遭遇侵害是权利保护的一种形式。司法实践中侵害消费者个人信息权的案例数量繁多、种类繁杂，粗糙的浏览式梳理无法有效吸纳案例所欲表达的与保护消费者个人信息权相关的信息，而挑选和处理研究对象是类型化研究的主要任务。根据卢曼的区分理论，“相同情况相

---

① 在90个案例中，仅有河南省鲁山县人民法院审理的孙某杰诉鲁山县农村信用合作联社侵权案[案号为(2017)豫0423民初3728号]以“侵犯公民个人信息权”为案由立案审理；河北省康保县人民法院审理的魏某诉康保县食品和市场监督管理局一般人格权纠纷案[案号为(2017)冀0723民初906号]，原告起诉的案由是“侵犯个人信息权纠纷”，而法院最终立案的案由是“一般人格权纠纷”。

同对待,不同情况不同对待”是现代法律偶联性公式的正义原则。[①] 因此,依照一定的合理标准将案例中涉及的不同的行为类型区别开,再就侵害行为的所属类型进行分门别类的研究,有利于从类型学的角度制定出法律类型化保护方案。

(一)区别具体行为类型的标准

出于加强规制、优化规则的目标对信息侵害行为进行规划与分类既是顺应同案同判的现实景观,也为司法裁判提供便利性,更符合当前信息立法精细化的发展趋势。按照以“不法行为法”为要旨的传统侵权法体系,认定是否构成权利侵害需要同时考虑损害、因果关系以及过错要件。个人信息权利侵害的认定标准亦不会背离普遍适用的三要件,而是以之为基础结合个人信息的特征、信息侵害行为发生的场景进行适当调整。详言之,判断某行为是否是对个人信息权的侵害,应当从下述几个层面予以考量:

首先,被侵害的权利客体是否是法律保护的信息隐私权益。受隐私合理期待原则的影响,被侵害对象确信以及社会公认的个人信息,尤其是涉及私密性的个人信息中含有的隐私利益归信息主体独占,任何人不得肆意侵犯,但出于公共利益目的,权益可在一定范围内被适当减损。由此显明了信息隐私权益的相对性,一旦具备法定条件,则允许行为人在法定范围伤害权利客体,且不会因行为侵害权利而受到法律制裁,但若行为人违背法定或约定条件作出针对性地侵害权利客体的行为,则属于侵害权利的行为。

其次,侵害主体是否适格。侵害个人信息权的主体分为国家机关、社会组织、经营者与个体,由于侵害主体的确认与侵害责任的承担相联系,因此需要明确侵害主体是否符合法律主体的规定。若侵害主体是个体,需要判断其是否为无民事行为能力人,若为经营者,则需明确经营者的资质合格与否。

再次,行为者的主观意识为何。行为人在实施侵害行为时心理状态是故意还是过失与应承担的法律惩罚的轻重相关。行为者可能受利益诱惑而故意泄露他人个人信息,也可能明知其无权限而超越权限利用他人个人

① 参见泮伟江:《论指导性案例的效力》,载《清华法学》2016 年第 1 期。

信息,这些行为均是行为人主观明知将会侵害信息主体的权利仍故意为之,法律应从重处罚。此外,行为者可能认为其使用他人个人信息的行为并不会造成信息主体的权利侵害,但实际上却侵害了信息主体的合法权利,这种过于自信的过失侵害行为可处以较轻的法律惩罚。

又次,行为人是否具有过错。在收集、使用个人信息的行为中,相对于信息主体,行为人在资源、技术等层面具备显著优势,因此,侵权法要求行为人承担一定的预防责任,主动采取适当水准的预防措施保护个人信息。如若行为人疏于防范,则将被认定为存有过错,进而构成对个人信息权的侵害;如果行为人采取的预防措施水平与一般预防水准持平或高于一般预防水准,则被认为是尽到了合理注意义务,即使之后个人信息仍然被泄露,也不会因此追究行为人的预防过错。

最后,行为与后果是否具有因果关系。定向推送广告短信泛滥、航班预订信息泄露被诈骗、个人身份信息在网络流传等皆是侵害个人信息权可能造成的后果,确认是否侵害权利并采取制裁措施的意图之一即在于防止后果的进一步恶化,预防类似情形重现,而这一目的的实现需要确证案涉行为与已发生的后果间的关联性。换言之,证明后果是由行为所导致,该行为即可被认定为侵害行为。

依前述标准能够将侵害行为与非侵害行为区别开来,而针对司法实践中的信息侵害行为,则需要从使用个人信息的权限、侵害行为是否使用技术手段、传播个人信息的范围等维度进行归类。部分信息侵害行为是基于之前信息主体的授权而为,却因超越权限使用造成对信息权利的侵害,部分信息侵害行为一开始就未征得信息主体的同意而擅自使用其个人信息,实际上是对信息权利完全意义上的侵害。侵权行为人自以为其收集的个人信息仅是标签、痕迹等不能直接识别个人的原始信息,不会造成对信息主体权利的侵害,无需严格遵循个人信息的收集使用标准,但其后续借助技术手段分析处理原始信息,得到具有价值的个人信息再行商业化利用的行为是否应认定为信息侵害行为,抑或是前端采集行为与后端技术分析行为是分别认定侵害性质还是合并认定尚有待商榷。从空间的角度看,行为人在信息主体不知情的情况下将其所获知的个人信息向不特定的公众宣扬或在网络空间公开,理应被视为信息侵害行为,而如若行为人的公开对象仅限于特定场合中有限空间内的特定人群,是否构成对信息主体的侵害则存有疑惑。

基于此,对前述90件分析样本进行同类项合并后,可将信息侵害行为的具体类型大致划分为越权使用型、故意泄露型、信息分析型与特定公开型。

(二)越权使用型

信息主体为满足生产生活需求而主动向他方提供其个人信息,信息处理者有权在合理限度内使用所获个人信息来实现信息收集、利用目的。然而,信息处理者却超出信息主体的授权范围,不当利用个人信息,以致信息主体的权利受到侵害。

案例1 原告刘某泉于2011年6月3日向被告中国工商银行股份有限公司上海市分行申领牡丹畅通卡并在申请表中填写了姓名、身份证号码、联系方式、工作单位、家庭住址等个人信息。自2013年6月起,原告多次收到由工行客服号码发送的邀请使用所办银行卡的商业广告短信,因认为该信息为其带来困扰,原告遂以明确拒绝接收的方式进行回复,但被告仍未停止发送广告短信。因此,原告以被告的行为构成侵权为由提起诉讼。经审理,一审法院认为,原告在办理银行卡时一并在《牡丹畅通卡领用合约》上签字,该合约中有关于被告有权向持卡人发送信息的规定,应视为双方就信息发送一事达成了合意,但该条规定是由被告单方拟定的格式条款,根据法律规定,对于格式条款应作出不利于提供方的解释,由此,可认为被告向原告发送的信息内容限于身份确认、余额变动、消费提醒等银行卡交易情况,不包含商业性信息。原告在本案中的消费者身份得以确认,其权利应受到法律保护。被告利用其正当掌握的个人信息,在未经原告许可的前提下,超出合理限度向原告发送商业短信,侵犯了原告个人信息受保护的权利,而个人信息应属于一般人格权的保护范畴,被告应承担侵犯一般人格权的法律责任。因此,法院判令被告停止侵权,向原告书面赔礼道歉,并承担原告未维权而支付的公证费。一审判决后,双方当事人均不服判,遂提起上诉。经再次审理,二审法院认为,根据侵权行为法的规定,银行向消费者发送信息具有相应合同作为依据,虽然合同在相关概念的解释上存有瑕疵,但并不足以否定争议短信的法律属性,也不能就此认定银行存有过错。同时，刘某泉在第一次收到短信后并未立即表示异议，应认为是以默示方式同意接收短信，而其在四个多月后才提起侵权诉讼，不能据此否认合意效力。而短信由简短文字组成，仅占用极小的存储空间，不构成对刘某泉手机这一财产的价值贬损，很难认定侵害其财产性权利。另从短信发送的频率来看，刘某泉每月收到商业短信的平均次数不超过三条，且短信内容也并不违反法律或公序良俗，不足以使其产生精神痛苦，不能认定侵害了其非财产性权利。二审法院故进行改判，撤销原审判决，驳回刘某泉全部诉讼请求。①

案例 2　原告王某杰至邮储银行办理贷款业务时被告知因其个人征信记录不良，无法通过审判。经调取详细征信信息，原告发现被告中国工商银行股份有限公司嘉祥支行曾以自己为担保人为姜某浩的贷款作担保，由于姜某浩未按期清偿债务，致使担保人的征信评级降低。事实上，原告并不认识姜某浩，何谈为其担保债务。然而，贷款担保人的信息资料中却包含原告的身份证、户籍资料等个人信息。原告认为是因被告的失职才使其在不知情的情况下成为贷款担保人，进而因该项担保导致个人征信受损，侵犯了自己的名誉权和个人信息权，遂成讼。法院经审理认定，被告握有原告个人信息的原因是原告曾因房贷在被告处办理贷款业务并提交了相应的个人材料，而被告却将获取的含有原告个人信息的材料为姜某浩的贷款作担保，这项利用行为缺乏法律依据，侵犯了原告的个人信息权。同时，由于姜某浩逾期未偿还债务，在原告的个人征信系统中产生不良记录，影响了原告的正常经济活动，侵犯了原告的名誉权。鉴于此，法院判令被告删除征信系统中因姜某浩的贷款给原告造成的不良记录以及银行系统中原告作为此笔贷款的担保人身份，赔偿原告经济损失 2500 元。②

根据法律规定，任何组织应确保依法获得的个人信息的安全，不得越权使用、滥用、公开用户的个人信息。案例 1 中刘某泉之所以会主动向银行提供其个人信息，乃是为了办理银行卡，案例 2 中王某杰则是为了办理

① 参见刘某泉与中国工商银行股份有限公司上海市分行侵权责任纠纷案，一审案号为(2014)浦民一(民)初字第 31800 号，二审案号为(2015)沪一中民六(商)终字第 107 号。

② 参见王某杰与中国工商银行股份有限公司嘉祥支行名誉权、个人信息权纠纷案，案号为(2018)鲁 0811 民初 1559 号。

房贷。按照银行要求,填写带有详细个人信息的申请表是办理银行卡的前置条件,提交个人信息资料亦是办理贷款的必须程序。刘某泉愿意接收关于身份认证、资金变动的短信并认为其签字确认的合约所约定的就是这一内容。然而,银行收集到刘某泉的个人信息后,却擅自对合约中的信息发送条款作扩大解释,自行向刘某泉发送商业广告信息,其目的在于增强宣传效应,谋取额外的商业利益。同样,王某杰的个人信息被银行用于为他人贷款提供担保从而谋取额外利益。另外,案例1中二审法院改判认为银行并未侵犯刘某泉的个人信息权,乃是基于侵权行为的“过错+损害结果”认定标准。两审法院的裁判思路不一,因此,导致判决结果迥异。银行的行为其实属于未经信息主体同意,私自利用其个人信息谋利。试想,如果不是为了获取利益,银行为何会不断向刘某泉发送广告信息,又为何会将王某杰作为担保人以补全贷款手续?银行为谋取额外利益,凭借优势主体地位,超越合理权限,采取不当手段利用用户个人信息,侵害了用户的个人信息权。需要注意的是,侵权法仅列明了侵犯隐私权的责任形式和救济手段,侧重以事后救济、精神损害赔偿弥补被侵权人的损失,但运用侵权法来保护隐私权在实践中仍存在不少问题,而个人信息权与隐私权本质上差异明显,法院试图通过隐私权间接保护个人信息权尚需斟酌。我国现行立法尚未就侵害个人信息的行为从民法角度作出特别规定,司法实践中法院对个人信息权的概念定位模糊,且无明确法律规定将侵害个人信息权作为案由,出于谨慎依法审判的考量,法院往往将这类侵害行为置于侵犯隐私权、名誉权或一般人格权案件中,这也在事实上造成了信息主体诉讼维权的尴尬。①

(三)故意泄露型

信息主体为了达成某一目的而主动向他人提供其个人信息,他人收集到这些个人信息后有义务妥善保管,然而个人信息却因他人未采取有效的安全保护措施而遭到泄露,或他人因合作等关系主动向第三方披露所存储的个人信息,进而使得第三方不当利用这些个人信息,侵害信息主体的个

① 参见张继红:《论我国金融消费者信息权保护的立法完善——基于大数据时代金融信息流动的负面风险分析》,载《法学论坛》2016年第6期。

人信息权。

案例3　原告庞某鹏委托案外人鲁某为其在去哪儿网上预订了一张泸州飞北京的东航机票，鲁某在订票时仅向平台提供了原告的姓名、身份证号码，联系人、报销等均填写的是其本人信息。飞行前日，原告手机收到了由不明号码发送的关于所乘航班取消，需要办理改签并支付改签费的短信。鲁某得知后拨打东航官方电话询问，被告知航班正常，该短信很有可能是诈骗短信。飞行当日，原告接连收到由东航客服号码发送的关于航班延误、取消的短信，鲁某遂又致电东航客服确认航班信息，被告知原告收到的信息是准确的。因此，原告认为去哪儿网所属的北京趣拿信息技术有限公司以及中国东方航空股份有限公司泄露其个人信息，侵犯了自己的合法权利，遂向法院提起诉讼。一审法院经审理认定，因在购买机票时，鲁某并未在去哪儿网上输入过原告的手机号码，无法确认二被告在购票过程中曾获得了原告的手机号码。原告出示此前由于购买机票而收到的二被告的短信为证据，意图证明二被告处早已留存过原告的个人信息，并将之与涉案机票信息相匹配，但由于证据的证明力弱，法院不予认可，认为该证据无法推出二被告泄露原告个人信息的事实。原告收到的诈骗短信虽然因为巧合在内容上与真实情况大致吻合，但不排除该说辞是航空类诈骗的一贯套路，无法认定诈骗短信与东航有关联。而且，掌握原告个人信息的并非只有被告，也可能是其他主体泄露了原告的个人信息。因此，一审判决驳回原告的全部诉讼请求。原告不服，提起上诉。二审法院围绕争议焦点指出，本案涉及的庞某鹏的诸多个人信息中，行程安排属于隐私信息，应受到隐私权保护。姓名、手机号码等并不单独构成隐私信息，但将它们与行程安排信息相结合，整体上则可以看作隐私信息，基于此，嫌疑人才能准确向庞某鹏发送诈骗短信。如果要确认趣拿公司和东航侵犯庞某鹏的隐私权，则需证明所涉个人信息是被两者泄露的。通过庞某鹏提供的证据可以排除他和鲁某泄露其个人信息的可能性，并能够证明趣拿公司和东航已掌握涉案个人信息，且存在泄露的高度可能性。媒体曾多次报道两家公司涉嫌泄露乘客信息，但未引起二公司的重视，也没有采取相应的补救行为，因而本次庞某鹏个人信息遭泄露，与二公司的疏忽大意存有关联，应认定具有过错并承担侵权责任。因此，二审法院改判，判令趣拿公司和东航在各自官网上向庞某鹏公开赔礼道歉。[①]

案例 4 原告李某为了参加微信公众号“小小红领巾”组织的活动而通过报名链接填写了报名表,提供了自己的出生年月、学历、职业、电话号码、微信号、电子邮箱、收入情况、不动产情况、兴趣爱好等个人信息。此外,原告还经由“Hello 海归网”管理员的邀请加入多个微信群。“小小红领巾”服务号由被告上海映迪贸易商行注册并运营(后更名为“米恋海归交友”),“Hello 海归网”是被告中视创艺(北京)影视文化传媒有限公司运营的网站。与此同时,还存在“小小红领巾”订阅号,其由被告上海映迪贸易商行投资人谷某的个人名义注册。经确认,原告点击的报名链接是由“小小红领巾”订阅号发送。之后,二被告在各自运营平台上发布文章,文章中涉及的照片与原告填写的报名表上的照片相同。并且,二被告均曾在各自的运营平台上向注册用户推送过原告的个人信息,包括年龄、身高、工作情况、微信号、联系方式等。据此,原告认为二被告侵犯了其肖像权、名誉权与隐私权,向法院提起诉讼。经审理后法院认为,被告映迪商行利用其运营的“米恋海归交友”平台擅自抓取、存储、推送原告个人信息的行为,侵犯了原告的个人信息权和隐私权。即使被告映迪商行辩称原告在填写报名表时就已被告知存在两个“小小红领巾”公众号,并且两者间是互通互用的关系,原告在“小小红领巾”订阅号上勾选的同意平台免费推广的选项,应被认为同样授权了“小小红领巾”服务号,但却无法举证证明,法院不予认可。因此,法院判决二被告删除运营平台上的涉案文章,停止向平台其他用户推送原告个人信息,并在平台上公开赔礼道歉。[②]

案例 5 原告孙某国为办理手机卡,在被告中国联通有限公司上海分公司的要求下填写了移动电话入网登记表,表中包含原告的姓名、身份证号码、电话号码、住址等个人信息。2008 年 9 月 5 日,原告接到联通客服来电,核对了原告的基本信息后,称向其赠送一份意外伤害保险,并极力向原告推销海康人寿的其他保险产品。之后,联通理财俱乐部向原告寄送投保

---

① 参见庞某鹏与北京趣拿信息技术有限公司、中国东方航空股份有限公司隐私权纠纷案,一审案号为(2015)海民初字第 10634 号,二审案号为(2017)京 01 民终 509 号。

② 参见李某与上海映迪贸易商行、中视创艺(北京)影视文化传媒有限公司肖像权纠纷、名誉权纠纷、隐私权纠纷案,案号为(2017)沪 0118 民初 6453 号。

成功凭证。原告经调查发现,向其致电的实际上是新国信上海分公司的工作人员,并非被告的客服,该公司与被告是两个独立的法人。因此,原告认为,被告将其个人信息泄露给新国信上海分公司,致使其被海康人寿骚扰,侵犯了其隐私权,遂向法院提起诉讼。法院经审理后认为,原告在被告处填写的登记表中含有原告的诸多个人信息,被告有义务妥善保管,未经同意不能擅自向第三人披露,但被告却将这些信息提供给新国信上海分公司,该公司利用所得个人信息与海康人寿合作。由此,法院确认被告未征得原告同意而将原告个人信息向他人披露的事实成立,同时,个人信息一被披露即造成损害。因此,法院认定被告侵犯了原告的隐私权,判令书面赔礼道歉。①

案例6 原告赵某在被告浪仕威公司于淘宝网上开办的"浪莎官方旗舰店"为赵某平网购了袜子和内裤,并填写了自己的姓名、联系电话、地址以用作快递商品。不久,赵某接到自称浪莎客服人员的电话,其表示之前的网购订单存在支付问题,需要办理退款。赵某向客服核实了网购时填写的详细个人信息和购买商品,均无误,遂按照客服提供的网址进行操作,导致赵某的银行卡账户被他人划走三笔款项,共计5958元。赵某立即向公安机关报案。随后,赵某通过淘宝网联系浪莎客服询问商品物流情况,客服答复还未发货但将尽快发货。由此,原告认为被告浪仕威公司与天猫公司泄露其个人信息,侵犯其合法权利,致其遭受经济损失,遂向法院起诉。法院经审理认为,原告主张其个人信息是在与被告浪仕威公司进行网络商品交易过程中泄露的,进而致其经济受损,但并未在庭审中提供可靠证据予以证明,同时,原告要求被告天猫公司对其损失承担连带责任也未有证据支撑。因此,判决驳回原告的诉讼请求。②

信息主体自愿提供个人信息本质上是为了利用个人信息来换取某种物品或利益,如案例3中庞某鹏是为了购买机票,案例4中李某是为了参加交友活动,案例5中孙某国是为了办理手机卡,案例6中赵某是为了顺利收

① 参见孙某国与中国联合网络通信有限公司上海市分公司隐私权纠纷案,案号为(2009)浦民一民初字第9737号。

② 参见赵某、赵某平与浙江浪仕威电子商务有限公司、浙江天猫网络有限公司网络侵权责任纠纷案,案号为(2015)沈和民一初字第00732号。

到所购商品。对获取了个人信息的信息处理者而言,其应当履行保密义务,然而却发生了信息泄露。单纯泄露个人信息可能不会影响信息主体的切身利益,需要警惕的是第三方如何利用泄露的信息。有些个人信息敏感度较高,容易与特定信息主体产生对应联系,暴露个人隐私,对信息主体造成不良影响;有些个人信息通过与其他信息组合便可以生成新的"化学反应",案例3中不法分子正是利用了泄露的行程信息再结合姓名、电话号码进行诈骗,实践中还存在利用个人住址并结合私密照片敲诈勒索信息主体的情形。虽然泄露后的信息利用危害更大,但如果没有信息泄露这一先行为,又何来利用所泄露的信息呢?虽然经营者主观上可能并未意识到自己所掌握的用户个人信息已泄露,但信息被他人获取、滥用却是由于经营者没有履行保密的附随义务,采取措施强化信息储存的安全性。例如,国内一家名为SenseNets(深网视界)的科技公司以提供人脸检测与人群分析为主营业务,但由于公司的人脸识别数据库缺乏密码保护,长期对外公开,最终导致超过256万用户信息被泄露。① 近日,杭州市富阳区人民法院宣告审结备受关注的"中国人脸识别第一案"②。消费者对人脸信息的重视与积极保护说明了频频发生的个人信息侵害事件已然唤醒了消费者的信息权利保护意识,进而加快了中央到地方层面针对保护人脸信息立法的出台。③

① 齐智颖:《深网视界被曝百万数据泄露,人脸识别信息安全引担忧》,载搜狐网,http://www.sohu.com/a/298138448_118680,2019年11月16日访问。

② 郭某在杭州野生动物世界办理了会员卡,约定每次入园参观需进行指纹识别并在办理处留下了自己的指纹。随着入园参观的游客数量不断增多,动物世界为了加快游客入园速度,响应"智慧旅游"的号召,擅自升级系统将会员的入园方式变更为人脸识别。为此,郭某认为,动物世界无权采集会员的人脸信息,其强制会员在软件中录入人脸信息属于违法收集会员个人信息的行为,若这一信息泄露被非法使用将给会员带来不可挽回的严重后果,遂向杭州市富阳区人民法院起诉,法院以服务合同纠纷为案由予以立案。此案被称为"中国人脸识别第一案"。杭州市富阳区人民法院最终支持了原告郭某的部分诉求,判令被告杭州野生动物园赔偿郭某合同利益损失及交通费共计1038元,删除郭某办理指纹年卡时提交的包括照片在内的面部特征信息。但与此同时,就郭某要求确认动物园店堂告示、短信通知中关于"未注册人脸识别用户将无法正常入园"等内容无效的诉讼请求,法院并未支持。参见朱健勇:《中国人脸识别第一案　杭州一动物园被起诉》,载《北京青年报》2019年11月4日,第A07版;张博:《"人脸识别第一案"是一次郑重提醒》,载《河北日报》2020年11月24日,第7版。

③ 例如,《公共安全　人脸识别应用　图像技术要求》、《安全防范视频监控人脸识别系统技术要求》等国家标准及北京市住房和城乡建设委员会《关于进一步加强本市公共租赁住房人脸识别技术应用管理的通知》(京建发〔2020〕185号)。

然而,不同经营者收集、使用包括人脸信息在内的个人信息的正当性、必要性边界仍然十分模糊,难以界定经营者的权利与义务,进而致使判断经营者是否实施了个人信息侵害行为的难度增大。同时,经营者可能出于主观故意,意图以在经营活动中获知的用户个人信息谋利而未经用户同意擅自对信息进行商业化交易或在用户不明知的情况下同意后利用。不论经营者的主观意识形态是过失还是故意,其作为负有信息存储义务的主体对于信息泄露这一事实都有着不可推卸的责任。

(四)信息分析型

经营者,尤其是网络经营主体,在用户使用其开发的软件进行网络活动时,利用 Cookies、Web Beacons(网站信标)、木马程序、隐藏式导航电子软件等追踪性技术工具,以信息代码的形式识别并记录用户检索的关键词、访问的网站、下载的内容等信息,通过分析这类信息从而获知用户的兴趣爱好、上网习惯等信息,再出售给第三方获取直接货币收益,或单独或与其他信息组合谋利。

案例 7　原告何某在被告网站下载安装了名为"很棒小秘书"的软件,之后打开浏览器,输入关键词进行检索,随即与检索关键词相关的广告便在电脑屏幕上自动弹出,而删除软件后重复同样操作,则无广告弹出。原告何某认为,被告在其安装软件时未告知软件具备强制弹出广告的功能,侵犯了其作为消费者的知情权和选择权。同时,被告通过记录原告网卡物理地址,提取检索的关键词而向原告定向推送广告,侵犯了原告的隐私权,原告何某遂以软件开发公司侵权为由向法院提起诉讼。被告辩称,用户在安装软件前会自动出现"软件许可协议",协议中告知了用户软件的使用方法、性质、功能、风险、免责等,用户点击"同意"协议内容后方可进行安装,由此可知,原告知晓软件推送广告的功能,且表示了认可,不存在侵权。软件仅是读取了用户检索的关键词,再经 HTTP 协议形式发送给软件服务器端,由服务器端匹配与关键词相关的广告返回给软件客户端进行广告投放。服务器端没有保存用户检索关键词的功能,更不收集用户的个人身份信息,因而未侵犯原告的隐私权。经审理,法院认为用户向商业搜索引擎或地址搜索栏提交的关键词,并不属于秘密往来的私人间信息,未征得用户同意的广告投放行为确实侵害了消费者的知情权和选择权,但涉案软件提取关键词,匹配相关广告，推送广告的功能尚未达到准确识别消费者真实身份及其私人信息的程度，并不能被认定为侵犯消费者的隐私。一审判决被告赔偿原告因安装软件致电脑硬件受损的修复费用94元，二审维持原判。①

案例8 原告朱某在百度搜索引擎中输入关键词进行检索时，一些特定网站会向他投放与搜索关键词相关的广告，据此，朱某以百度网站所属的北京百度网讯科技有限公司未经用户同意，利用网络技术，披露用户的兴趣、生活学习工作特点等信息，并利用检索关键词在用户浏览网页时推送广告的行为侵犯了用户的隐私权为由提起诉讼。经审理，一审法院认为，百度网讯公司在原告不知情和不愿意的情况下，利用Cookie技术收集原告信息（准确地说，是朱某在互联网上留下的私人活动轨迹）并进行商业利用，属于《信息安全技术公共及商用服务信息系统个人信息保护指南》明确禁止的行为，实质上是对原告个人隐私的侵犯。然而，二审法院却认为，百度网讯公司利用技术工具收集、利用的用户信息属于"网络行为碎片化信息"，未能定向识别特定的网络用户个体，此匿名信息不具备可识别性要求，无须征得用户任何形式的同意，不应被认定为个人信息。同时，百度网讯公司追踪与分析用户信息的算法仅存于内部数据库中，并未向第三方公示，不符合利用网络公开用户个人信息以及造成实际损害的侵权行为要件。此外，百度网讯公司在搜索首页"使用百度前必读"中的"隐私权保护声明"里设置了关闭搜索记录的开关，如果用户不希望接收推送广告，勾选"关闭"按钮即可，即使是将关闭选项放在不显眼的位置，但仍不能否定其给予了用户选择和知情的权利。定向广告推送是一项百度网讯公司为用户提供贴心服务的个性化推荐行为，这一行为并未侵犯原告的隐私权，由此，百度网讯公司收集原告数据痕迹的行为亦无责。②

案例9 原告顾某下载安装了360浏览器，在使用过程中，发现360浏览器收集了其计算机的软件安装情况并上传至服务器，还发觉其通过360浏览器访问的网页信息也被记录。据此，原告顾某认为，被告奇智公司作

---

① 参见何某与上海很棒信息技术有限公司侵权纠纷案，一审案号为（2006）浦民一（民）初字第15292号，二审案号为（2007）沪一中民一（民）终字第1797号。

② 参见朱某与北京百度网讯科技公司隐私权纠纷案，一审案号为（2013）鼓民初字第3031号，二审案号为（2014）宁民终字第5028号。

为360浏览器的著作权人,奇虎公司作为360安全网的主办者共同侵犯了其隐私权,遂向法院提起诉讼。经审理,法院认为原告对主张的事实未能提供有效证据予以证明,根据“谁主张谁举证”原则应承担不利后果。在软件安装过程中,被告已就软件将记录网页信息的情况以及原因向用户进行了提示并征得了用户同意,即使原告证明了记录浏览网页的事实,也难以认定为侵权。同时,原告主张360浏览器收集其计算机是否安装了其他软件的情况,具体涉及的是百度浏览器、QQ、搜狗输入法等常规软件,并不具有人格身份属性,即使原告证明了360浏览器确实存在收集、上传前述软件安装情况的事实,也无法据此判断原告的身份,并未侵犯原告的隐私权。因此,一审判决驳回顾某的诉讼请求,二审维持原判。①

这类侵害行为多发生在网络空间,软件运营商先以技术工具追踪、记录用户的行为信息,分析所获信息得到用户的个人信息,再将个人信息有偿泄露给诸如广告商、电信运营商等第三方,由其向特定用户推送广告、拨打推销电话、发送商业性邮件。判别侵害与否的关键是明晰两个问题:其一,上网轨迹、检索关键词等用户网络行为信息是否属于个人信息?其二,出售或泄露经技术分析而推出的用户个人信息是否构成侵害个人信息权?由前述案例可知,法院以隐私权纠纷为案由进行审理,以网络经营者利用技术工具对特定用户推送广告是否侵犯用户的个人信息隐私作为案件的核心争议点,以网络运营商通过技术手段记录并保存的用户的检索关键词、网络活动轨迹不具有可识别性,无法据此识别特定用户为裁判立场。同时,在安装软件前,运营商已就记录和利用用户网络行为的事项进行了充分告知,尊重了用户的知情权和选择权。可见,司法实践对前述两个问题均持否定态度。

针对上网轨迹、交易记录、位置信息等是否属于个人信息的问题,理论界与法院的态度存在差异。世界经济论坛将通过观测和记录个体的活动得到的信息归入“可被观察到的个人信息”(observed data)类别;②Malgieri

---

① 参见顾某与奇智软件(北京)有限公司、北京奇虎科技有限公司隐私权纠纷案,一审案号为(2013)杭江民初字第1267号,二审案号为(2014)浙杭民终字第1813号。

② See World Economic Forum, *Rethinking Personal Data: A New Lens for Strengthening Trust*, May 2014, p. 16. At http://www3.weforum.org/docs/WEF_RethinkingPersonalData_ANewLens_Report_2014.pdf.

博士依据个人信息、信息主体、现实与企业处理信息的智力活动四者间的动态关系,重构了个人信息的类别,将观察或推断得出的与消费者当前生活相关的信息并入“中间关系信息”(intermediate relationship data)体系;①王忠研究员主张由信息主体自主提供或其他组织观测到的社会经济生活基本信息是原始数据;②邢会强教授认为,上网记录、IP 地址、行为轨迹等信息是个人活动的副产品,应单列“被记录的伴生个人信息”类别予以概括;③温昱博士将网上数据痕迹分为“自生型数据痕迹”与“他生型数据痕迹”,不同的数据痕迹性质对应不同的权利义务关系。④ 由此可得,学者对网络行为轨迹类信息是否为个人信息的问题持肯定态度。进一步来看,网络经营者通过分析用户网络轨迹得到的个人信息的性质为何?作为处理“自生型数据痕迹”的典型案例,案例 8 在判决书中指出经营者收集的数据信息并不会对应识别到用户个人身份,通过分析这类信息得到的其他用户信息也不会识别到具体用户,不符合国家相关部门公开文件中对个人信息的界定,不应认定为是个人信息。的确,用户在网络中的行为信息欠缺可识别性,无法准确定位到具体用户,但应着重关注的是网络经营者依据分析行为信息而获得的用户个人信息这一行为。网络经营者以不具有识别性的行为信息为基础,经由技术分析推出具有可识别的用户个人信息。换言之,信息采集是所有信息行为的前提要件,具有相当的重要性。原因在于,用户同意网络经营者采集其个人信息通常是以概括的形式作出,意味着信息采集者不仅可以收集用户的客观信息资料,也能够收集其他社会主体对

① See Gianclaudio Malgieri, *Property and (Intellectual) Ownership of Consumers' Information: A New Taxonomy for Personal Data* (April 20, 2016). Privacy in Germany—PinG, n. 4, 2016, 133 ff. Available at SSRN: 载 https://ssrn.com/abstract=2916058, 2020 年 3 月 10 日访问。

② 参见王忠:《大数据时代个人数据交易许可机制研究》,载《理论月刊》2015 年第 6 期。

③ 参见邢会强:《大数据交易背景下个人信息财产权的分配与实现机制》,载《法学评论》2019 年第 6 期。

④ 数据痕迹产生于网络用户的网络活动,指向同一特定用户的数据痕迹可能来自不同网络用户。根据数据痕迹的生产者区别,可进一步将数据痕迹区分为用户自身网络活动制造的数据痕迹(简称“自生型数据痕迹”),与用户之外他者网络活动制造但与该用户相关的数据痕迹(简称“他生型数据痕迹”)。参见温昱:《搜索引擎数据痕迹处理中权利义务关系之反思——以两起百度涉诉案例为切入点》,载《东方法学》2020 年第 6 期。

用户的评价和判断；[①]不仅收集用户的基本信息，还收集用户的敏感信息；不仅收集用户的正面信息，更收集用户负面信息，也即不加甄别尽可能多地收集与用户相关的信息。如若经营者能够自由、全面地大量采集用户个人信息，因其掌握的个人信息数量、质量、种类的全盘周密性，后续的信息加工、使用、分析、传播等信息行为将更会脱离控制。可以说，从某种意义上说没有采集行为，就没有分析行为，网络经营者也就无法取得用户的个人信息，更不存在广告的精准推送。从整体主义视角出发，应考量网络经营者行为的完整链条，而非将眼光聚焦某一部分，才能得出深受社会承认的公平正义的司法裁判。

对于这类带有明显互联网技术特征的案件，最高人民法院曾专门下发过相关司法解释作为审理指引，强调在认定侵害行为时，不仅要注意网络经营者的行为，还应重视损害结果。[②] 从侵害结果来看，正是由于网络运营商的信息收集行为，用户才饱受定向广告、垃圾短信、垃圾邮件的侵扰。以定向广告推送这一侵害结果的产生为例，在互联网上精准投放的程序化广告不同于常规广告，也不是 APP 插件，而是一种通过大数据采集用户信息，再将广告精准投放给特定用户的信息技术。具体而言，程序化广告依靠大数据来记录用户的网络行为，根据不同的行为权重对用户进行画像，当数据体量充足时，大数据就能十分精准地描绘出单个用户的兴趣偏好、财产状况、消费观念、文化水平等画像特征。此种“信息攫取—定向广告”的盈利模式被称为监控资本主义，其借助互联网和技术优势将用户的生活数字化、智能化，经营者单方面利用从用户生活经验中获悉的知识，把原本属于用户的私人信息用作改进产品、占领市场的免费原料，实现从认知到资本的变现。案例 7 和案例 8 即是用户在浏览器或搜索引擎上进行关键词检索，随后被精准推送广告的典型例子。2019 年 11 月 28 日，国家互联网信

① 参见张鹏：《个人信用信息的收集、利用和保护——论我国个人征信体系法律制度的建立和完善》，中国政法大学出版社 2012 年版，第 121 页。

② 参见 2014 年 8 月 21 日发布的《最高人民法院关于审理利用信息网络侵害人身权益民事纠纷案件适用法律若干问题的规定》（法释〔2014〕11 号）第 12 条规定：网络用户或者网络服务提供者利用网络公开自然人基因信息、病历资料、健康检查资料、犯罪记录、家庭住址、私人活动等个人隐私和其他个人信息，造成他人损害，被侵权人请求其承担侵权责任的，人民法院应予支持。

息办公室、工业和信息化部、公安部、市场监管总局四部门联合印发《APP违法违规收集使用个人信息行为认定方法》明确规定，行踪信息属于个人敏感信息，利用用户个人信息和算法定向推送信息是"未经用户同意收集使用个人信息"的侵害行为。① 因此，网络经营者先收集无法直接识别身份的原始信息，接着进行技术处理，分析出用户的个人信息再利用的行为具备明显的权利侵害性质。

（五）特定公开型

信息处理者从正当途径获知信息主体的个人信息，在未告知信息主体的情况下，将所得个人信息公布于特殊场景中，以致信息主体的个人信息被特定范围的公众知悉。

案例10 原告高某琴诉称，其姓名、电话号码、邮箱、单位等个人信息在不知情的情况下被被告中国政法大学下设的政治和公共管理学院印刷在国际会议手册上并在会议期间向参会人员发放。原告高某琴认为，被告将印有其个人隐私信息的会议手册公开、大量对外传播，侵犯了自己的个人隐私权，向法院提起诉讼。被告辩称，原告的个人信息是其在向被告求职时主动提供的，且原告既是参会者又主动承担部分外籍参会人员的接待工作，被告为表示对原告的尊重，为原告创造更多的学术合作机会，才将原告的信息附于会议名单，未侵犯原告的隐私权。经审理，法院确认原告的个人信息确实被载入会议手册的通讯录部分，但该会议的性质是学术性的，会议手册的发放对象是参会的专家、学者，并非不特定的社会公众，被告制作会议手册只是为了便于与会人员的沟通交流，并无泄露原告个人信息的故意，原告高某琴也未能举证证明因个人信息被披露在会议手册上而致其遭受的损害。被告的行为并未侵犯原告的隐私权。同时，法院认为，电话号码和电子邮箱这类通讯信息不是附着于人身的权利，不属于人格权的保护范畴。因此，一审判决驳回原告的诉讼请求，二审维持原判。②

案例11 原告龚某军、周某玉因拖欠物业费与被告吉安户万祥物业服

① 参见2019年11月28日国家互联网信息办公室、工业和信息化部、公安部、市场监管总局四部门联合印发的《APP违法违规收集使用个人信息行为认定方法》第2条第3款、第3条第6款。

② 参见高某琴与中国政法大学隐私权纠纷案，一审案号为（2015）昌民初字第3682号，二审案号为（2015）一中民终字第06880号。

务有限公司产生纠纷，后诉至法院，经审理，法院判决原告向被告支付物业费欠款和违约金。判决生效后，原告未履行，被告遂申请强制执行，法院受理执行申请并出具执行裁定书。随后，被告将执行裁定书张贴在原告居住小区的门卫室，被小区居民围观。原告知悉后，认为执行裁定书中包含原告的姓名、身份证号码、住址等个人信息，而被告将之张贴于布告栏被公众知晓，侵犯了原告的隐私和名誉，原告与被告交涉要求被告从公示栏中撤下执行裁定书并赔礼道歉，被告未答应，遂成讼。法院经审理认为，被告在小区内张贴执行裁定书的目的在于催促原告尽快履行判决并且警示小区其他未缴纳物业费的居民，执行裁定书的内容是经法院审核的客观真实事实，不存在侮辱、诽谤任何一方的情况，也不涉及原告的个人隐私，但被告的张贴行为引起小区居民围观确有不妥之处，却不构成对原告的侵权。原告也没有出示证据证明被告存在违法行为、具有主观过错、其因被告的行为遭受损失、损失和行为间的因果关系等必备的侵权责任构成要件。因此，法院判决驳回原告的诉讼请求。①

案例 12　被告中国电信公司根据国家相关规定和行业规章编制了某乡镇电信用户的乡情网号簿，其中含有包括原告冒某军在内的该乡镇居民的姓名、电信号码、住址等个人信息以及商业广告。之后，被告将电话簿在该乡镇大量免费发放。原告冒某军认为，被告编制和散发含有其个人信息的电话簿的行为侵犯了其隐私权，要求被告停发并收回已发放的电话簿，被告未同意，遂成讼。经审理，法院认为，被告编制和发放电话簿的行为是职务行为，目的是便利用户，并非谋取私利，载入原告的个人信息也已事先征得原告同意，是在授权范围内合法合理使用个人信息的表现。同时，该电话簿仅在特定的乡镇辖区内发放，发放对象是该辖区居民而非无关第三人，且原告也没有证据证明被告的行为致其有所损害。因此，一审判决驳回原告的诉讼请求，二审维持原判。②

---

①　参见龚某军、周某玉与吉安户万祥物业服务有限公司名誉权纠纷案，案号为(2015)吉民初字第1875号。

②　参见冒某军与中国电信集团黄页信息有限公司南通分公司、中国电信股份有限公司如皋分公司隐私权纠纷案，一审案号为(2010)皋开民初字第0829号，二审案号为(2011)通中民终字第0952号。

案例10、案例11、案例12与前举案例的最大不同点在于公开个人信息的场合具有特殊性,或是学术会议,或是特定居民小区、乡镇辖区。基于场合的局限性,能够直接接触到个人信息的除了发布者以外,仅有参与会议的专家和学者、居住在该小区的居民、在乡镇辖区内居住的电信电话用户,而排除了不特定的社会成员。由于场域限制,个人信息不会肆意传播,引致信息主体损害的可能性不大,且发布者不存有主观恶意,法院并不认为是对信息主体隐私权的侵犯。如果是将个人信息公布于社会不特定公众都能轻易知晓的环境中,如网络、报刊,则会被认定为侵犯隐私权。[①] 但是,参会成员、小区居民、辖区电信用户是否会进行二次传播,使个人信息被更多的人知悉?这一风险发布者无法控制,法律也无从预知。

三、消费者个人信息权侵害行为的基本特征

如前所述,司法实践中侵害消费者个人信息权的行为类型可大致概括为越权使用型、故意泄露型、信息分析型、特定公开型,因不同类型的信息侵害行为在运作逻辑层面具有极强的延时性,司法应对仅能在事后予以救济,而止损似乎成为司法裁判的主要救济形式。在移动互联网技术条件下,人工智能、算法技术等关键变量使得信息侵害行为呈现多样化与复杂化的特征,司法机关通过个案塑造裁判规则时应注意传统保护思路与时代背景的融合,也需要法官具备高度的司法实践理性和娴熟的裁判技能方能在司法层面对消费者的个人信息权予以及时、充分的救济。提炼信息侵害行为类型的基本特征,掌握不同类型信息侵害行为的内在共性,减少个性化操作转而充分运用共性规定来制定保护方案,是设计合理的消费者个人信息权保护模式的前提性保证,也有益于生成对纾解未来类似纠纷的一般性思路。充分考量信息侵害行为的发生场域、行为特性、法律后果等因素,消费者个人信息权侵害行为的基本特征可以简洁地概括为三方面:隐蔽性、技术性与争议性。

---

① 江苏省南京市中级人民法院审理的吴某贝与江苏金统贷网络科技有限公司隐私权纠纷案[(2018)苏01民终6531号]中,被告擅自将法院作出的《民事裁定书》及《协助执行通知书》发布在网上,其中含有原告出生日期、身份证号码、住址等个人信息,法院认定被告不适当地将原告的重要个人隐私信息公之于众,侵犯了原告的隐私权。

(一)隐蔽性

伴随着科技的高速发展,侵害消费者个人信息权的行为愈加隐蔽。何谓隐蔽?从字面意思来看,"隐蔽"一词含有遮掩、隐藏、隐晦、不直露等意,意味着信息侵害行为的关键细节有且仅有侵害人和极少数相关人才知晓,信息侵害行为不能被轻易、直观地观察到,判断某行为是否构成权利侵害的难度也显著提高。隐蔽性信息多藏匿于细微之处,或与具体侵害事实有特殊联系,不易在其他侵害行为事件中重复出现,或虽显示出一定的隐蔽性,但独特性不强,与其他侵害事件在某些方面有所类同。无论如何,此种隐蔽而不显的细节信息不易被发现或猜到,需要抽丝剥茧才能厘清信息本质,帮助还原侵害事件详情。如若不能将隐蔽性行为信息从众多信息中予以识别,则可能导致司法机关对行为的错认、对法律后果的错判,甚至错用规制工具。

具体至侵害消费者个人信息权的行为上,隐蔽性主要体现在下述几个维度:首先,经营者将合法收集的个人信息擅自用于消费者很少轻易涉足的领域,使得消费者自己发现被侵害的概率降低。如案例 2 中,当事人预计银行不会滥用用户信息,事实却是银行利用其个人信息为第三人的贷款提供担保,如果当事人未因办理贷款业务而查询个人征信记录,在很大程度上不会发现其个人信息权被侵犯的实情。一般情况下,公民不会时刻关注、查询个人征信情况,行为者正是洞察了这一习性,选择在消费者没有特殊需求极少涉足的领域进行侵害,增加消费者发现侵害行为的成本。其次,经营者倾向于收集行为轨迹等个人信息,这类信息需要与其他个人信息组合或经技术分析才能达到可识别性,进而使侵害行为的可观察性较弱,是否实施侵害,何时、何地、如何实施等侵害要件均成为行为者被他人简单识别的障碍。信息分析型侵害行为中,如果经营者未曾收集与消费者无直接关联的检索关键词等信息,如何能得到特定消费者的兴趣、喜好、消费偏向?当消费者收到定向广告时才知晓其个人信息已被利用,而此时侵害行为已然发生,之前的信息收集行为不可谓不隐蔽。最后,经营者加工、传播、利用消费者个人信息多在悄然无息的状态下进行。如金融借贷、短视频、房屋中介等 APP 的运行要求中,"本人手持身份证照片"且不能有水印和遮挡物成为"必选项",目的是完成身份核验,防止个人信息冒用,且着重强调“提供”,是否存储、利用则只字不提,甚至未经同意在公共场所以“非接触”形式收集人脸信息,且可一次性达到个人信息收集量巨大的结果。越来越隐秘的信息侵害行为增大了消费者的察觉成本,即便有所发现,如何论证行为与结果间的因果关系,如何确定赔偿价格?依据行为经济学的禀赋效应,个体通常会高估与己相关的事物的市场价值,亦是人性使然,但在经验世界,信息主体私以为具有相当高价值的个人信息实际价格却极其低廉,甚至仅花费九分钱就能购买到一条个人信息。①

(二)技术性

基于海量、多样化的数据集合形成的大数据已充分显现“5V”特质——volume(大量)、variety(多样)、veracity(真实性)、value(价值)、velocity(速度),这些特性在信息时代持续展现。② 二十年多前,科学技术进步缓慢,依靠监管手段即可使技术应用受制于法律,当时,技术是备受监管主体青睐的中立性工具。随着社会分工精细化发展的程度加深,信息化和数字化发展转变了技术的原初地位,促使其成为社会底层沟通装置,凸显出鲜明的社会性格。存续于网络上的信息更新变动速度持续加快,信息体量迅速攀升,信息处理自动化水平不断提高,私权制度工具难以跟上信息化发展脚步,妄图借此规范技术时代侵害个人信息权的问题显然已无能为力。在先进的技术手段不断提升的背景下,信息采集、分类、管理、利用与处置已成为一组具有高度专业技术性的工作,依靠技术加工提高效率,实现信息增值逐渐成为经营者信息盈利的常规操作。经营者为了将侵害行为层层隐藏,直接采集的多是仅具有弱观察性的信息,此类粗略的非结构化信息不能直接为经营者提供商业价值,需要对其进行结构化处理,而将其转换为可供利用的个人信息则需要强大的技术能力,这也就决定了技术在将网上移动轨迹、定位信息等伴生信息转换为可利用的个人信息过程中的重要性。《信息安全技术移动互联网应用(APP)收集个人信息基本规范》(草

---

① 参见李晴:《一条个人信息 9 分钱 21367 条个人信息被泄露》,载凤凰网,http://zj.ifeng.com/a/20170706/5798549_0.shtml,2019 年 10 月 10 日访问。

② 参见王国成:《从 3V 到 5V:大数据助推经济行为的深化研究》,载《天津社会科学》2017 年第 2 期。

案)明确指明金融借贷类 APP 为满足其正常服务所需而收集用户个人信息的最小权限范围(leastpermissionrange)仅限于存储权限。[①] 据调查统计结果披露,多款金融借贷类 APP 均存在超越最小必要权限强制或默认收集更多用户信息的情况,例如,"招联金融"APP 调用用户设备识别码最高每分钟 6109 次、"拍拍贷借款"APP 在一分钟内调取用户定位信息高达 1468 次。[②] APP 经营者越权收集的多为设备识别码、定位信息、浏览记录等信息量低且需经分析及处理的间接个人信息,对这类个人信息的利用则需要技术手段的加持。

数据爬取、海量数据处理等技术应用使得拥有先进技术的经营者与弱势消费者之间的信息不对称更为明显,即使消费者发现其个人信息被不法获取,其寻求救济的成本也将大大增高,在集体行动困境下,出于成本收益的经济理性考量,消费者往往难以提出技术异议,因举证成本高昂、证明效果不佳只能被迫放弃追偿的权利,反而在一定层面上纵容了经营者的侵害行为。同样,技术的高能运用可能绑架个人利益或公共利益,信息主体亦深有感应,如 Flash Cookies 等新型技术的开发却意在阻碍消费者采取的制约性措施,甚至有的技术在表象上给予消费者已成功删除被侵害个人信息的错觉,转而通过技术重制个人信息。[③] 信息分析型侵害行为即是先通过技术将消费者的伴生个人信息集中存储于受经营者控制的网络局域,再经由技术分析获得足以识别特定消费者的个人信息,从而达到信息利用的目的。可见,消费者个人信息被滥用是技术介入市场经济改革带来的负面影响之一,听之任之,一味高喊着"大数据技术便捷社会"口号,忽略技术理性

① 国家市场监督管理总局、中国国家标准化管理委员会 2019 年 8 月 5 日联合发布的《信息安全技术移动互联网应用(APP)收集个人信息基本规范》(草案)A. 14 规定:"金融借贷类 APP 收集用户个人信息的最少信息包括法律法规要求的个人信息与实现服务所需个人信息两种类型,前者具体涵盖网络日志、手机号码、身份证件信息,后者包含账号信息、银行账户信息、个人征信信息、紧急联系人信息、借贷交易记录。"

② 参见南都个人信息保护研究中心 2019 年 12 月 5 日在"2019 啄木鸟数据治理论坛"上发布的《2019 个人信息安全年度报告》;《个人信息安全报告发布:拍拍贷每分钟调用位置权限 1468 次》,载搜狐网,https://www. sohu. com/a/358561740_161795? scm = 1002. 44003c. fe017c. PC_ARTICLE_REC,2020 年 1 月 20 日访问。

③ 参见吴晓平:《新媒体语境下国外个人信息失控与保护研究》,复旦大学 2014 年博士学位论文。

的信息乱象将会使市场经济陷入无序化状态，阻滞市场经济的健康运行。

（三）争议性

法院在侵害消费者个人信息权行为认定上的理性偏见容易引发重重争论。首先，不同法院对相同侵害内容的认定存有争议。如案例10中，法院否认手机号码、电子邮箱信息是应受人格权保护的个人信息，进而认定不构成侵害，在涉及同样侵害内容的另案中法院却肯定前述信息乃是隐私权的正当保护对象，任意使用这些信息是侵犯了当事人的合法权益。[①] 同时，国家工信部下发的《电信和互联网用户个人信息保护规定》也肯定了手机号码、邮箱信息等是个人信息的一部分，受到法律保护。[②] 其次，在不同区域传播同类信息的侵害认定存在争议。譬如，同样是公示裁判文书，案例11中法院认为因将带有当事人个人信息的执行裁定书张贴于小区公告栏内，只在有限范围内传播，不构成对当事人权利的侵害，而将未隐去当事人个人信息的判决书在公开场合公示，则被认定为权利侵害。[③] 最后，经营者所为的类似技术行为是否构成侵害行为存在争议。行为者利用爬虫技术爬取了其他主体耗费大量成本已收集的个人信息，在部分案例中被认定为构成不正当竞争，而在其他案例中却被视为是未侵犯用户个人信息隐私的合法行为。[④]

① 四川省成都市锦江区人民法院审理的谢某诉华润置地（成都）物业服务有限公司隐私权案[案号为（2011）锦江民初字第2071号]；湖南省郴州市北湖区人民法院审理的罗某诉郴州申湘天润汽车有限公司和中国太平洋财产保险股份有限公司隐私权纠纷案[案号为（2014）郴北民二初字第947号]，认为当事人的收集号码属于个人信息，应受到隐私权保护。

② 参见中华人民共和国工业和信息化部2013年7月16日下发的《电信和互联网用户个人信息保护规定》第4条。

③ 四川省德阳市旌阳区人民法院审理的丁某玲诉汪锡奎隐私权纠纷案[案号为（2017）川0603民初4743号]，法院认定被告在应用软件、微信公众号上发布未隐去原告个人信息的判决书应当承担法律责任。

④ 广东省深圳市中级人民法院审理的深圳市谷米科技有限公司诉武汉元光科技有限公司、邵某霜、陈某等不正当竞争纠纷案[案号为（2017）粤03民初822号]，原告开发了一款APP并与公交公司合作在公交车上安装定位器获得海量数据来运营APP，被告利用网络爬虫软件获取原告公司服务器内的实时数据，法院认定构成不正当竞争。而在美国的一个司法判例中，社交网站LinkedIn因猎头数据分析公司hiQ Labs使用爬虫软件爬取其在网站中“公开”的用户个人信息行为侵犯了用户的隐私和对信息安全构成威胁而起诉，法院支持hiQ Labs的商业模式并认定其数据获取行为具备合法性[hiQ Labs, Inc. v. LinkedIn, 2017 WL 3473663(N. D. Cal. Aug. 14, 2017)]。

在权利侵害认定争议下，保护消费者个人信息权，规制侵害行为的难度节节攀升。自“开车进故宫事件”在网络传播后，当事人更多的个人信息被曝光。仅凭当事人在社交平台上发布的数张美国豪宅照片，结合搜索引擎检索结果或当地房产成交数据的查询结果，便能在较短时间内缩小目的房屋的区域范围，准确定位到具体房屋，并查阅公布该房屋的最新成交价、房主姓名等信息，再根据查到的公开记录深入进行“合理推测”。① 所披露的信息存在于互联网上，他人的信息获取行为无需支付成本，且依凭单个信息并不足以识别特定主体的身份，只有将数个相关联的信息组合起来才能达到识别效果。由此，该种行为是否构成权利侵害尚存有争议。此外，即便确定前述信息组合行为的侵害性，诉讼主体如何确定？信息存储空间服务提供商？信息整理者？信息披露者？广大网友？备受关注的“网络暴力第一案”以网站经营者为侵害对象，对于治理互联网业态的乱象起到了一定的积极作用。② 具体至故宫事件的当事人，其个人信息被数十个网站公布，逐一理出关涉的网站经营者，从而为侵害行为者寻求司法救济的可操作性并不强，在法不责众原理的作用下，传播其个人信息的广大网友亦被豁免。因此，侵害行为者的确定饱含争议。

四、侵害行为的类型与特征对既有保护模式的挑战

如前所述，通过对司法案例总况与个案的统合分析，本书以权利客体、侵害主体、行为者主观意识、过错、行为与结果的因果关系为标准归纳出侵害消费者个人信息权的具体行为类型，包括越权使用型、故意泄露型、信息

---

① 网友深挖披露，该房屋最近一次的成交价为 1181 万美元，折合人民币 8140 万元，房屋的产权归王某杰所有，其为中国铝业巨头忠旺集团老板之妻，且在美国拥有多套大面积房产。据此，网友将公众视线转移到忠旺集团，推测故宫事件当事人与王某杰或忠旺集体是否存在利益输送关系，更进一步地质疑中国社会顶级阶层对美国社会的向往是否正确。参见信息时代的犯罪侦查：《故宫女主的美国豪宅——又一起公开情报分析佳作！》，载微信公众号，https://mp. weixin. qq. com/s? __biz = MzAxNTA4NDAwOQ = = &mid = 2650733561&idx = 1&sn = 396208bc7b594f35e6d9d4d5ff4c8a&chksm = 83832b7fb4f4a269b939c40b007d37c45b6aca85450e10bc2d33213d3b56e657d36aa99a17mpshare = 1&scene = 23&srcid&sharer_sharetime = 1579438009133&sharer_shareid = f29d2051243016ce4797f7b7d4c741%23rd，2020 年 1 月 22 日访问。

② 2008 年 12 月 18 日，北京市朝阳区人民法院对有“网络暴力第一案”之称的王某诉张乐奕（网站“北飞的候鸟”的注册经营者）、大旗网、天涯社区侵犯名誉权和隐私权案作出一审判决。

分析型、特定公开型。这些已经发生且将持续存在的侵害行为类型背后的制度逻辑何在？民间谚语“按下葫芦浮起瓢”生动反映了实践中侵害行为难以根本抑制的实情，在一定程度上表明保护消费者个人信息权的既有模式已展现出式微之势，司法实践已然对既有保护模式发起挑战。

首先，公权管控个人信息的观念已经无法与越权使用型侵害行为匹配。既有保护模式设置公权控权机制的基本预设是解决滥用个人信息权问题，其实施前提是公权机构能够及时发现滥用事实。然而，在越权使用型侵害行为语境下，信息处理者超越权限擅自使用其经合法授权获知的消费者个人信息，通常是基于错误解读消费者的授权内容或者在受侵害的消费者不常涉足的领域。如果不对授权条款进行仔细解读，经常关注盲点领域，此类侵害行为很难被发现。由此可知，越权使用型侵害行为的隐蔽性特征使得公权机构实行控权的前提要件遭遇阻碍，进而很有可能使公权控权机制沦为具文。

其次，市场自主调节个人信息的观点已经难以与故意泄露型侵害行为匹配。既有保护模式倡导构建良好的市场环境，以期通过市场自由调控力量实现保护个人信息权的原初用意。信息控制者向第三方披露已掌握的个人信息是故意泄露型侵害行为的典型表现，其行为依据是拥有对信息的排他性权利，但对于如何判定侵害行为是信息控制者故意为之还是过失而致，一直存有争议。因信息控制者的市场主体身份，既有保护模式意图运用市场的自主调控之力扭转这一困局，但在市场的功能限定下竭力而为却仍旧无法破解故意泄露型侵害行为的核心难题。因此，故意泄露型侵害行为在认定层面的争议性特征使得运用市场之力自主调节个人信息的观点备受抨击。

再次，公权与私权合力监管的看法已经无力与信息分析型侵害行为匹配。公私合作原则是既有保护模式的立论根基，在侵害责任的分配上亦贯彻这一原则。信息分析型侵害行为并不针对能够径直识别信息主体身份的原始个人信息，而是凭借技术手段收集与信息主体没有直接关系的伴生个人信息，再经由分析工具处理来图以他利。这类侵害行为的技术性和隐蔽性特征频频使私人力量陷入监测障碍，公权治理能力受到技术制约，公私合作的监管方式尚不足以完成监管任务。

最后，公权介入私领域的认识已经很难与特定公开型侵害行为匹配。既有保护模式存在私权干预公领域与公权染指私领域两重情境，其意图利用私权之力化解公领域中公权无法处置的难题，也借用公权力量处理私领域中私权不可解决的纠纷。特定公开型侵害行为发生在特定场域中，受众仅局限于有限场域内的有限群体，而非不特定的社会公众，将公权强制介入这一存有边界的区域，对信息侵害者施以行政惩戒，因存在侵害行为与可置信的惩罚严重不配比的问题，很有可能引发滥用公权力的质疑，进而难以成就有效治理的目标。

跳出一时一事一地之囿，俯瞰林林总总的侵害行为间的关联，可以察知消费者个人信息权的既有保护模式面临着司法实践中侵害行为的严峻挑战。在互联网技术加持的信息网络背景下，接连产生的侵害实践日益脱离既有保护范式，导致立法与司法的脱节。深究其因，总体上与既有保护模式对于风险防范的意识不足，缺乏结合具体场景分析问题的视角有关，进而导致消费者个人信息权不能得到切实、有力的保障。鉴于此，推动司法、技术、监管等治理要素的耦合，方能以高度专业化的保护措施推进国家治理能力现代化的良性变迁。

第三章 消费者个人信息权的公私兼济保护模式及其局限

与其他制度相同,个人信息保护制度的产生实际上也是竞争的结果。正如庞德所言:“各种利益之间之所以产生冲突或竞争,就是由于个人相互间的竞争,由于人们的集团、联合或社团相互间的竞争,以及由于个人和这些集团、联合或社团在竭力满足人类的各种要求、需要和愿望时所发生的竞争。”①保护消费者个人信息权不可避免地涉及利益对冲,向一种利益倾斜势必有损另一种利益,在具有竞争关系的利益间寻求一种衡平方是化解之法。至于信息收集目的,若是为了了解消费者对商品或服务看法、态度、意见以提升生产技艺,制造高质量、迎合消费者需求的产品,那么,在经营者控制下的消费者个人信息相对安全。然而,如果经营者将所掌握的消费者个人信息置于一种动态交易状态,进行个人信息的出售、买卖,或是最开始在信息收集环节就怀有恶意,则此时的消费者个人信息存在安全隐患,或者直接导致消费者个人信息被泄露的后果。技术进步与经济发展催促各国采取多样化措施来保护消费者个人信息权。

为了践行“以全球视野,为中国数据立法建言;以中国智慧,为国际数据规则献策”的战略宗旨,个人信息权保护模式的建构需要深度解构国际经验并将之与本土法律实践进行融合、对接,于此间寻求适恰的保护模式的理论支持与实践基础,而不能与世隔绝依凭主观臆想打造一套

① [美]罗斯科·庞德:《通过法律的社会控制》,沈宗灵译,商务印书馆 1984 年版,第 40 页。

个人信息保护的乌托邦，目前全球范围内存在分块式保护、统一式保护、混合式保护、多法共同式保护等既有保护模式。任一保护模式均呈现出不同的好坏良窳，不同的保护模式既有个性，亦存共性，而考察现有保护模式的相同点，将之归总为消费者个人信息权的公私兼济保护模式，则有助于以客观视角制度性地辨识正在施行中的保护模式的优劣之处，合理规避机会主义者利用制度罅隙、漏洞或空白上下其手，并结合当下的社会环境予以补强。

一、消费者个人信息权保护的既有模式

信息科技时代发展使个人信息的受关注度大为提升，越来越多的国家逐步将保护消费者个人信息权置于国家治理的高等位阶，出台了一系列保护措施。立法体例和司法经验在中国语境下创设了消费者个人信息权保护的中国模式，域外国家立基于本国社会条件与法治发展背景亦设立了符合本国法治环境的消费者个人信息权保护模式。在学术开放与制度互鉴的全球化格局中，梳理并比较主要国家有关消费者个人信息权的保护模式，有益于凸显制度优势，显明制度缺陷，通过有效分解、逐个击破现实难题形成制度互补，搭建消费者个人信息权保护的通用模式。

（一）中国模式：多部门法共同保护

个人信息发端于隐私权，我国从20世纪八九十年代即开始在法律上通过名誉权来保护隐私权，并逐步将隐私权从名誉权中剥离出来，形成一项受法律保护的独立权利。法律规范保护隐私权的方式为个人信息保护模式的有效确立奠定了基础。消费者个人信息侵害事件发生数量与日俱增，唤起了各部门法对消费者个人信息保护的重视。

在宪法层面，自然权利理论认为个人权利和自由不仅是人生而自带的，更是个人发展人格时的必需，国家不能干预或侵犯。但仍有可能发生国家权力恣意致公民损害的情况，以调整权利与权力、权利与权利以及权力与权力这三组社会关系为主要内容的宪法恰好能以设置抽象、笼统的基本法律规范的形式起到保护公民权利的最高法律效力。宪法的基本法地位决定了其必然是一部纲领性法律，所进行的宏观指导高度、

深度、密度俱全,对社会事实作出抽象性、宣示性的概括规定,体现对未来目标的追求。通过宪法来保护抽象的个人信息的根本法益,旨在避免个人信息权遭受国家权力的侵害,进而损及信息主体的人性尊严,更是借用基本法的权威从积极和消极两个层面来确保保护的全面性。[①] 若不考虑个人信息的复杂个殊性,凭借既有法律经验便可在宪法最高精神的指引下轻易达成规制共识——一般性地实现自由和尊严。

在民法层面,以调整平等主体间关系为重要任务的民法将个人信息主体与个人信息使用者置于平等地位,以信息主体与使用者之间的权利义务为轴线构筑个人信息保护的意义。鉴于个人信息自决权的理论基础,民法角度保护个人信息通常围绕人格权与财产权二元体系开展。[②] 研究显示,信息主体与信息使用者之间产生的大量联系实际上多是基于合同或侵权。详言之,信息使用者需与信息主体订立针对个人信息或运用个人信息为或不为一定行为的合同,获得权利人许可才能收集、商业使用个人信息。这一合同即使无法归入任一合同法确立的有名合同下,但其因是私主体间达成的,且符合契约自由精神而应被认定为有效。[③] 此外,无论是网络信息侵害还是信息使用者的过错侵害,都在信息主体与信息使用者之间形成了信息侵权关系。因侵权法的主导思想以复原性为主,呈现一种较为静态的、向后看的思路,更侧重于对被侵害主体的救济。以侵权法立场来保护个人信息多从人格利益与财产利益保护二维度展开,强调侵害行为的构成要件、侵害类型、认定等,重心是对个人信息隐私的事后保护,深层次的意图在于协调保护个人隐私与公共利益或他人行为自由间的矛盾。[④]

在行政法层面,社会正向着政府巨型数据库时代发展,在技术的助力下,行政机关收集个人信息的能力不断强化,且由于身份的特殊性以及公民的信任,行政机关可以收集到普通数据处理机构难以触碰的信息,进而导致行政机关已收集和想要收集的个人信息数量日渐膨胀。中

① 参见姚岳绒:《宪法视野中的个人信息保护》,法律出版社2012年版,第40~41页。
② 参见杨咏婕:《个人信息的私法保护研究》,吉林大学2013年博士学位论文。
③ 参见纪海龙:《数据的私法定位与保护》,载《法学研究》2018年第6期。
④ 参见郭明龙:《个人信息权利的侵权法保护》,中国法制出版社2012年版,第188~225页。

国人民银行个人信用信息基础数据库历经数十年的累积，至2018年年末已收集超过33亿条的信贷信息、9.7亿自然人以及2542万户企业和其他组织的信用信息，涵盖自然人或企业的基本信息、结算账户信息、信用卡交易记录、个人住房公积金等信息。[①] 如果政府机关能透过对个人信息的认知来掌握公民活动，此种控制权力将极富吸引力。[②] 这一假设说明了信息主体所拥有的个人信息权在一定程度上会受到来自公权力主体的侵犯，政府型数据库运用公权力大规模收集个人信息虽关涉国家治理，但仍不能忽略由于政府职能扩张而带来的个人信息滥用风险。素有行政法帝王原则之称的比例原则在个人信息保护领域体现为目的特定原则，即政府机关在收集个人信息前必须明确收集目的，其后的使用应以不超出该目的范畴为限。[③] 因此，目的特定原则贯穿个人信息权保护的始终，且侧重于行政处罚，特别是对行政机关侵犯公民个人信息的处罚来限制公权力，并通过为行政机关设定义务的约束机制来敦促其积极、主动地保护个人信息。

我国关于保护个人信息的立法次序走的是"逆常规路线"，即刑事立法先行，其他部门法陆续展开。[④] 以威慑与惩罚并重的刑法原则为指导，在谦抑性与秩序性的约束下，能够简化侵犯个人信息犯罪行为的识别难度，有力衔接保护个人信息的司法体系，规制严重的个人信息犯罪行为。[⑤] 个人信息泄露、信息挖掘利用行为不当侵犯了刑法所欲保护的信息安全法益与信息财产法益，为此，结合信息社会的数字化特点，刑法保护个人信息着力于确定侵害信息法益行为的入罪边界，调整信息犯罪的构成要件，打造专门化保护与财产化保护联结的二元保护体系。[⑥] 从法

① 参见佚名：《我国建成全球最大金融信用信息数据库》，载搜狐网，https://www.sohu.com/a/273431884_691672，2019年10月10日访问。

② 参见吕艳滨：《信息法治政府治理新视角》，社会科学文献出版社2009年版，第248页。

③ 参见齐爱民：《论个人信息保护法的行政法属性》，载《中共长春市委党校学报》2008年第2期。

④ 参见佚名：《2018个人信息保护论坛成功举办》，载搜狐网，http://www.sohu.com/a/241386333_100118736，2019年12月25日访问。

⑤ 参见吴苌弘：《个人信息的刑法保护研究》，上海社会科学院出版社2014年版，第55～67页。

⑥ 参见刘一帆、刘双阳、李川：《复合法益视野下网络数据的刑法保护问题研究》，载《法律适用》2019年第21期。

律条文上看,《刑法修正案(九)》确立的侵犯公民个人信息罪只规制了出售与非法提供个人信息两种行为,而侵犯个人信息类犯罪具有直接、精准的法益侵害性,危害往往更严重,为了能周延地保护个人信息的相关法益,刑法将实践中更为常见的非法使用个人信息行为纳入保护范畴。因此,学者考虑到以防范个人信息的非法转移为基本入罪逻辑的转移型侵害行为与实践中较为常见的滥用信息型侵害行为,侵犯公民信息类犯罪应涵括四个入罪要件:第一,以违反国家有关规定为非法性前提;第二,具体罪状形态包括未经授权的非法使用和越权使用个人信息;第三,情节严重是客观构成要素;第四,直接故意为主观构成要素。① 法律规定构成个人信息犯罪需要四要件同时满足,可见,刑法规制侵犯个人信息行为的入罪条件较高。刑法保护个人信息亦关注技术手段问题,利用网络爬虫行为侵犯个人信息并不当然构成犯罪,但通过形式判断与实质判断情景化地进行分析,能够实现对此类行为的刑法规制。②

党的十九届四中全会强调"拓展公益诉讼案件范围",依循全会精神,实践中将公益诉讼的范围扩大至公共卫生、个人信息、互联网等领域。③ 从诉讼法角度而言,我国在私益民事诉讼的基础上已有通过检察机关提起公益诉讼,履行法律监督职能的方式来保护个人信息的先例。④

---

① 参见李川:《个人信息犯罪的规制困境与对策完善——从大数据环境下滥用信息问题切入》,载《中国刑事法杂志》2019年第5期。

② 参见刘艳红:《网络爬虫行为的刑事规制研究——以侵犯公民个人信息犯罪为视角》,载《政治与法律》2019年第11期。

③ 参见秦天宝、黄成:《类型化视野下环境公益诉讼案件范围之纵深拓展》,载《中国应用法学》2020年第4期。

④ 2020年12月3日,河北省保定市中级人民法院当庭宣判了全国首例由检察机关提起的利用互联网侵害隐私权民事公益诉讼案件。河北省保定市人民检察院作为公益诉讼起诉人,认为被告张某东等65人制作、买卖或者使用侵权软件,侵入他人私密空间、偷窥他人私密活动、获取他人私密信息等侵权行为严重损害社会公共利益,遂在查清案件事实后,启动检察公益诉讼程序。在民事公益诉讼起诉书中,保定市人民检察院请求判令全部被告立即卸载并终止使用涉案侵权软件,清除、删除利用涉案侵权软件获取的视频、图片等信息、数据,停止一切使用上述信息、数据的行为,并消除保存、使用行为造成的影响,在国家级媒体公开赔礼道歉。经庭审举证质证,保定市中级人民法院当庭宣判,支持检察机关全部诉讼请求。参见莫歆尧:《全国首例保定检察机关提起的利用互联网侵害隐私权民事公益诉讼案宣判》,载搜狐网,https://www.sohu.com/a/436757798_329129,2020年12月9日访问。

在定义上,公益诉讼(publicinterestlitigation)是指与案件没有直接利害关系(无私益)的公民或社会团体,根据法律的授权,以维护公共利益为直接目的,对违反法律,侵犯或将要侵犯公共利益的行为,依法向法院提起诉讼、由法院追究违法者法律责任的活动。[①] 公益诉讼以保护社会公共利益为旨归,放宽了原告主体资格,补足了起诉常规要素的缺位,在社会化治理活动中扮演公共利益"看护人"的角色,从司法层面增加了一种侵权保护路径。消费者组织的公益诉讼主体地位早已被《民事诉讼法》确立,[②]而对于保护个人信息,则需要进一步细化消费领域中的公益诉讼制度,尤其是关注市场经济活动中经营者利用正常交易不当收集、非法使用个人信息致使不特定消费者权益受损却救济艰难的情形。[③] 于此,消费者组织可否比照检察机关提起公益诉讼,就侵害消费者个人信息而损害公共利益的行为提出公益诉讼,在维护公共利益的同时也保障消费者的信息权益。此种公益诉讼与消费者遭受个人信息侵害后自行提起私益民事诉讼的边界何在?我国诉讼理论与司法实践尚在探索中。

(二)美国模式:分块式的宽泛保护

美国独立前政党和法院便已存在,国家居于其后,由此确立了法律的权威高于国家的认识,所有问题最终都需要落脚到法律上解决。在美国的法律体系下,公民的私有财产神圣不可侵犯,法谚有云,"风能进,雨能进,国王不能进",宣扬了公民对其法律权利的重视。不同于大陆法系的成文法规则,美国的判例法将公民视线聚焦于具体案件中,拉近了法律与公民的关系,进而经由判例形成的立法将得到更高的社会认同,并在全社会范围内形成对法律的尊重与信仰。在美国,隐私是一个涉及范围很广的问题,而且几乎没有边界。它涵盖了从个人信息控制到个人生

---

① 参见赵宇:《公益诉讼界定之分析》,载《贵州大学学报(社会科学版)》2008 年第 6 期。

② 《民事诉讼法》第 55 条规定:"对污染环境、侵害众多消费者合法权益等损害社会公共利益的行为,法律规定的机关和有关组织可以向人民法院提起诉讼。人民检察院在履行职责中发现破坏生态环境和资源保护、食品药品安全领域侵害众多消费者合法权益等损害社会公共利益的行为,在没有前款规定的机关和组织或者前款规定的机关和组织不提起诉讼的情况下,可以向人民法院提起诉讼。前款规定的机关或者组织提起诉讼的,人民检察院可以支持起诉。"

③ 参见刘俊海、徐海燕:《论消费者权益保护理念的升华与制度创新——以我国〈消费者权益保护法〉修改为中心》,载《法学杂志》2013 年第 5 期。

育权,再到限制政府对家庭的入侵等层面。早期,美国法律保护隐私的方式被称为是“部门性”的,一些个人信息记录适用单独的、不协调的法律,而其他记录则不适用法律。例如,美国联邦制定了一部法律保护视频出租记录的隐私,而事关人类存在的健康、保险、就业等基本信息记录,要么不受任何隐私控制,要么受制于不均衡的州法律。由此可见,以实用主义为主的美国法律并未准确界分隐私权与个人信息权,而是将个人信息置于隐私项下保护,且强调对个人信息的利用,导致保护规则较为混乱。

随着社会发展进步,美国宪法关注个人隐私保护问题,信息隐私权逐渐显现,宪法修正案不仅将其视为一项民事权利,还认为是一项宪法性权利。换言之,在某些情况下,公民可以运用信息隐私权对抗政府公权力。*Carpenter v. United States* 一案表明了公民对手机的蜂窝站点位置信息(CSLI)拥有合理的隐私预期,受宪法第四修正案的保护,因该修正案不仅保护财产利益,也保护公民的某些隐私期望。在没有特例的情形下,不合理的搜查、扣押、攫取是违反宪法规定的,政府必须依据合理理由向法院申请搜查令,经批复后方可获取该信息。[①] 基于此,美国对于个人信息隐私保护的关注焦点集中于以赋权的形式增强信息主体的市场话语权,保护信息市场中的消费者乃成为信息隐私立法的重点,值得注意的是,企业利用、传播、出售所持有的消费者个人信息是合法的。

鉴于美国法律体系对契约秩序的普遍开放,人们可能会认为,在信息隐私法中,契约机制将得到大量应用,然而,契约在很大程度上被证明与美国的信息隐私法无关,甚至很少有法院在判决中将隐私通知视为可能的契约。信息隐私在美国法中更多地被视为一项合理的信息流通,而非一种绝对性权利,并鼓励通过信息分享来增进社会整体福利。美国政府在《全球电子商务框架》中指出,个人隐私和个人信息自由的衡平是全球信息基础设施发展的根本条件,适度且合理的隐私保护尤为必要,需

① See *Carpenter v. United States*, 16 U. S. 402 (2018). At https://www.supremecourt.gov/opinions/17pdf/16-402_h315.pdf.

注意非关税壁垒可能会因政策差异而致。[①] 围绕保护消费者信息隐私与促进经营者创新、社会经济增长的冲突,长期以来,美国对信息隐私的法律保护采取分块式立法,联邦立法与州立法均扮演着重要角色。[②]

在联邦法律层面,早在1970年,美国国会即通过了《正当信用报告法》(Fair Credit Reporting Act),该法是以约束公权力为重心的信息隐私保护立法,被视为第一部保护个人信用信息的法案,其法案的出台,促进了金融、通信等行业在信息经济层面的改革与发展,核心内容在之后的法律文件中得以延续。1974年,美国国会通过了《隐私法案》(Privacy Act)对收集、存储、公开个人信息以及信息主体的权利等问题作了规定,被视为联邦政府保护个人信息隐私的基础法案。同年,美国国会通过《家庭教育权利与隐私法》(Family Education Rightsand Privacy Act),正式确立了保护学生个人信息的条款,规定无正当理由限制公开学生记录。1986年,随着《电子通信隐私法》(Electronic Communications Privacy Act)的制定与通过,个人通信隐私得以经由专门的法案来进行保护。1996年,美国国会通过的《健康保险携带和责任法》(Health Insurance Portability and Accountability Act),聚焦个人医疗信息隐私,从隐私规则、安全规则和惩罚规则三个维度明确规定医疗服务机构未经同意不得任意披露他人的健康信息隐私,并应当采取合理、必要的措施保障所获知的个人医疗信息隐私的存储安全。[③] 1999年克林顿总统签署《格雷姆—里奇—比利雷法案》(The Gramm-Leach-Bliley Act,简称GLB法案),又称《金融服务现代化法案》,集中保护用户非公开的金融信息,其专设用户金融信息隐私规则,要求金融机构合法、正当地收集用户的金融信息,对用户的非公共个人金融信息保密,并承担安全维护责任,拒绝不正当理由的信息访问活动,特别是确定了金融信息公开共享机制,即信用信

---

① See the White House, *The Framework for Global Electronic Commerce*, at https://clintonwhitehouse4. archives. gov/WH/New/Commerce,2019 - 01 - 31.

② See Paul M. Schwartz, Karl-Nikolaus Peifer, *Transatlantic Data Privacy Law*, Georgetown Law Journal, Vol. 106, No. 1, 2017, pp. 115 - 180.

③ 参见陈文胜:《美国健康信息隐私保护特点及其启示》,载《湘潭大学学报(哲学社会科学版)》2020年第4期。

息强制共享的基本原则应包括默示共享。同时,《格雷姆—里奇—比利雷法案》授权美国消费者金融保护局、联邦贸易委员会以及联邦银行作为监管机构对金融机构采集、利用用户个人信息的行为进行监督管理。联邦贸易委员会(Federal Trade Commission,FTC)为保护消费者利益,针对《格雷姆—里奇—比利雷法案》颁布了若干实施细则:《金融消费者信息隐私细则》(*Privacy of Consumer Financial Information*)细化了受《格雷姆—里奇—比利雷法案》保护的消费者非公开个人信息的种类;《保护客户信息标准》(*Standards for Safeguarding Customer Information*)要求金融机构必须设置安全防护系统以保证消费者个人信息不受侵犯;《处理消费者报告信息和记录细则》(*Disposal of Consumer Report Information and Records*)规定了金融机构对所获知的消费者个人信息的处置办法。[①] 前述立法并未进行统一性的立法规划,而是针对具体问题的立法,走的是"发现一个规范一个"[②]的路子。

不可剥夺性是美国个人信息隐私保护最为核心的原则,这一原则具体表现为强制披露和通知。法律、法规通过对企业的信息披露要求,创造了信息的不可剥夺性。信息披露是消费者保护政策的重要组成部分,通过向消费者提供有关产品或服务的信息,可以帮助消费者了解产品特性,找到满足其实际需求的质优价廉的产品。一般情况下,信息披露作为一种信息流动工具,可以使信息由信息优势方流向信息弱势方,而判别信息优势方或弱势方身份还需虑及具体决策事项。拥有大量、充足的信息为利用个人信息铺下了第一块基石。换言之,信息优势方首先应当满足信息体量大的特征,从众多信息中提取出的公因式才会具有普遍性,试想,市场中只有零星散布的信息何谈运用技术手段收集信息,更遑论信息利用。依循正常逻辑,个人信息应是从信息主体流入信息处理者,而美国联邦法律规定的信息披露却是一种转向披露,即由信息处理者主动向信息主体披露关于企业隐私惯例的清晰、醒目和准确的声明,

---

① See Daniel J. Solove, Woodrow Hartzog, *The FTC and the New Common Law of Privacy*, Columbia Law Review, Vol. 114, No. 3, 2014, pp. 583 - 676.

② 郭瑜:《个人数据保护法研究》,北京大学出版社 2012 年版,第 185 页。

企业收集的关于消费者的信息，将与谁共享这些信息，以及企业如何保护这些信息等情况，其与保护信息市场中的消费者这一联邦法律的重心契合。

信息传输是信息流动的另一个面向。计算机网络使距离、国界与信息传递、经济交易的关联近似于无，个人信息跨境传输已成为国际经济的常规操作。对此，联邦政府允许与别国相关部门或企业建立信息传输关系，但为了保护美国公民个人信息隐私安全，限制了传输的信息内容。例如，美国三大信用机构之一的 TRW 与日本信用局达成协议，允许通过日本 IP 地址访问居住在日本的美国公民的美国信用记录，也为居住在美国的日本公民提供日本的信用记录。① 在个人信息隐私保护实践中发挥中心作用的 FTC 则通过"通知—同意"的执行方法加强了不可剥夺性。企业公布的隐私声明被认为是"通知"，消费者随后与该企业共享个人信息，以表明其对声明所涵盖的信息条款的"同意"。此处，"同意"是"通知后的同意"，"被通知"是"同意"的前提要素。值得一提的是，奥巴马政府执政时期通过的《消费者隐私权利法案》规定仅在信息处理场景不一致的情形下才赋予消费者同意权，进而使"同意"从一般适用走向例外规定。联邦贸易委员会更是在执法行动中创造性地采用了"消费者同意"的理想化概念。这一概念以理性消费者对其个人信息商业化利用的合理期待为前置命题，当消费者基于对隐私声明的显性或隐性的理解而与企业共享信息，一旦发生信息利用失败、信息泄露等后果，联邦贸易委员会则会将之视为企业的不公平或欺骗。理想中的"消费者同意"旨在防范企业欺骗消费者，过度承诺信息隐私保护，以及从事意料之外的不合理的信息利用。然而，此种同意却建立在一种法律虚构的基础上，单方假设消费者阅读了企业公开的隐私声明，同意其中的条款，且不对企业隐私陈述的其他方面存疑，但实践中的大多数消费者从不阅读隐私政策，也不了解企业的信息政策，基于此，意图行使欺骗行为的企业完全可

---

① See Robert M. Gellman, *Can Privacy Be Regulated Effectively on a National Level—Thoughts on the Possible Need for International Privacy Rules*, Villanova Law Review, Vol. 41, No. 1, 1996, pp. 129 – 172.

以蔑视消费者的同意,同意规则徒有虚名。《健康保险携带和责任法》(*Health Insurance Portability and Accountability Act*)确立了"征得患者授权后开放"原则,即医院应对患者电子健康信息的收集、存储、处理负责,未征得患者明示性同意,不得公开或泄露患者的个人健康信息,其本质上也是一种"通知—同意"原则,推广实践后依然会陷入前述困境。面对纷繁复杂的数据社会,个人信息采集、使用、处理的技术手段不断升级导致信息侵害行为的隐蔽性大为增强,难以被轻易觉察,美国研究者业已意识到联邦贸易委员会力主的"通知—同意"保护框架的局限性不断放大,需要将使用责任制添加至保护措施中,以弥补原有保护方式的缺陷。①

州议会意识到,过分注重保护消费者信息隐私阻拦收集、利用消费者个人信息,则会加大经营者的运营成本,也不利于以数据为基础的产业产品的开发和创新,而对消费者信息隐私的保护过于松懈,则社会成员都可能面临频繁的营销滋扰。对此,加州议会将保护重点延伸至个人信息流通的所有环节,制定了被公认为全美最严格的信息隐私保护区域法案。2018 年 6 月,加州参议院表决通过的《加州消费者隐私法案》(*California Consumer Privacy Act*,CCPA)被认为是美国信息隐私法律保护体系的重要一环。②《加州消费者隐私法案》通过规范在加州地域范围内以营利目的处理个人信息的企业③来保护消费者的信息隐私,在信息保护的各个环节为企业设置了多重义务,并以赋权的形式强化消费者

---

① See Rachel N. S. Cavalari, Jennifer M. Gillis, *Digital Communication and Records in Service Provision and Supervision: Regulation and Practice*, Behavior Analysis in Practice, Vol. 8, No. 2, 2015, pp. 176 – 189.

② 2018 年 6 月 28 日,加州州长签署《加州消费者隐私法案》成为州法律,该法于 2020 年 1 月 1 日正式生效,而州议会于 2020 年 1 月 23 日提出最新修正案。参见何渊:《数据法学》,北京大学出版社 2020 年版,第 65 页。

③ 《加州消费者隐私法案》的管辖原则简练且聚焦,主要管辖的实体有:"(1)在加利福尼亚州开展业务,收集处理加州居民个人信息的个人独资企业、合伙企业、有限责任公司、公司、协会或其他法律实体,且(2)该实体以营利为目的并满足以下一个或多个条件:(a)年度总收入超过 2500 万美元;(b)为商业目的,每年单独或合并购买、接收、出售或共享 50000 条或更多消费者、家庭或设备的个人信息;(c)年收入的 50% 或以上为销售消费者个人信息所得;或(d)是处理个人信息的服务供应商。"California Consumer Privacy Act, § 1798. 140 (c).

对个人信息的控制,确保消费者的信息权益。

信息采集环节适用通知主义,企业在采集消费者个人信息之前或采集过程中通知消费者即可,不需特意就此取得消费者同意。① 信息使用环节采取告知同意规则,若企业意图将其采集的个人信息以一定对价转移给第三方,应当提前告知消费者信息出售的事实,并征得消费者的同意,《加州消费者隐私法案》禁止未经同意的出售,并赋予消费者随时叫停企业出售行为的权利。② 为便利消费者选择退出权的行使,《加州消费者隐私法案》强制要求企业在网页上提供“不得出售我的个人信息”的链接,于是,企业很难再将同意出售个人信息打包在其冗长、隐晦且含有诸多专业性术语的信息隐私声明中,强制消费者“一揽子”接受。这一条款是对“通知—同意”原则漏洞的填补,因超越以往的隐私保护立法,通常被认为是《加州消费者隐私法案》最具影响力的条款。在信息保存环节,《加州消费者隐私法案》新设信息删除权,即在任何时候,消费者一旦发现处于企业控制中的与其相关的个人信息不实或存在其他问题,有权要求企业删除相关信息,以此赋予消费者更大的自主决策权。③ 同时,消费者可以要求企业披露收集的与己相关的个人信息,企业在提供之前须核实消费者身份,确证后应在 45 日内通过电子方式免费披露,但消费者要求披露个人信息的权利在 12 个月内仅有两次行使机会。④ 本着确保消费者的信息权利得以落实的目的,《加州消费者隐私法案》规定企业不得因消费者行使权利而擅自采取拒绝服务、差别价格等经济歧视措施。⑤

为了更好地贯彻执行《加州消费者隐私法案》的规定,2019 年 10 月,加州总检察长正式颁布《加州消费者隐私法案实施细则》(*California Consumer Privacy Act Regulation*),该细则于 2020 年 2 月 10 日修订后重新发布,形成了《加州消费者隐私法案实施细则修正案》(*California Consumer Privacy Act Regulations*)。细则修正案系统规定了企业在不同

① See *California Consumer Privacy Act*, § 1798.100 (b).

② See *California Consumer Privacy Act*, § 1798.120 (a)(b).

③ See *California Consumer Privacy Act*, § 1798.105 (a)(b)(c).

④ See *California Consumer Privacy Act*, § 1798.100 (a)(d).

⑤ See *California Consumer Privacy Act*, § 1798.125 (a).

境况下的告知义务,例如,在收集日期或之前告知消费者收集目的、使用范围等;[①]消费者选择行使出售退出权时告知其请求提交方式、退出按钮的使用等;[②]当企业提供财务激励时,有义务向消费者解释所提供的财务激励、价格或服务差异的实质条款,以便消费者在知情的情况下决定是否参与;[③]通过公示的隐私政策告知消费者企业收集、使用、披露和出售个人信息的线上线下实践,以及消费者在个人信息层面的权利。[④] 此外,细则修正案关注未成年人的个人信息,并对其设置了特殊保护规则,促使企业尊重未成年人的合法信息权利。[⑤]

《加州消费者隐私法案》的颁布实际上体现了美国对于信息隐私保护的转型,从鼓励个人信息商业化利用向强化消费者隐私权益保护转变。然而,《加州消费者隐私法案》的适用对象绝大多数是中小企业,法案内容却一昧赋予消费者权利,增加企业义务,无疑会大幅增加企业的合规成本、信息采集成本、运营成本,虽然《加州消费者隐私法案》对特定行业、特殊领域的个人信息采集、利用行为实行规则豁免,如企业收集、披露去标识化的或经汇总的消费者信息,仍不能从根本上实现促进个人信息的自由流动与保护消费者信息权益的双重制度目标。

(三)欧盟模式:统一式的严格保护

欧盟作为一个由诸多国家组构而成的"超国家"组织,法治环境较为复杂。欧洲法院将《罗马条约》视作共同体宪法,条约设定的机构框架、立法权能、联系机制等奠定了欧洲法治共同体的基础。打破贸易壁垒与促进生产要素自由流通的需求使欧洲市场一体化趋势不断加强,"用一个声音说话"逐渐成为欧洲国家的行动指南。需要强调的是,区域国际组织的法治建设与实施不同于在一个独立国家内实施法治。申言之,欧盟的法治乃是成员国法治与共同体法治的结合,既要虑及欧盟的长远发展,又要兼顾其与成员国各项法律制度间的关系。为缩小与成员国间的

---

① See *California Consumer Privacy Act Regulations*, Article 2. § 999.305.

② See *California Consumer Privacy Act Regulations*, Article 2. § 999.306.

③ See *California Consumer Privacy Act Regulations*, Article 2. § 999.307.

④ See *California Consumer Privacy Act Regulations*, Article 2. § 999.308.

⑤ See *California Consumer Privacy Act Regulations*, Article 5.

制度缝隙，欧盟主张在成员国现有制度能够有效提供法治支撑的场域，充分发挥成员国制度，但如若成员国制度与欧盟法律存有重大差异或其实施将阻碍欧盟法治时，欧盟倾向于创设一种新的制度以缓和矛盾。[①]即使欧盟致力于打造一体化，但国与国之间在国家利益的支配下仍难以完全融合，缺乏统一的信息市场，技术储备相对薄弱，致使欧盟在全球数字经济竞争中处于弱势地位。为了扭转这一不利地位，欧盟提出数据保护（data protection）概念，以精确的方式提及与收集、使用和传播个人信息有关的隐私价值，并将个人信息权推升至人权高度，为全球个人信息保护树立了法律标杆。1981 年欧洲理事会发布《关于个人数据自动化处理的个人保护公约》（*Convention for the Protection of Individuals with Regard to AutomaticProcessing of Personal Data*，又称《108 号公约》），旨在通过立法方式创设统一规则与标准来有效保护其辖区内所有个体的隐私和个人数据。之后由于数字科技与信息技术的革新，《关于个人数据自动化处理的个人保护公约》根据保护隐私与个人数据的现实问题进行了多次修订，可以说是一部与时俱进的信息隐私保护公约。在全面施行“数位单一市场”计划（Digital Single Market）的背景下，欧盟出台《数据保护指令》以保护个人信息，颁布《一般数据保护条例》（*General Data Protection Regulation*，GDPR）这一统一的立法来强化信息主体对其个人信息的控制权以作为信息保护的防控手段或盾牌，创造了一种围绕权利进行对话的信息隐私文化，以保护欧盟境内的信息主体。然而，欧盟的一系列举措并非完全出于保护公民利益的目的，更多地着眼于维护欧盟整体利益。

从法律架构来看，欧盟有关个人信息保护的法律文件由一系列指令、规则、指南等组成，包括欧盟统一立法与成员国国内法的双重规范维度。其中，影响最为广泛、深远的当数《一般数据保护条例》。从提出草案到正式生效，历时 6 年，《一般数据保护条例》对于欧盟，乃至国际个人

① 参见程卫东主编：《欧盟法律创新》，社会科学文献出版社 2008 年版，第 15 ~ 21 页。

信息规范而言都具有重要的里程碑意义。[①] 初期,因大数据、人工智能等新兴科技的发展,欧盟试图以一部新规范来整合既有的个人信息保护指令,专门处理个人信息保护规范的漏洞与矛盾,构建内外联动的、严谨的个人信息保护法律制度。在法律体制上,《一般数据保护条例》以“规则”(regulation)问世,意味着其乃直接经由欧洲议会与欧盟理事会决议通过的立法,无需再经内国法转换程序即可直接对会员国产生拘束力,是一部高位阶的法律规范。从立法宗旨来看,《一般数据保护条例》开篇第一款即指出“制定本条例旨在确立个人数据处理中的自然人保护和数据自由流通的规范”。由此[②]可见,保护个人数据权利与促进数据自由流通乃是《一般数据保护条例》的两大核心要务,这一立法旨意在全球范围内具有标杆性意义。

在适用范围上,《一般数据保护条例》适用于欧盟领域内的数据控制者,决定处理何种数据以及采用何种方式处理数据的机构和个人、数据处理者,为数据控制者进行数据处理工作的机构和个人、数据主体以及被收集数据的个人。当然,《一般数据保护条例》也存在域外法律适用效力,即在特定情况下,如果非欧盟组织收集或处理处于欧盟内的个体的个人数据,《一般数据保护条例》的相关条款也对其适用。但如果这类数据属于个人处理的纯粹的个人或家庭活动,与专业或商业活动未产生联系的情形,则《一般数据保护条例》对其排除适用。在数据处理活动中,《一般数据保护条例》坚持合法性、合理性、透明性、准确性、保密性、数据完整性、目的限制、限期储存等基本原则,对于涉及基本人权、种族或民族背景、政治观念、宗教或哲学信仰、工会成员的个人数据、基因数据、为了识别特定自然人的生物学识别数据、和自然人健康及个人性生活或性取向相关的数据时,则采取禁止处理原则。《一般数据保护条例》最大的

① 2012 年,欧盟理事会发布《一般数据保护条例建议稿》;2014 年,欧洲议会形成《一般数据保护条例(草案)》;2016 年,欧盟理事会和欧洲议会相继通过《一般数据保护条例正式稿》;两年的过渡期后,《一般数据保护条例》于 2018 年 5 月 25 日正式生效,适用范围为欧盟全体成员国。参见高富平:《个人数据权利保护和利用国际规则:源流与趋势》,法律出版社 2016 年版,第 123 ~ 124 页。

② See *General Data Protection Regulations* (GDPR), Article 1(1).

吸睛点在于空前的惩处力度，无论违反规则的个人或企业是属于哪一个成员国，只要违反规定实行了没有充分安全保障的措施、没有提供全面且透明的隐私政策、没有签订书面的数据处理协议等行为，将面临第一档处罚，即最高1亿欧元或上一财政年度全球总营业额2%的罚款，两者竞合取高者；如果个人或企业实施了违反个人数据处理的一般性原则规定，包括没有满足同意的条件、侵害数据主体的数据权、违反跨境数据传输规定以及违反成员国法律规定的义务、不配合监管机构的调查等行为，则会面临第二档处罚，最高可处以2亿欧元或上一财政年度全球总营业额的4%作为罚款，且以高者为准。①

《一般数据保护条例》制定之初，个人信息的形式化告知曾在实务界饱受争议，立法者亦认识到信息使用者可能利用法律漏洞上下其手，因此，制定了严格的告知规则，以敦促信息使用者恪守信息利用准则与职业纪律。在告知内容与形式上，要求信息使用者须以简洁、透明、易懂、方便的语词明确告知信息主体收集、存储、利用个人信息的事宜，倡导以书面方式为之，适当情况下以电子方式提供。同时，告知形式亦保留了一定的弹性空间，即在信息主体提出要求并明确其身份的前提下，允许口头告知。② 鉴于基本个人信息与非基本个人信息之分，《一般数据保护条例》设置了分层告知模式，将信息主体在信息使用者收集、利用其个人信息过程中需知悉的必要事宜列入"基本告知事项"，而基于确保信息收集、利用符合目的的事宜则被归入"深入告知事项"。如何确定告知的时间点时告知规则的另一要点，对此，《一般数据保护条例》区分了三种类型来为信息使用者设置告知义务：其一，在取得个人信息后的合理期限内，允许顾及个人信息处理的具体情形，但不得超过一个月；其二，如果所获取的个人资料是用作与信息主体进行通讯，则最迟应在首次与信息主体进行通讯时告知；其三，如果收集个人信息的目的是向第三方披露，最迟须在首次披露时告知信息主体。③ 然而，根据匿名化规则，已识别的

① See *General Data Protection Regulations* (GDPR), Article 83(5).

② See *General Data Protection Regulations* (GDPR), Article 12(1).

③ See *General Data Protection Regulations* (GDPR), Article 14(3).

与自然人无关的信息不受告知义务的限制。①

信息使用者履行告知义务后需就其收集、利用个人信息的行为征得信息主体的同意,《一般数据保护条例》亦主张落实信息主体的知情同意保障规则。《一般数据保护条例》将同意(consent)解释为,信息主体通过声明或明确的平权运动自由地、具体地、知情地、明确地表达其同意他人处理与之相关的个人信息的意愿。② 可以看到,被告知(informed)被视为同意的内在要素,知情同意存在先后次序,先告知再同意。此外,《一般数据保护条例》设定的同意标准颇为严苛,如果在信息主体表示同意的书面声明中载明了其他事项,则应以清晰可辨的方式将同意与其他事务明显区别开来,并使用平实易懂的语词表示明确同意。同时,明定"声明"(statement)或"明确的肯定行为"(clear affirmative action)为法定同意表达方式。其中,"明确的肯定行为"指信息主体自由、具体、知情地明确表示同意处理与其有关的个人信息,例如书面陈述、口头陈述、在浏览互联网网站时勾选方格、选择资讯社会服务的技术设定等行为。③ 这就排除了信息主体以沉默、不发表意见、无作为等视作同意表示的模糊情形,此外还以承担证明已取得信息主体同意的责任加重信息使用者的负担。值得注意的是,《一般数据保护条例》并未将同意称为一种权利,只是将之确定为应受保护的个人信息法益。从法律条款来看,欧盟推崇严厉的知情同意原则,强化了个人的信息自主控制权,严格规范了信息利用者的行为,但这一原则却因消费者很难理解信息使用者设计的冗杂艰涩的隐私政策而在实践中屡屡失灵,进而使得同意原则虚置,信息自决权名存实亡。

个人信息自主控制在欧盟个人信息保护体系中贯穿始终,《一般数据保护条例》的核心要务亦致力于彰示这一重要原则,因此,欧盟力图将个人信息权打造为一项强制性权利,有观点表明欧盟的信息权利实际上是一种特殊种类的消费者权利。经多次删改后得以确立的信息可携权

---

① See *General Data Protection Regulations* (GDPR), Whereas (26).

② See *General Data Protection Regulations* (GDPR), Article 4(11).

③ See *General Data Protection Regulations* (GDPR), Whereas (32) & Article 7.

(data portability)增强了欧盟公民对个人信息的控制,赋予了他们更高的信息自主权。何谓信息可携权?其指信息主体有权通过控制器或机器可读的格式获得曾提供给他人的关于自己的个人信息,并有权在技术可行的情况下,不受阻碍地将这些信息从信息存储方直接传输给另一信息使用者。[①] 举例来讲,作为信息主体的甲有权利用技术手段获取其之前同意经营者 A 收集的与己相关的信息,也有权将这类信息直接从经营者 A 处转移至经营者 B。在概念层面上,信息可携权可分解为取得权与转移权。信息主体合法取得的信息仅限于“有关他或她的个人信息”,若其个人信息中掺杂他人信息或已被匿名化处理,则不属于依法取得。而对于可转移的个人信息范围,《信息可携权指南》(*Guidelines on the Right to Data Portability*)进行了扩大解释,囊括了信息主体在知情情况下主动提供的个人信息以及信息使用者通过观测信息主体的活动获得的观察信息,如监测信息主体在搜索引擎中的历史检索关键词、位置信息等。[②] 同时,《一般数据保护条例》对信息可携权的行使设置了条件限制,即该权利不得适用于为社会利益或执行政府官方权力而进行的任务,不得对他人的权利和自由产生不利影响。需要指出的是,信息可携权在创新信息流通方式与信息共享层面具有积极意义,然而,由于过度强调将信息置于信息主体的绝对掌控下,其落实势必会对经营者造成冲击,引发多方信息使用者争夺、利用信息的矛盾,甚至可能损害社会经济利益。

在保护用户数据安全层面,《一般数据保护条例》关注企业数据合规问题。因企业在抓取用户数据、提供个性化广告服务等方面的行为可能会侵犯个人数据权利,欧盟当局将以《一般数据保护条例》作为法律依据,对不法利用用户数据的企业进行罚款。波兰 Bisnode 公司是第一家因违反《一般数据保护条例》关于企业数据合规规定[③]而遭受行政处罚

① See *General Data Protection Regulations* (GDPR), Article 20.

② See Article 29 Data Protection Working Party: *Guidelines on the Right to Data Portability*, 16/EN, WP 242 rev. 01, pp. 9 – 10.

③ *General Data Protection Regulations* (GDPR)第 14 条规定:当个人数据并非从数据主体处获得时,数据控制者应当及时提供数据处理的目的及法律依据、涉及跨境处理时的具体情形、控制者自身的信息以及数据接收方的相关信息,并且还应当告知数据主体其具备的申诉权及数据保护部门的联系方式。

的企业。波兰 Bisnode 公司是一家信息经纪公司,以市场营销作为主营业务,其业务核心即是收集、抓取数据,再将数据进行技术处理后形成商业报告向客户发送。在数据采集过程中,Bisnode 公司获取了数百万位企业家及独资企业主的姓名、身份证号码、商业活动信息等个人数据,因 Bisnode 公司所抓取的电子邮箱(约 68 万)仅指向了部分数据主体,为履行《一般数据保护条例》规定的通知义务,Bisnode 公司向已知的电子邮箱发送了个人数据获取与利用告知邮件,但由于未通知至绝大多数相关数据用户,且亦未从已告知的用户群体中得到同意的意思反馈,虽然 Bisnode 公司随后通过其网站发布了一则告知声明,意图以此通知未进行邮件告知的数据主体,依然无法阻却其对《一般数据保护条例》有关企业收集数据应符合的规范的违背。因此,2019 年 3 月 15 日,波兰数据保护办公室(the Personal Data Protection office,PDPO)依据《一般数据保护条例》的相关规定,对 Bisnode 公司处以 22 万欧元的行政罚款。[①]《一般数据保护条例》之所以设置企业数据合规规范,实质是希望通过对数据控制者课以义务的形式来保护个体的数据权利。基于"个人—企业"数据二元结构[②],企业因其充足的人财物力,在数据挖掘、数据加密等方面存在明显的技术优势,与个体相比,企业的保护能力得以突出体现,由企业担任个体数据权利的"守卫者"将使权利维护成本大为减少,亦在一定程度上降低了侵害用户数据权事件发生的概率。同时,对于企业所获取的用户数据,一般是具有交换价值与技术可行性的数据,而法律规定只要采集合法、经过匿名化处理[③]并满足其他特定条件,某些数据可由企业进行商业利用以获益,不同企业间也可进行数据共享。基于此种限定方式,由企业利用技术手段抓取的数据,其规则设置以及权属划分因没有一个明确的语境前提,究竟是属于产权还是财产权,仍然存在争议。于此,若配置给企业的义务与责任过重过严,可能会适得其反,须知作为理

---

① 参见卓丽:《GDPR 下企业数据合规问题及对策分析》,载《北外法学》2020 年第 1 期。

② 姚佳:《企业数据的利用准则》,载《清华法学》2019 年第 3 期。

③ 如果是在经营者信息收集活动完成后,并仅由收集信息的经营者利用的情况下,是否匿名便显得不重要,但转让、对外提供的过程中则应当注意匿名化的重要性,匿名化后应确保无法识别特定个人且不能复原。

性市场主体的企业以追求利益为宗旨,强行维护公共利益而放逐个体私利,难以对企业形成有效的制度激励,保护用户数据权的原初目的可能会大打折扣,甚至可能影响数据的自由流通。

被遗忘权与网络环境紧密相关。《一般数据保护条例》将被遗忘权(right to beforgotten)予以明文化亦旨在赋予信息主体更有效地控制其个人信息的权利基础。早在《数据保护指令》中就已出现对信息主体要求查阅、纠正个人数据的规范,如数据不完整、不准确或存储方式不合法,信息主体可以向已获披露的信息使用者发出通知,要求其进行数据修正、删除或封锁。[①] 欧盟法院通过 *Google Spain v. AEPD* 案确定了信息主体享有数据保护法上的删除请求权,判决指出,关于对"不充分、不相关(或不再相关)、过分的(超出其最初处理目的)"的数据,数据主体享有请求网络服务运营商删除链接的权利。该案还限制了被遗忘权的适用范围,要求搜索引擎经营者移除特定检索结果及其联结,而非全面删除网络上的相关信息,可谓对确立被遗忘权提供了司法实践支撑。[②] 循此,《一般数据保护条例》以被遗忘权明确了《数据保护指令》中的模糊权利规定,并进一步规范了权利的适用条件。详言之,符合下述理由之一,信息主体有权要求信息占有者删除有关他或她的个人信息,而信息占有者有义务及时删除:(1)就收集或以其他方式处理个人信息的目的而言,该个人信息已不再必要;(2)信息主体可以撤回之前为达成一个或多个特定目的而处理个人信息所表示的同意,且该信息处理并无其他法律依据;(3)第 21 条第 1 款所述的信息主体对信息处理提出异议,且该处理并无凌驾性的合法理由,或信息主体直接依据第 21 条第 2 款对该处理提出异议;(4)个人信息曾遭非法处理;(5)因信息管理者履行欧盟或成员国法律所规定的法律义务而必须删除的个人信息;(6)个人信息已据第 8 条第 1 款以提供社会服务为由被收集,经其监护人同意而处理儿童个人数据的。[③] 行使被遗忘权坚持的是通知与删除程序,即数据主体在

---

① See Directive 95/46/EC of the European Parliament and of the Council Article 12(b)(c).

② See *Google Spuin SL v. Agencia Espnola de Protection de Datos*(*AEPD*),Case C – 131/12,[2014] E. C. R. I – 317,EU:C:2014:317.

③ See *General Data Protection Regulations* (GDPR),Article 17(1).

发现网络上出现错误的、不充分的个人数据时应当先拟定具体的删除要求,并在最低限度范围内提供证据,据此网络服务运营商才有可能进行利益衡量,以决定是否删除搜寻结果,此间涉及数据主体、数据收集主体、数据利用主体、社会等多方利益主体,需仔细权衡行使被遗忘权对不同利益主体的影响。

出于明晰被遗忘权行使的可能场景以及辨析与之相互交叠的权利,欧盟数据保护委员会(European Data Protection Board,EDPB)①在2019年12月2日发布《关于GDPR中搜索引擎语境下被遗忘权标准的准则(第一部分)》[*Right to be Forgotten in the Search Engines Cases under the GDPR* (part 1),法令编号为Guidelines 5/2019],列示了数据主体请求行使被遗忘权的条件与除外条款,法令保护数据主体行使表达和信息自由的权利,对删除权、更正权、撤回权、反对权、从列表移除权等与被遗忘权相近的权利进行了区分。欧盟数据保护委员会在《一般数据保护条例》从纸面法到行动法转换的过程中发挥了至关重要的作用。保证欧盟数据保护规则的统一适用是欧盟数据保护委员会的主要任务,为此,其结合行业特点以及需要重点监控的领域发布了多项配套指南、意见、决定、报告,通过软硬交织的弹性执法机制以及"一站式"执法方式使《一般数据保护条例》得以顺利落地,达到保护欧盟公民和统一市场的规则目标。欧盟各成员国亦致力于将《一般数据保护条例》转变为国内法,将其融入现行本国法律体系中保护国民的数据利益。② 同时,长臂管辖条款作为《一般数据保护条例》设立的一项既有特色又有争议的规则,类似于美国的长臂管辖权,但局限于规制关涉欧盟公民个人数据的跨境流动。这一条款将执法边界向他国延伸,使执法机关的执法负荷加大,加剧了执法资源的稀缺与执法负荷的繁重,虽然扩张了执法领域,但执法效果却令人担忧,尤其是导致互联网产业蓬勃的盟外企业将产生激烈的动荡。对于个人数据跨境传输,《一般数据保护条例》根据充分性认定设置了"白名单",欧盟以外的其他国家、

① 欧盟数据保护委员会是在欧盟层面设立的独立机构,替代了此前《数据保护指令》下的第29条工作组(WP29)。

② 参见许可:《欧盟〈一般数据保护条例〉的周年回顾与反思》,载《电子知识产权》2019年第6期。

地区或国际组织只有被列入“白名单”内，欧盟境内的个人数据才能够向其传输转移，而不再需要其他任何特别授权。但充分性认定十分严格，需要满足多重标准，且欧盟在认定程序中拥有较大的自由裁量权。[①] 如果未能进入“白名单”，实现欧盟境内的个人数据的跨境传输则需要通过协议审核、行为准则保障、必要性测试、偶然性判定等较为烦琐的流程以满足《一般数据保护条例》规定的个人数据跨境传输的合法要件。[②]

总体来看，欧盟在个人信息保护维度的法律措施越来越严格，这些措施的制定和实施均围绕着一个核心——不断强调信息主体的控制权，并将其上升至基本权利的高度。《一般数据保护条例》这一“史上最严格的统一个人信息保护法案”展现了欧盟对个人信息的高保护标准，AIQ 案发出的首张《一般数据保护条例》执行通知更显示了其严厉惩处侵犯个人信息行为的执行力度，并借此获得广泛认可与遵循。[③] 值得肯定的是，《一般数据保护条例》的条款设计以风险思维为导向，去标记化、

---

① 《通用数据保护条例》关于充分性认定的具体规定为：“在评估保护水平是否充分时，欧盟委员会应特别考虑下列因素：(a)法治、对人权和基本自由的尊重、一般性和部门性的相关立法，包括公共安全、国防、国家安全和刑法以及公共当局获取个人数据的途径，以及此类立法、数据保护规则、专业规则和保安措施的执行情况，向在该国或国际组织遵守的另一第三国或国际组织转交个人资料的规则、判例法、有效及可执行的数据主体权利，以及为其个人资料正被转移的数据主体提供有效的行政及司法救济；(b)存在第三国或某国际组织所属的一个或多个独立监管机构，且该机构能够有效运作，负责保障和执行数据保护规则，包括适当的执法权力，协助和建议数据主体行使其权利，并与成员国监管机构合作；(c)有关第三国或国际组织已作出的国际承诺，或因其参与多边或区域组织签订的具有法律约束力的公约或文书而产生的其他义务，特别是与保护个人数据有关的义务。”由此可见，充分性认定的门槛和标准较高，全球目前仅有少数国家获得了欧盟充分性认定。See General Data Protection Regulations (GDPR), Article 45(2).

② 参见孙海鸣：《GDPR VS 加州隐私法：欧美这两部个人数据保护法规有什么差异?》，载搜狐网，https://www.sohu.com/a/316058079_786964，2019 年 12 月 28 日访问。

③ AIQ 公司从英国众多政治机构处获得了英国国民的个人信息数据，并在 2016 年 6 月 23 日的英国脱欧公投前代表脱欧游说组织 VOTE Leave 对 Facebook 上的潜在投票人的电子邮件地址投放了针对性的脱欧广告，以影响其在脱欧公投上的态度和投票决定。英国信息监管机构以非法分析、处理公民个人数据并影响政治竞选为由，向 AIQ 发出首张 GDPR 执行通知，要求其在限期内作出整改，否则将面临 2000 万欧元或全球营业额 4% 的巨额罚款。参见范睿：《欧盟〈一般数据保护条例〉(GDPR)首例执行通知案介评》2018 年 9 月 28 日，载搜狐网，http://www.sohu.com/a/256807375_652123，2019 年 12 月 17 日访问。具体执行通知参见 Investigation into the use of data analytics in political campaigns, available at https://ico.org.uk/media/action-weve-taken/2259371/investigation-into-data-analytics-for-political-purposes-update.pdf。

匿名化技术手段为解决信息安全问题,促成个人信息的合规审查提供支持,也迫使经营者必须重视消费者的个人信息权。对于个人信息的救济,《一般数据保护条例》认为个人信息的专业性强,一般行政机构难以处理,因此,要求被侵害主体先向信息监管机构提起申诉,若对申诉结果不满可再行向法院提起申诉复议或司法审查。同时,《一般数据保护条例》通过赋权的形式为信息主体在权利受侵犯时开辟更多的救济路径,即在信息流转的环节中赋予信息主体知情权、选择权、可携权、被遗忘权等权利,以强化信息主体对其个人信息的控制权,亦为其展开司法救济提供法律支持。根据获取个人数据的方式,《一般数据保护条例》承认消费者拥有不同程度的控制权,并以个人数据与数据主体的现实关系为标准,将可识别的个人数据分为由客户直接供给的强关系数据、观察或推断消费者生活得到的中间关系数据以及预测得知的弱关系数据,每类个人数据都是不同个体权利的表现。据此,数据可携权仅用于强关系数据,而不向弱关系数据提供控制权限。同时,被遗忘权、不受自动分析影响的权利等其他权利也平衡了消费者和经营者之间的信息不对称。

然而,欧盟委员会在评估报告中披露,投入诸多人力、物力和财力才得以成就的《一般数据保护条例》在实际运行上仍然遭遇了难以避免的局限,对欧盟企业乃至欧盟整体经济造成的负面影响不容小觑。首先,法律赋予了公民对其个人数据的绝对掌控权,公民对其数据权利的关注度空前高涨,即使在数据抓取技术不断更新换代的基础上,信息处理者的收集成本仍频频加重,且数据保护官在全球范围的成倍增加使企业的合规成本直接上涨,致使以收集用户个人数据,分析数据了解消费者喜好来推送定向广告为主要利润来源的科技企业遭到重创。权利的赋予不是绝对的,各种权利所享有的空间都有一定的范围且受相关条件的影响,而对信息主体的赋权在一定程度上相当于在信息流通的不同环节安装“控制阀”,很有可能阻滞信息正常流动与共享。其次,以超大数额罚款为主的执法惩戒模式很难合理有效威慑企业的不法信息行为,因被发现、查处概率和社会危害程度两个威慑理论成立的核心变量均难以证成,同时,罚款作为利益损失会被企业转移至外部或消费者,最终受影响的仍是欧盟整体经济。最后,过度重视个人信息保护而忽视了行业的特殊性,反而可能造成资源配置不均。行业信息在行业群体内外的分布不匀,加上新技术的开发、新应用的普及遭到阻碍,将极大可能限制产业向着纵深方向拓展,抑制企业的创新活力,反而使个人信息安全保护的难度加大。

(四)日本模式:混合式保护

日本是一个传统的和文化民族,在民族文化环境的影响下,国民权利意识薄弱,即使权利被侵犯,也常常选择隐忍,不会主动寻求救济。加之产业结构调整不畅,致使日本信息化改革步伐缓慢。随着信息通信技术的飞跃式发展,私营数据库发展壮大,垃圾邮件泛滥、信息买卖事件频发、病毒攻击型信息外泄反复发生、网络骚扰事件、金融诈骗时常公诸报端,引发了公民的强烈不安,面对个人信息危机,个人和家庭积极采取防预措施,如不轻易打开不明邮件、不轻易上传个人信息,但收效甚微。于是,国家机关以法律法规的形式介入个人信息保护,并通过最高法院的判例将个人信息作为隐私权的客体接受宪法保护,但仅将保护个人信息停留在消极性的自由权层面。总体上,日本个人信息保护法律体系融合了欧美特色,又与国情融合显现出自身特点。

在法律文本上,1980 年出台经济合作发展组织理事会《关于隐私保护与个人资料跨国流通的指南建议》,首次针对个人信息问题作出了法律回应;1988 年公布《有关行政机关拥有的电子计算机处理的个人信息保护法》,用以规范政府部门处理个人信息的行为;1999 年开始着手研究关于个人信息保护的专门法律,国会于 2003 年通过《个人信息保护法》,2005 年正式施行。之后,互联网技术发展带来了新的信息问题,特别是企业对消费者个人信息的滥用,促使日本在 2015 年大幅修订《个人信息保护法》,并于 2017 年开始实施。可见,早先日本个人信息保护是通过部门立法来实现,没有更高层次的统一立法,直至《个人信息保护法》问世才弥补了这一缺漏。

日本《个人信息保护法》以保护个人利益、促进个人信息的适当和有效利用为目标,认为人格与个人信息密切相关,个人信息处理业者[①]必须

① 《日本个人信息保护法》(個人情報の保護に関する法律)(平成十五年法律第五十七号颁布,平成三十年法律第八十号修订)对信息处理主体统称为“个人信息处理业者”。

在尊重个人人格理念的基础上慎重对待个人信息,同时,为了维护私人的生活安宁与人格自律,主张人人都应有权决定是否向他人公开、允许他人利用或向其提供与己相关之信息。法案并非一部简单的赋权法,而是以承认有效利用个人信息为前提来保护国民的个人信息不受损害。尤其值得注意的是,法案专门定义了个人信息的内涵,规定其指与生存的个人有关的信息,如出生年月日、语音、动作、图像电子记录等。除此之外,还特意对个人数据的概念进行了阐述,指构成个人数据库的个人信息。① 这一概念与美欧法律中的个人信息相差甚远。法案布局以及内容更多涉及对个人信息持有者和处理者(多为企事业单位)行为的规制。详言之,法案要求个人信息处理业者不得超出既定目的来使用个人信息;②禁止信息持有者以不正当方式获取个人信息;③在利用过程中确保信息内容的正确性,并根据信息主体的要求随时更新;④信息持有者负有保证所掌握的个人信息安全的义务,应采取措施防范信息泄露、毁坏;⑤禁止未经信息主体同意而将个人信息披露给第三方;⑥时刻就个人信息的公开、保存、使用等问题与信息主体保持联系,维护信息主体的知情权和参与权。⑦ 另外,法案设置主管大臣制度,若个人信息处理业者因处置个人信息出现问题或涉嫌违法,主管大臣有义务进行指导、劝告、纠正。⑧

① 参见《日本个人信息保护法》(個人情報の保護に関する法律)(平成十五年法律第五十七号颁布,平成三十年法律第八十号修订)第2条。

② 参见《日本个人信息保护法》(個人情報の保護に関する法律)(平成十五年法律第五十七号颁布,平成三十年法律第八十号修订)第15条。

③ 参见《日本个人信息保护法》(個人情報の保護に関する法律)(平成十五年法律第五十七号颁布,平成三十年法律第八十号修订)第17条。

④ 参见《日本个人信息保护法》(個人情報の保護に関する法律)(平成十五年法律第五十七号颁布,平成三十年法律第八十号修订)第19条。

⑤ 参见《日本个人信息保护法》(個人情報の保護に関する法律)(平成十五年法律第五十七号颁布,平成三十年法律第八十号修订)第20条。

⑥ 参见《日本个人信息保护法》(個人情報の保護に関する法律)(平成十五年法律第五十七号颁布,平成三十年法律第八十号修订)第23条。

⑦ 参见《日本个人信息保护法》(個人情報の保護に関する法律)(平成十五年法律第五十七号颁布,平成三十年法律第八十号修订)第26条。

⑧ 参见《日本个人信息保护法》(個人情報の保護に関する法律)(平成十五年法律第五十七号颁布,平成三十年法律第八十号修订)第33、34条。

实践调研表明,《日本个人信息保护法》实施后在金融、电子商务等行业确立了合规标准,规范原先凌乱无序的个人信息保护状态,与此同时,提升了国民的个人信息保护意识,引领了传统商业模式的革新。如同硬币的两面,在宣扬正面意义时也应当看到法案施行的负面效应。信息社会中的每个个体都有着多重身份,既是自我信息的拥有者,也是他人信息的保存者,更是信息传播者。在人们竞相实现个人价值的过程中,不可避免地会接触到他人的个人信息,也可能会无心披露给第三方。法案的实施虽意在保护个人信息,但也让个体的自由表达有了后顾之忧,一定程度上束缚了社会的多元发展。信息泄露事件的曝光将矛头直指企业,为了预防或转嫁信息危机,企业在工作场合安装多个监控设备,严密监视职员的一举一动,虽持有正当理由,但却侵犯了普通职员的个人信息,引发矛盾。此外,《日本个人信息保护法》面临操作危机。个人信息的利用场景更加多样化,利用技术发展势头与日俱进,如何区分合法利用与非法利用,怎样引导合理利用?个人信息保护在金融、通信、医疗等特殊领域又如何开展?现行法案并未给出解决方案。

在法律体系上,个人信息保护相关法律分为公私两大版块。私人领域版块由《日本个人信息保护法》《个人信息保护指南》组成,公共领域版块则包含《行政机关个人信息保护法》《独立行政法人个人信息保护法》《个人信息保护条例》。

与欧盟不同,日本保护个人信息注重行业自律的功能。大量且相继发生的个人信息泄露事件不仅损害了信息主体的权利,还影响了企业的声誉,进而造成客户流失,经济利益减损。为此,企业意图通过联合的力量来规避这一风险,政府表示赞同和鼓励。1998 年,日本出台《关于电信产业个人信息保护的指导方针》,该方针并不强制要求电信产业或产业联盟加入,而是充分尊重其自主选择权,采取自愿加入原则。同时,依据方针要求设立的“个人数据保护注册中心”亦遵循自愿原则。[①] 为了配合政府执法,日本引入了民间认证制度,旨在设置一套外在评价标准

① 参见吴晓平:《新媒体语境下国外个人信息失控与保护研究》,复旦大学 2014 年博士学位论文。

促使企业积极采取有效的个人信息保护措施,在此提升本企业在行业中的形象与商业信誉。①

日本个人信息保护的监督机构在职能上具有特殊性。最初按照《个人信息保护法》要求设立个人信息保护委员会,作为处理个人信息事务的最高机构,专职处理申诉案件;随后,因信息公开法律要求,曾设与个人信息保护委员会并行的信息公开审查会;后来,因法律整合、组织机构精简,由内阁出面将前述二机构合并,新设信息公开与个人信息保护审查会,负责为处理个人信息保护时无法抉择的事项提供咨询建议。可知,审查会的定位是咨询机关,无权作决策。

(五)既有消费者个人信息权保护模式评述

美国法律将消费者知情权视为个人信息权益的性质,用户不一定享有所有的信息相关权利,但其具有关于信息披露上的一系列权利,如知情权、同意权等,反而在某种程度上使之成为个人信息保护的一个雏形。美国消费者个人信息权保护以隐私权为基础,作为一项防御型权利,当已然造成实际损害后果时方才能促发其保护机制,更倾向于一种事后救济,而忽略了事前与事中的适时保护。因联邦与州的分立使得两个层级的立法相互独立,显得较为涣散,这也便造就了保护消费者个人信息权的分块式格局。不论立法级别为何,至今为止尚未拟定统一的个人信息保护专门法案,但联邦以及州制定的部分法案中却设有关涉个人信息保护的条款,由此可知,美国事关消费者个人信息权法律保护的宽泛性特征。同时,美国立法机构认为,与私主体相比,公权对个人信息更具威胁,虽然其就消费者个人信息权保护领域划定了公私界线,但在防御措施的规划上显然更注重对公权领域的规范。如若长期为之,确实能够起到规制公权不当侵害个人信息权的作用,然而,因其刻板地偏重一隅,缺乏整体集中协调的视角,很可能在制度适用层面与私主体产生摩擦。

日本消费者个人信息权保护模式是美国分块保护模式与欧盟统一保护模式的交叉融合。日本早在2005年便开始在全国范围内施行《个人信息保护法》,是世界上少数几个设立个人信息保护统一立法的国家之一。

① 参见谢青:《日本的个人信息保护法制及启示》,载《政治与法律》2006年第6期。

以整体视角观之，日本以抵御公权机关对个人信息的滥用为出发点，着重区分公权领域与私权领域对消费者个人信息权的侵害。在行为规制上，日本对公权机关侵害信息权利采取严格态度，以严厉的法律规定予以规制，但针对私主体的信息侵害行为则倾向于以行业自律的形式进行规范。可见，《日本个人信息保护法》是日本保护消费者个人信息权的基本法，在此基础上区分公私领域并就不同领域的信息侵害行为分别采取相应的措施予以规范。这一表面上看似完备的保护结构实际上却藏有风险隐患，例如，基本法的实践阶段如何因应多元化的个人信息利用情景？以自我调控为核心的行业自律手段如何确保处置信息侵害行为过程中的公正性？

无论是《关于个人数据自动化处理的个人保护公约》，还是《数据保护指令》，抑或是《一般数据保护条例》，欧盟一直努力通过主动、强制的公法机制来建构“指导性行业标准 + 强制性法律规范”的双层规范体系以及“企业自我规制 + 政府规制”的双重治理体系。[①] 作为个人信息保护的最新成果，欧盟力求通过《一般数据保护条例》这部经济性与行政性兼具的、统一的个人信息权保护法案来实现对成员国制度实践的指导。由于《一般数据保护条例》既关注公权对个人信息的侵犯，又未忽视私主体的侵害行为，被欧盟视为是一套全方位的个人信息保护机制，因而力倡成员国依照法案要求切实履行。但这种“一刀切”的强制手段，剥夺了成员国的话语权，亦枉顾各成员国信息法治环境的特殊性，在制度实施阶段可能遭遇阻碍。此外，虽然《一般数据保护条例》将公权机构与私权主体区别开来，分别制定了行为规制条款，但对于获取信息主体的同意、因公共利益而豁免等核心要素并无实质性差异。换言之，无论公权机构还是私主体收集、利用个人信息都需要征得信息主体同意，公共福利是违法阻却事由，公私主体因增强公共利益而采取的处理个人信息的行为受到法律豁免。欧盟强调“一站式服务”的立法原则，但过于细致的规定更可能限制法律的动力，数字化时代变动速度加快，固化的法律很难适应时代变化，而频繁修法却有损法律权威，进而导致保护个人信息的“旧法”

---

① 参见高富平：《个人数据权利保护和利用国际规则：源流与趋势》，法律出版社 2016 年版，第 123 ~ 124 页。

无法因应新时代下的个人信息侵害行为。因此，欧盟的统一立法虽然严格保护了消费者个人信息权，但却限制了个人信息的自由流通，且其本身的滞后性亦使固化的规制措施难以跟上信息时代的步伐。

我国现行个人信息法律保护框架依托知情同意机制而设，规制重心聚焦于非法收集行为而非滥用行为，总体上呈现多头迭出之态势，多部门法并列的形式，即宪法、民法、刑法等部门法均或多或少设有关于保护个人信息或规制不法信息行为的规定。由于对法律义务欠缺明确统一的规定，各部门法在个人信息保护领域就一些基础性问题难以达成共识，部门法与部门法之间存在诸多不衔接、不协调的问题，面临具象化的信息困境时难以及时定位到准确的、可适用的法律规范，致使保护没有达到应有的效果。即使各部门法的侧重点不一，但总体呈现明显的宣示化色彩，且由于倾向性保护的面向不同，可能涉及重复保护的问题，在缺乏内在一致性的同时造成法律资源滥用。尽管如此，依据部门法特色制定的保护个人信息权规定实际上体现了公私两域的规制分立。详言之，公法意味浓郁的宪法和行政法对保护个人信息权的规定突出了对公权侵害行为的规制，而民法、消法等私法在设计个人信息权保护条款时则会更多考虑到私主体对个人信息的侵害。在执法层面，县级以上行政机关即拥有执法权，权力下放使执法人员的专业性较为薄弱，进而导致执法不统一。随着执法不统一问题日益严峻，执法的仓促性、事后性、被动性、临时性被放大，在运动式执法样态下，承受繁重执法负荷的执法人员所为的执法行为导致的执法效果往往备受诟病，同时，执法资源难以得到适恰的配置，致使执法成本节节攀升、执法效率不断降低，公民的执法认同感受到压制，降低了公民对规则的可预期程度。对此，我国究竟是借鉴《一般数据保护条例》的"一站式"执法模式，抑或是创设多机构一致执法模式仍是一个有待认真考量的问题。

我国信息法治体系在逐步完善的过程中，但信息交换/流动标准未臻统一，法治实践仍存有诸多难题，设置信息安全监管体系，强化个人信息现代化治理能力，构建和修复完备的、具有中国特色的信息法治系统既需借鉴域外行之有效的制度实践，又要关照本国实情。《一般数据保护条例》作为一部业已成熟的个人信息保护法律，具有不可否认的制度优势,对亟待完善的中国个人信息治理体系具有相当突出的参考意义。知情同意原则这一《一般数据保护条例》的王牌原则,实际上根源于风险社会理论,力求促使信息主体由被动走向主动,实现自由驱动信息以防控信息安全风险、操作风险。由其衍生的撤销权不具有溯及既往力,即行使撤销权之前的所有信息处理行为仍是合法的。受中国传统农耕文化的熏陶,熟人社会的社群关系维系主要依靠信息交换,信息互通的日常化、个人信息的公开化更是直接将个人置于毫无保留的透明空间,个人信息保护观念淡薄。同时,在互联网已成为推动中国经济发展的强大动力的背景下,以依托增值服务、广告投放为营利来源的互联网商业模式蓬发,而知情同意原则在其间的可操作性却大为减损。[①] 我国法律语境下知情同意原则中的"同意"类似于知识产权许可使用的同意,即信息主体同意的是他人对其个人信息的使用,并非向他人转让相应的个人信息权利,体现了浓重的物权保护思维。[②] 然而,经营者获取信息主体同意的最终目的并不仅仅是简单地使用其个人信息,而是希望得到信息主体的授权进一步加工、处理个人信息以充分采掘其中的财产价值,进行商业化利用。这种在信息主体与信息处理者之间形成的认知与理解差异不是偶然,而是利益所趋下的必然,于此背景下,知情同意原则可能更多的只是一种价值宣示。同时,对于个人信息中同意的法律性质,我国法律文本既不认为是一种使用许可,也不认为是一项授权,因为个人信息并不是一项我国法律明确确定的权利,只是一种法益,而法益不能产生权利许可的效果,且我国并未在个人信息中设置笼统的使用决定权,信息主体则不能通过同意许可他人使用。依循这一逻辑进路,同意只能产生阻却信息使用者行为违法的法律后果,而不具有授权使用的法律效果。信息主体的同意行为并未放弃其个人信息受法律保护的利益,也没有为信息使用者创设更广阔的

---

① 参见方禹:《个人信息保护中的"用户同意"规则:问题与解决》,载《网络信息法学研究》2018 年第 1 期。

② 我国台湾地区"个人资料保护法"第 7 条也认为同意应被理解为允许使用,其规定:"第十五条第二款及第十九条第一项第五款所称同意,指当事人经收集者告知本'法'所定应告知事项后,所为允许之意思表示。第十六条第七款、第二十条第一项第六款所称同意,指当事人经收集者明确告知特定目的外之其他利用目的、范围及同意与否对其权益之影响后,单独所为之意思表示。"

利用自由。如若强行将同意理解为信息主体对信息使用者的授权,既不符合《民法典》对个人信息保护的定位,也偏离了国际社会关于个人信息保护的普遍认识。

被视作《一般数据保护条例》制度亮点的信息可携权与被遗忘权是否具有与中国法律制度融合的可能性呢?值得肯定的是,数据可携权作为一种积极性权益,其实施使得信息主体的意见占据上风,为了保留用户,网络服务经营者不得不尽可能地提供用户满意度更高的服务,致力于制定用户更易于理解的知情同意条款,反而有利于实现有序竞争、开放市场,达到保护个人信息权所希冀的效果。遗憾的是,信息可携权与被遗忘权在中国饱受争议。基于中国制度现状,理论界对数据可携权的适用问题仍争论不休,法律法规也未明确设置这一权利。《一般数据保护条例》赋予了信息可携权合法的抽象人权地位,这一人权在中国的施行需将其归入具体的民事权利类别中。信息可携权是一种兼备多重属性的复合型权利,生命权、自由权、人格权等单一民事权利不能完整涵盖其权属特性,而上位权利"信息自决权"的法律定位亦不清晰,进而致使该项权利陷入定位和归类困境。① 信息可携权的行使不仅涉及信息主体的利益,还涉及相关联的其他主体的利益,以及社会整体利益。依照《民法典》规定,自然人享有在信息处理者处查阅复制其个人信息的权利,也有权依法查询其信用评价,由此确立了查阅复制权。值得思考的是,查阅复制权是否可被视为中国法律中的信息可携权?实际上,我国法律仅明确了信息主体可以依法查阅、复制个人信息这一结论,如何实现却缺乏程序性规定,例如,信息处理者是否需要收取合理成本、信息主体超出合理范围查询复制信息是否应支付对价、信息主体是否应当出示复制或查阅的理由,若理由不正当信息处理者可否拒绝复制查询请求。《一般数据保护条例》确立的信息可携权经过实践形成了一套较为完备的权利体系,包括可携权的构成要件、可携权分化后的二级权利、权利使用程序与限制等细分内容。由此可知,我国法律制定的查阅复制权与《一般数据保护条例》设立的信息可携权存有明显差异,因此,也不可因查阅复制

① 参见李蕾:《数据可携带权:结构、归类与属性》,载《中国科技论坛》2018 年第 6 期。

权在《民法典》中的确立而断言我国承认信息可携权。

被遗忘权是信息主体拥有的要求他人忘记已公开的、过去的与其相关的个人信息的权利。[①] 欧盟试图借由被遗忘权来加强信息主体在互联网环境下的信息控制权以及加重网络经营者的信息责任，但《一般数据保护条例》界定的被遗忘权与作为其主要行权手段的删除混淆难分，使欧盟法院对被遗忘权的适用态度难以统一。由于被遗忘权在我国的历史变迁路径不同于欧盟，其尚处于讨论状态，赞扬与批判不绝于耳，出于维护人格尊严、补强平衡言论自由的意图，构建被遗忘权的正当性得以证成，然而在立法上促成该项权利从应然到实然的突破还需考虑信息生命周期、公众自由表达的价值取向、与言论自由的相互补充和相互制衡、当事人的负面社会评价等因素，尤其是其与炙手可热的大数据、人工智能、区块链等新兴技术间的内生冲突。[②]《民法典》设立了删除权作为个人信息权益的权能之一，准允信息主体要求信息处理者删除其因违法或违反约定的处理方式而得到的个人信息。[③] 删除权适用于包括网络服务提供者在内的全部个人信息处理者，如若信息处理者确实实施了违法或违约处理个人信息的行为却拒绝信息主体的删除请求，信息主体可依法寻求司法救济，在请求与救济过程中，如果因未及时删除导致信息主体遭到损害，信息处理者承担相应的赔偿责任。因为信息主体信息获取能力、认知能力的局限性，即使发生信息主体错误行使删除权的情形，也不要求信息主体承担赔偿责任。正是鉴于我国法律对删除权的细致规范，国内学界多认为没有必要单独设置条文规定被遗忘权，主要原因有三个：其一，若网络上流传的信息涉及侵害信息主体的隐私权、名誉权等人格权益时，信息主体可以依据《民法典》规定行使要求行为人停止侵害、排除妨碍的请求权，包括要求网络服务提供者删除该信息或屏蔽信息相关链接。其

---

① See Bert-Jaap Koops, *Forgetting Footprints, Shunning Shadows: A Critical Analysis of the "Right to Be Forgotten" in Big Data Practice*, Social ence Electronic Publishing, Vol. 8, 2011, pp. 229 – 256.

② 参见薛丽：《GDPR 生效背景下我国被遗忘权确立研究》，载《法学论坛》2019 年第 2 期。

③ 参见《民法典》第 1037 条第 2 款："自然人发现信息处理者违反法律、行政法规的规定或者双方的约定处理其个人信息的，有权请求信息处理者及时删除。"

二，若信息主体发现信息处理者违反约定或法律法规收集、分析、处理其个人信息，有权根据《民法典》规定要求信息处理者及时删除。前述二情形对信息主体删除权的赋予几乎已经涵盖了全部应当删除个人信息的正当情形。其三，若允许信息主体无正当理由要求信息处理者删除其任意个人信息，极有可能出现故意扭曲真实信息，制造、传播虚假信息，致使公众知情权受损，甚至构成欺骗公众的不良后果。但信息主体使用删除权应慎重，在当下区块链技术日趋普及的社会中，区块与区块之间早已形成了基于信任且不能随意篡改、删除的链条，若强制删除存储于区块中的信息不仅可能产生高额的删除成本，甚至可能会因一条信息而打乱整个区块。

此外，中国法律语境下行使被遗忘权需要基于非法或不当事实，即个人信息收集利用的行为违法或收集利用的后果侵害了信息权利才会涉及被遗忘权，而《一般数据保护条例》对被遗忘权的适用则并无此项限制。有着“中国被遗忘权第一案”之称的任甲玉诉百度案表明了我国司法实践对待被遗忘权的态度，认为被遗忘权不是一种权利类型，而是一种人格利益，且还需证明受保护的正当性与必要性。[①] 还需要注意的是，在适当参照《一般数据保护条例》关于企业数据合规的规定时，应当考虑到中小企业为保护数据安全可能承受的负担，既需要求中小企业承担数据安全责任，也不可附加过度义务而压抑中小企业的正当发展空间。同

① “任某玉诉北京百度网讯科技有限公司名誉权纠纷”一案中，原告认为被告在搜索结果中将其与业内口碑不好的陶氏教育联系在一起，公众会误解其与陶氏还有合作，误导潜在合作伙伴、误导学生。同时，由于搜索结果中显示的负面信息已严重影响任某玉取得公司信任而无法工作，每月造成至少五万元的经济损失。因此，欲通过法院行使被遗忘权。法院认为，我国现行法中并无对“被遗忘权”的法律规定，亦无“被遗忘权”的权利类型，“被遗忘权”是欧盟法院通过判决正式确立的概念，虽然我国学术界对被遗忘权的本土化问题进行过探讨，但其不能成为我国此类权利保护的法律渊源。我国《侵权责任法》规定，侵害民事权益，应当依照本法承担侵权责任。行为人因过错侵害他人民事权益，应当承担侵权责任。由此可见，民事权益的侵权责任保护应当以任某玉对诉讼标的享有合法的民事权利或权益为前提，否则其不存在主张民事权利保护的基础。人格权或一般人格权保护的对象是人格利益，既包括已经类型化的法定权利中所指向的人格利益，也包括未被类型化但应受法律保护的正当法益。就后者而言，必须不能涵盖到既有类型化权利之中，且具有利益的正当性及保护的必要性，三者必须同时具备。任某玉依据一般人格权主张其被遗忘权应属一种人格利益，该人格利益若想获得保护，任某玉必须证明其在本案中的正当性和应予保护的必要性，但任某玉并不能证明上述正当性和必要性，其主张不予支持。参见北京市第一中级人民法院民事判决书，(2015)一中民终字第09558号。

时，面对奔涌而至的技术改革洪流，为新技术的开发和应用预留足够的空间有助于实现数据治理技术的提升。

二、公私兼济保护模式的法理机理

通过考察国内外不同的消费者个人信息权保护模式，可从中抽取出共同特征：从公、私维度规制侵害消费者个人信息权的不当、不法行为，救济受侵害的消费者。这一共性可称之为消费者个人信息权的公私兼济保护模式。从概念意涵上讲，公私兼济保护模式是指运用公权力量和私权努力共同规制发生在公有领域和私人领域的信息侵害行为，借助公私合作以强化消费者个人信息权的保护能力。

当个人信息被作为隐私权组成部分的时候，隐私权的绝对自治性使得个人信息自我决定、自主支配的观念占据主要地位，基于隐私权这一私法性权利，对个人信息的保护自然被纳入私法领域。随后，即便个人信息逐步从隐私中脱离，这种脱离努力仍然无法使得对个人信息的保护完全摆脱隐私权私法保护模式的深刻影响。无论是侵权保护，还是人格权保护，在私域中自主决定依旧是保护个人信息的主旋律。进入大数据时代，个体对其个人信息的支配能力一再受限，依托技术优势的信息侵害行为使得消费者通过私法路径的自我救济频频陷入力所不逮的窘境，消费者个人信息隐私在隐蔽之处被“正当”披露，甚至公开交易，迫切需要引入私法以外的更强有力的权利保护路径。与此同时，政府管理现代化要求收集、使用、处理大量公民个人信息以服务于政府开展公共服务的主导性目标。如此来看，个人信息似乎转变为了公共信息，保护个人信息是否便流于空谈？其实不然，公共服务机关对公民个人信息的收集、使用也涉及个人信息的权利保护问题，只是将运用范围延伸至公法领域，必然也会伴生公法措施介入个人信息保护的情形。以信息自决权的确立为起点，个人信息公法保护体系正式在德国设立。行政主动干预、行政全面控制、行政处罚等有代表性的公法保护措施无一不彰示着公权力在个人信息领域的膨胀与扩张。市场经济的发展经验表明过度行政干预将会引发经济病态，充分落实“管得最少的政府就是最好的政府”这一理论需要给予市场运转更多的自由度，市场机制自行发挥调节作用才能更有效地激发市场活力。可知，保护经济活动中生成的个人信息需要减少行政强制因素，多发挥市场自身所拥有的特质，使具体保护措施借助市场规律出现在权力触角不及的地带。然而，完全转向公法保护模式虽然能够在一定程度上消解部分私法保护模式的局限，但依然会发生诸多羁绊，如何规避公权利用强制力滥用个人信息、公然侵害个人信息成为最复杂、最严重、危害性最大的问题。在行政机关掌握海量公民个人信息的前提下，一旦发生权力寻租，政府失灵将会使个人信息权被侵害的现实可能性明显增大。制约不当公权力、监督公权力运作规范也是对个人信息的公权保护。①

无论对个人信息采取独立的私法保护模式还是公法保护模式，核心均在于调和不同种类利益的冲突，择其一进行保护可能会出现偏差，尤其是在公法和私法之间难有泾渭清渭界线的现代法律体系下，有效保护个人信息需要承认并建构一种衔接和协调公私法的保护模式。

公私兼济保护模式溢出传统私法借由隐私权保护信息隐私的路线，向公域延伸，形成跨越公私二法的复合性保护模式。这一模式认为消费者个人信息权的侵害主体包括行政部门、企业组织以及个人，单纯通过公法或私法途径来保护在某种程度上是片面的，不能达到周延保护消费者合法权利的宗旨，而公私协力共同处理事关消费者个人信息权的多重关系，能够缓冲不同领域角色之间的张力，显露制度意涵。鉴于此，公私兼济保护模式在法律法规的设置上，既有从公法维度保护消费者个人信息权的法律规定，又有基于私法契约的法律文件。

就公私兼济保护模式本身来讲，其历经公私二元对立到公私兼顾的悄然演变过程，有着厚重的法理根基。自罗马法学家乌尔皮亚奴斯以法律规定的是国家公务抑或个人利益为标准将法律划分为公法和私法起，公权与私权的纠葛从未停息。在初始阶段，公私法的二元对立说确立了公权与私权互不相干的关系，对立说被乌尔比安在《学说汇纂》中肯定，

① 参见王学辉、赵昕：《隐私权之公私法整合保护探索——以“大数据时代”个人信息隐私为分析视点》，载《河北法学》2015 年第 5 期。

"公法造福于公共利益,私法涉及个人福利"。[①] 从根本上讲,对立说体现了罗马社会发展过程中国家与个人的利益对峙状态。公法所欲实现的是分配正义,而倡导平等、自由、意思自治的私法以对等正义为目标。在不同的利益观指引下,公法和私法各自发展出不同的权利体系。个人主义学说作为对立说的学理支撑,以个人是唯一真实的存在、人人绝对平等、理性决策力是个人与生俱来的特质为基本观点,坚持万事以个人私利为先,强调满足个人主观目的就是实现社会利益。[②] 即使财产可被视为是实现公益目的的物质保障,但财产私有制在个人主义中的核心地位仍不得轻易动摇。立足于司法实践,厘清公法与私法的界限标准有利于指导法院的审理活动,确定裁判管辖,为具体案件在裁判时选择可供适用的法律。在调整对象上,公法主要规制公共活动,私法则更多考虑私人活动,从而划定了法律管理范畴。

尽管在西方文明史上一直存在某种形式的公私对立,但随着态度、制度、生活条件和技术的改变,一直以来被认为是公私对立的事物也在不断变化。工商业社会把个人变得日益个体化,公权在社会生活中不断膨胀,但由于法律主体、客体、价值观的变化决定了不能将私权与公权完全割裂开来,在两者间建立不可逾越的鸿沟。公私交汇地带产生的法律问题日益增多,公私对立说的立论基础发生重大变化,进而使该学说受到质疑。由此,公私兼顾说逐步登上历史舞台。毛泽东主席曾就公私兼顾有过精辟的论述:"公和私是对立的统一,不能有公无私,也不能有私无公……个人是集体的一分子,集体利益增加了个人利益也随着改善了。"[③]在兼顾说的语境下,社会性是人的本质属性,人对群体的依附与人的个体性共存,社会分工的复杂化导致社会成员乃至群体之间的连带性越发显著,强弱势群体都是社会有机体的一部分并具有高度的相互依赖性。[④] 公私法相互渗透是社会发展过程中的必然现象,被按下"快进键"的社会文明

---

① 参见周枏:《罗马法原论》(上册),商务印书馆2016年版,第99页。

② 参见熊丙万:《私法的基础:从个人主义走向合作主义》,载《中国法学》2014年第3期。

③ 《毛泽东文集》(第八卷),人民出版社1999年版,第134页。

④ 参见赵迅、严颂:《弱势群体保护的法哲学诠释——以社会连带为视角》,载《法学杂志》2006年第5期。

进程加速了私法公法化与公法私法化，公权与私权呈现有序调和的平稳状态。[①] 私法至上的社会中，自由缔约、绝对的个人财产所有权、权利能力平等均受到法律保护，但社会化进程打破了这一封闭状态，公权开始干预私人领域，集中表现为所有权、契约自由的变革，并创设无过错责任。深入研究行为控制论的学者，意图以之为基础在私法中引进公法规制理念。规制是法律必不可缺的功能，超越个案的控制与实现公共福祉都需要具备公法的规制色彩，公法与私法的互相协作、相互借鉴能够切实、全面地保护权利。[②] 与之相关，公权介入经济活动亦使得其在一定程度上经受私权影响。国家机关的职能权力从传统的行政法领域强势扩张至民商经济法领域，直接改变了公权的原初内涵，间接调整了公私法的制度功能，从而为个人经济生活添加了公权色彩，也将私权处理机制引入公法领域，使私法要素在公共性法律部门显现。从利益的角度看，基于平等原则，私人福利与公共利益实质上不存在高低之分，同时，作为公共利益重要表征的集体主义深谙公共利益对个人利益的包容关系与个人利益对公共利益的依附关系，将率先实现群体利益作为实现个人利益的基本途径，其所信奉的“集体”并未将自己排除在外，只是在公共利益优先的社会主流价值驱使下，公共利益的实现次序先于私人福利。[③] 总体上，公私关系经历了从分立到统合，由专尚其一到融会贯通的过程，尽管一直以来饱受争论，但最终在历史潮流中走向融合发展。

公私关系学说是各类旨在借助公私合作以强化国家治理能力的法律制度安排应当遵循的内生逻辑，其作为公私兼济保护模式的法理支撑恰恰体现了公私力量的交织融合。公权关涉公共利益，运用公法规制不当行为具备正当性，行政公益性理论亦论证了公权在维护社会公共利益层面有着得天独厚的优势，然而，历史否定了国家可以自发解决社会利益问题这一论断，迫切需要溢出公域，向私域延伸。同样，私权与个人利益关联，以私法规制手段因应平等主体间的侵害具有专业性，但当涉及

① 参见张淑芳：《私法渗入公法的必然与边界》，载《中国法学》2019 年第 4 期。

② See Alexander Hellgardt, *Regulierung und Privatrecht*, *Tübingen*: *Mohr Siebeck*, 2016. 转引自冯德淦：《数据的二元划分与体系保护》，载《中南大学学报（社会科学版）》2020 年第 5 期。

③ 参见汪旺山：《利益泛论》，江西人民出版社 2015 年版，第 48 页。

公私交融领域的法律问题时，亦要引进公权力量。针对个人信息的公私共通性，恩格斯指出："个人隐私权一般应受到保护，但当个人的私事甚至隐私与最重要的公共利益发生联系的时候，个人私事就已不是一般意义上的私事，而是属于政治的一部分，它应成为新闻报道不可回避的内容。"[①]这也说明了在个人信息权保护关系中，国家和个人的举措关涉公共利益与私人利益。基于权利救济的角度，公私兼济保护模式设置了自我司法救济与政府专门机构救济双重路径，恰好是为弥补救济渠道不畅的司法实践而采取的公私合作努力。

三、公私兼济保护模式的积极作用

现代化的社会环境中个体风险向公共风险的转化成为必然，系统性信息风险加速生成，对信息侵害行为的法律规制应沿循公私法协同并用路径，以自治理念实现私法规范维护信息权利之功能，以权力规制达致公法规范捍卫信息权利之效果。公法规制与私法救济并举的消费者个人信息权公私兼济保护模式具有横跨公私两大领域的显著复合特征，其既然能够在许多国家得以实现，必然具备独特的积极意涵。

第一，赋权与控权并举。从私的向度保护个人信息权的最佳方式是赋权，即赋予消费者个人信息控制权，自行决定个人信息的处置方案；从公的向度保护个人信息权重视理性、公正的价值导向，诉诸公权力能够使得人格尊严这一公民个人基本权利得到保障，强调政府对个人信息强有力的管控力度，以公权强制力打击侵害个人信息权的行为，从而维护社会公共利益。公私兼济保护模式集赋权与控权于一身，以法律为支撑，明确保护个人信息权的基本原则、适用范围、保护目的、保护程序、责任主体等要件，收放自如地保障消费者利用个人信息的自由，规制不同情境下侵害个人信息权的不法行为。

第二，市场调节与政府管制并进。个人信息具有私人属性，也具备公共属性，这就决定了保护个人信息需要"看不见的手"与"看得见的手"通力合作，实现信息权利则需要"有效的市场"与"有为的政府"的共

① 转引自王利明：《人格权法探微》，人民出版社 2018 年版，第 422 页。

同作用。需知良好的市场环境不是政府营造和提供的，而是由消费者、经营者等市场主体依据市场规律创建的，政府所起的作用仅是纠偏。市场常以行业自律的方式为之，给予消费者最大的自由度，通过市场自身力量消弭不正当的信息行为，仅在少数领域，才准允政府介入以防止个人信息被滥用，但政府管制尺度须以法律的强制要求为限。公私兼济保护模式正是将市场自我调节与政府有条件干预融为一体，以保证个人自主自治的决策为先，但随着互联网环境下的技术手段日益精湛，仅靠市场力量难以应对网络数据库收集个人信息的机械化、批量化操作，因而预留了公权力适当干涉的空间。

第三，人格尊严保护与财产保护并重。人格尊严是法治国家的根基，承载着绝对的宪法价值。展现了最高的社会价值。对人的尊重是人格尊严作为权利的人性基础与宪制规范的最高价值的内核。围绕核心内容，人格尊严直接涵摄了正当生存权、行为自主权、私域控制权等权利。① 宪法、行政法将个人信息视为基本人权的组成部分，着重保护其间蕴含的人格尊严，为此，要求尊重个体的主体地位，重视主体的自我特性——自主与自决。消费者控制、支配个人信息的权利是人格尊严的正当衍生物，也即预示着消费者有权积极参加到个人信息的收集、流通、使用等环节，并有能力抗拒他人的不当干涉，防止人格尊严遭到贬损。随着信息交易的普及，个人信息的商业价值有增无减，公平正义的法律理念和保护弱小的道德理念均要求承认并保护个人信息的财产价值。面对公权机构滥用职权泄露、传播个人信息，或者企业利用技术优势采集、利用个人信息等情况，消费者实际上担忧的是其会否丧失附着于个人信息上的财产利益。公私兼济保护模式深谙消费者心理，运用合作治理的方式，使私主体适时承担公法义务，国家机关合理介入处理平等主体间复杂的财产纠纷，既关注权利所蕴藏的人格尊严价值，又尽力维护消费者因个人信息权而带来的财产效益。

---

① 参见胡玉鸿：《“个人”的法哲学叙述》，山东人民出版社2008年版，第193页。

四、公私兼济保护模式的局限性

消费者个人信息权是个人信息利益与信息商业利益交织的产物。作为信息主体的消费者希望保障信息安全、享受信息价值，而个人信息自由流通和利用则是经营者的意愿，更是时代的期望。依循公私兼济保护模式的逻辑进路至少需要满足三项条件：其一，确保消费者对其个人信息的自主控制，且这一控制权能有力对抗其他主体信息的侵害行为；其二，保证公权机构能够及时、有效地规制个人信息滥用行为以避免个人信息权被侵害；其三，创造一个稳妥的信息环境以保障消费者能够积极使用、自由支配其个人信息。如此，既通过合同、技术反制等私力救济方法，又寻求司法裁判的公力救济，仍可能出现救济无效或过分加重消费者的维权成本，最终致使消费者放弃或退出个人信息权救济活动。技术革新与时代发展使个人信息权保护朝着规制国际化、内容实质化、难度递增化、力度克减化[①]方向异化，法律之外的利益博弈逐渐浮现。不同于传统经济，数字经济的价值既体现在传统的公平正义上，更体现在开放、共享、效率等新内容以及新旧技术的迭代升级上，公私兼济保护模式即便是现行通用保护模式，呈现多种积极效应，但其形成乃是基于简单粗暴的逻辑自洽，未能贯彻双向兼顾信息保护与自由流通的理路，加之缺乏经济学、经济法相关理念的引导，其制度设计与制度运作的局限之处随着时间的流逝越发明显，不能在变动的时代背景下超前谋划布局应对复杂的信息侵害行为，亦达不到预期保护效果。

（一）未认识到个人信息权利保护的多面性

公私兼济保护模式秉持一种不掺杂其他要素的单向度权利保护理念，虽然围绕公私协力展开，但在公有领域侧重行政强制力量规制，私人领域偏向私人自治。公权保护道路实际上是一条规制之路，借用不断趋严的公权力打击、约束、遏制不法信息侵害行为，使可能的侵犯者因怀有对公权的“敬畏之心”而放弃潜在的违法意图，以实现保护消费者个人信

① 崔华强：《网络隐私权利保护之国际私法研究》，中国政法大学出版社 2012 年版，第 16～17 页。

息权与社会效益极大化的目标。基于消费者个人信息权的双重权利属性,微观个体对个人信息财产权的确信程度渐次增强,承载于个人信息上的财产价值有力地触动了致力于追求私益的信息主体的内心,本应归于自身的信息权利价值却恰恰囿于经营者因商业利益私自收集利用而落空,不可避免地激起信息主体采取自治手段来维护个体合法财产权的决心。因此,在私人领域常常通过信息主体的自主自治以保护消费者个人信息权。无论是公权强制,还是私人自治,其一切行动脉络都是从权利保护到权利保护,此种单纯的权利保护相当于为消费者个人信息权划定了一个有界线的、周密的"保护圈",实践中越发形式主义的知情同意架构即是其典型表征,但却限制了权利的活动范围,在很大程度上严重阻碍了信息的合理流通。①

然而,个人信息作为资源在社会流通中产生的外部性效应表明对个人信息权的保护需要以保障、利用、共享等多维形态开展而非从纯粹的"保护"角度斟酌。基于影响效果,外部性可分为正外部性与负外部性,消费者的隐忧主要源自信息行为的负外部性,即滥用、不法利用个人信息引致的信息安全风险,从社会层面来看,信息分享带来的经济价值以及生活便捷为社会转型提供了动力,这也正是信息行为正外部性的主要表现,经营者搭上增强社会效益的"便车",以较低的边际成本实现规模化的商业利益。公私兼济保护模式将重心集中于合公私之力规制具有负外部性的个人信息行为,尚未意识到过度打击负外部性行为,在一定程度上会抑制正外部性行为的生成效率。

庇古(Pigou)在《福利经济学》一书中从边际社会净产量与边际私人净产量的背反规律中阐明外部性理论。他认为,一般性条件不变的情况下,同种生产要素的边际社会净产量与边际私人净产量应相等,实践中却呈现偏差,第一种是其他社会主体得到了除却边际私人净产量之外的收益,使边际社会净产量大于边际私人净产量;第二种是其他社会主体因生产消费活动而受到损害,使边际社会净产量小于边际私人净产量。

① 参见蔡培如、王锡锌:《论个人信息保护中的人格保护与经济激励机制》,载《比较法研究》2020 年第 1 期。

庇古称前种情形产生的正向收益为“边际社会收益”，后种情形造成的负向损失为“边际社会成本”，外部性实质上就是社会与私人在边际成本与边际收益层面的不一致。[①] 科斯(Coase)深化了庇古的外部性理论，指出外部性问题并非一个单向度问题，而是一个相互性问题，以化工厂向居民区排放烟尘为例，避免对居民健康权的损害将会使化工厂的排污权遭受损害，而允诺化工厂排放则会危害居民的健康权。因此，必须抉择的真正问题是，允许化工厂损害居民，还是允许居民损害化工厂？在交易成本为零的情形下，有效的制度安排关键在于如何权衡各方收益，避免较为严重的损害。[②] 正负外部性共存是交互外部性的主要表现，正外部性与负外部性的偏差意味着私人成本与社会成本的偏离，这一数值的进一步升高将会导致资源配置失当。

Neil M. Richards 和 Jonathan H. King 提出的大数据语境下与个人信息相关的“三重悖论”——透明悖论(the transparency paradox)、身份悖论(the identity paradox)、权力悖论(the power paradox)，[③]无一不体现双重外部性的融合。本着化解负外部性的初衷，循着放大个人信息公共属性的路径，视之为公共物品，并要求私人自愿提供，基于公共物品的非排他性、非竞争性，私人供给将会导致供给不足，最终形成“公地悲剧”。在消费“粘性”的作用下，网络经营者之间的“个人信息争夺战”不断上演，获胜者对信息资源的独占削弱了信息共享的正向效应。[④]

(二)不加区分笼统保护信息相关主体

个人信息活动由一系列环节整合而成，不同环节关涉的信息相关主体亦不相同，大致可分为信息提供主体、信息采集主体、信息汇聚主体、信息控制主体、信息开发主体等类别。深受平等民事主体同等保护观影响的公私兼济保护模式将个体消费者、信息采集企业、信息控制经营者

① 参见[英]庇古：《福利经济学》，金镝译，华夏出版社 2007 年版，第 134 ~ 157 页。

② See R. H. Coase, *The Problem of Social Cost*, Journal of Law & Economics, Vol. 3, 1960, pp. 1 – 44.

③ See Neil M. Richards, Jonathan H. King, *Three Paradoxes of Big Data*, Stanford Law Review Online, Vol. 66, 2013 – 2014, pp. 41 – 46.

④ 参见胡朝阳：《大数据背景下个人信息处理行为的法律规制——以个人信息处理行为的双重外部性为分析视角》，载《重庆大学学报(社会科学版)》2020 年第 1 期。

等信息相关主体置于同一维度予以笼统保护，此种缺乏区分机制的保护忽视了不同信息主体的制度角色，实际上形成了维护主体不平等的“制度外衣”。

消费者个人信息权保护的重要实践场域多数与经营者勾连，即经营者侵犯消费者个人信息权的情形在日常经济活动中最为常见，这一领域却因有效的制度规训缺位而成为理论与实践拓掘的富矿。个人信息保护视域下的竞争对策实质上是消费者与经营者进行的博弈活动。消费者和经营者即使同为市场经济的重要相关成员，但所处的地位却不相同，消费者多为分散的、单独的个体，往往势单力薄，欠缺交易经验，难以收集足够的交易信息，在现代消费社会中处于弱势地位，而经营者多是有组织的机构，经济实力雄厚，掌握的交易信息丰厚，在消费关系中以强者姿态出现。[①] 一般情况下，信息流动是使信息从信息优势方流入信息劣势方，但在消费经济环境中信息汲取难度的约束下，占有交易主动权、在市场交易活动中具有强势地位的经营者并不必然占据强者地位，个人信息视阈下的消费者很可能依据其“私人信息”优势反而对经营者进行操控，进而成就消费者的信息优势方地位。然而，经营者却依旧能够凭借其占有信息优势的地位要求权利处于弱势地位的一方提供越来越多的信息，增加对方的“信号发送”成本。[②] 如果在已知交易双方实力差异的前提下，依据市场自我调节、民法的基本规制进行平等性的权利义务配置，可能形成强者越强，弱者式微的局势，进而使为保护个人信息权利而生的公私兼济保护模式沦为“看上去很美”的制度约束，失去了原初的制度职能。公私兼济保护模式注意到了信息使用主体的侵害行为规制问题。由于欠缺一套公认的理性标准将不同信息使用主体区隔开来，加之对不同信息使用主体的合法行为的限度认识不清，公私兼济模式不加区分地为所有信息使用主体贴上“侵权”标签，采用统一的行为规范模式予以规制，此种过于严厉的惩戒方式不仅打击了当下信息使用主体收集

---

① 参见陈运雄：《论消费者的概念》，载《求索》1998 年第 4 期。

② 参见邢会强：《信息不对称的法律规制——民商法与经济法的视角》，载《法制与社会发展》2013 年第 2 期。

利用个人信息的积极性，更阻碍了信息主体财产性利益的获取，甚至可能将不良影响延及未来。

（三）偏重风险转化后的事后补救

无论是以公权还是私权来保护消费者个人信息权，均基于实际存在的侵害后果。换言之，公私兼济保护模式启动保护措施的时机乃是可能风险已转换为现实损害，事后填补损失是制度构设的主要作用。

被动防御的积极效用值得肯定，在产生损害后进行的事后补救行为在很大程度上能够避免损失的扩大。由于私主体争议处置能力不足、控制能力短缺，行政机关强制力的应用范围过广，加之公法与私法对法律介入纠纷的规定，决定了公私兼济保护模式只能通过事后救济来填充信息侵害行为造成的损失。公私兼济保护模式力图建立长效保护格局，这一格局的有效运转需要一个规范的制度体系以及推动制度运行的力量，然而，渐次将具有事后补救性质的措施予以固化，不免会陷入“运动式治理”的泥淖而难以挣脱。

制度措施偏重事后救济很有可能导致机会型违法激励。基于主观心理认知，外因刺激内因，违法者对制裁措施的了解程度越详尽，违法行为被查获的概率越小，违法激励越大。[①] 切换至个人信息领域，经由剖析个人信息治理事后措施而形成规避惩戒稳定预期的机会主义者擅于借此攫取短期利益，特别是执法高峰期之后，监管环境较为宽松，即便是“重典”依旧存在，其震慑力极为有限，转化为严厉惩戒的现实可能性很小，间接助长了行为者侵害个人信息权的违法动机。公私兼济保护模式频频采用事后保护措施进行损害补救，一方面促使经营者的违法意念不断滋生，另一方面严重影响了消费者的保护预期，以至于制度功能在动态化的社会形态中被歪曲，进而导致保护措施效果屡屡欠佳。

---

① 参见吴元元：《食品安全信用档案制度之建构——从信息经济学的角度切入》，载《法商研究》2013 年第 4 期。

第四章　消费者个人信息权的场景风险保护模式及其优势

转型社会中,因不法或不当侵害消费者个人信息权而产生的经济社会乱象叠生,催生了消费者对其个人信息的保护需求,与之相对,信息处理者因信息商机对消费者个人信息存有利用需求,即便运用私主体之力或公权力量均难以妥善协调这对具有对立关系的主张,由此表明这是一个具有规则创造意义的法律问题。从长远来看,保护消费者个人信息权是一场“科学革命”①,需要在理论与实践的双维度支持下才能保证原初意旨于社会变革的激流中不被动摇。鉴于现行保护消费者个人信息权的法律规范大多过于笼统,不能直接指向信息相关主体,也未明确规定其权利义务,重新厘清个人信息法律关系以及权利义务等体现法学要义的规范结构方为改良保护模式的关键。与公认的法律关系构成一致,个人信息法律关系由主体、客体和内容三部分组成。个人信息法律关系的主体主要包含信息主体与信息处理者,客体涵盖个人信息、信息隐私等,内容则是在信息法律规范下主体享有的权利与应承担的义务。② 当前的治理改革需要立基于还原既往法律关系,精准定位制度漏洞,充分考虑数字经济的特征,选择运用适恰的制度工具,从权利义务的角度结合具体化情境予以修正,促进法律关系相关主体形成承担不利益的自觉意识,切实保护法律关系相关主体的权利。具体至个人信息法律关系中,调节信息主体与信息处理者之

---

① ［美］托马斯·库恩:《必要的张力》,范岱年、纪树立等译,北京大学出版社 2004 年版,序言,第 12 页。

② 参见何渊:《数据法学》,北京大学出版社 2020 年版,第 80 页。

间的权利义务关系是规范不当信息行为、治理个人信息乱象的重心，并朝着推动个人信息权保护与促进个人信息自由流动均衡的道路发展。[①]为了实现实质公平价值，今后的保护模式在构造权利义务关系格局时需要注意向作为弱势一方的信息主体倾斜，尽力使其负担成本最小化，获益最大化，而适当加重处于优势地位的信息处理者的义务。

场景风险保护模式虑及消费者个人信息收集、存储、利用的场景特征，借助完整性的信息场景为制度实践方法的制定提供支持，调整了主体间的权利义务配置格局，设立了一套结合经验情况且具有实操性的实践方法，表明其在弥合公私兼济保护模式制度缺失上的合理性与适恰性，其具备的优势能够及时弥补公私兼济保护模式的运行不足之弊，并能够发挥制度效力有效应对大数据时代的个人信息治理危机。

一、公私兼济保护模式与场景风险保护模式的递进关系分析

在信息科技时代，与个人信息相关的经济活动已逐渐常态化，成为社会生活不可缺失的领域。毋庸置疑，个人信息活动有合法与非法之分，褒扬合法行为、规制非法行为是首要任务。

目前，学界与司法实务界在保护个人信息问题上主要集中于两个视角：其一，关注和讨论个人信息本身；其二，关注信息获取和利用的行为。循此，产生了两种法律规制的路径，权利规制路径与行为规制路径。公私兼济保护模式主张运用公权与私权的力量来治理个人信息非法行为，维护消费者个人信息权，是一种权利规制与行为规制相结合的规制方案。由于当今互联网环境和云计算等信息技术发展所造成的信息存储载体和信息内容的分离，信息存储和信息获取利用在空间和时间上产生了分离，传统的信息处理行为实际上基本能够被载体的物权功能吸收，进而使得信息权属问题的提及度骤降，权利规制路径发挥的作用受限。同时，万物互联的

① 有学者从物权角度出发，指出可以借助自物权—他物权的权利分割思想，根据不同主体对信息形成的贡献来源和程度的不同，设定信息主体拥有信息所有权与信息处理者拥有信息用益权的二元权利结构以实现信息权益的分配均衡。其中，信息用益权既可以通过授权或采集、加工等事实行为取得，也可以经由共享、交易等方式继受取得。参见申卫星：《论数据用益权》，载《中国社会科学》2020 年第 11 期。

大数据时代的开放结构表明不能单就消费者个人信息权本身来谈保护问题,这样做明显过于乐观而风险预估不足,较易使得权利限制的正当性缺失,制度预期收益低微,因而迫切需要跳出定式思维的窠臼。由于公私兼济保护模式尚未认识到个人信息权利保护的多面性,以较为偏狭的立场诠释权利保护理念,即便在规范层面作了原则性规定,但制度实践中仍缺乏可操作性的标准,致使依据规范设计的制度预期目标难以实现。

围绕个人信息产生的人格法律关系与财产法律关系表明了保护消费者个人信息权应从信息保护与自由流动两个维度展开。信息保护维度贯彻的是弱保护与强保护相结合的理念。详言之,经由立法确立的知情同意规则、通知删除规则等保护方式属于对个人信息权的弱保护,而通过采取强制性执法措施来保护个人信息权则是强保护。强、弱保护的紧密协同是保护消费者个人信息权的重要形式。个人信息的自由流动并不是无边无际的流通,而是限于在信息使用市场中的流动,即信息主体在市场内彼此声息相通,其所掌握的信息也便能在市场范围中流通。因此,促进个人信息的自由流动不仅需要提升信息处理者掌握信息的能力,以共享的外在形式提高经济效率,最大限度地实现价值最大化,更重要的是理顺信息使用市场的发展规律与规范核心,其间涉及的实际上是利益衡量问题。司法裁判思路表明对于信息使用市场的利益衡量需要从四个维度予以考量:其一,重视信息主体的知情权和选择权,向其告知并获得个人信息使用许可;其二,在维护互联网产业新经营模式发展的同时还需平衡好其和个人信息保护之间的关系;其三,评估个人信息是否为网络经营者市场竞争优势的重要来源或核心竞争力,若是,则在信息使用的正当性判断上进行更多倾斜;其四,通过保护个人信息的流通与共享,进一步增强消费者利益和社会福祉。总之,需要结合实际利益和预期利益、个体利益与公共利益、长期利益与短期利益,以立体的视角衡量环绕在不同信息主体之间的利益关系格局。此外,还需明晰何种状态下的个人信息能够被允许置于流通环节。征得信息主体同意后再进行匿名化处理的信息是否属于当然的可流通信息?其实不然,仍需虑及个人信息的原初类型,尤其是本身为敏感信息且又将在自动化决策场景中使用,对此,原则上禁止对敏感个人信息的自动处理,若确需流通,应在进入流通环节之前清晰说明可能会涉及的其他相关个人信息,并就相关信息征得信息主体的单独同意、明示同意,才能符合信息流通的合法性、合规性要件。

在当前互联网和大数据利用环境下,信息是一种新型的基础性资源,具有天然的公共物品属性,促进信息流通与利用是信息相关主体应当秉承的价值理念。然而,促进、推动个人信息的自由流动可能会在不经意间触碰受法律保护的个人信息权利,造成保护与流通之间的摩擦,抚平这种矛盾需要找寻一套巧妙的平衡机制,即设法寻求如何衡平个人信息权保护与促进个人信息自由流动,对此,场景风险保护模式以场景完整性与信息风险导向性为视角提出了新颖且具备实操价值的消费者个人信息权保护方案。详言之,明晰个人信息属性以及信息行为双重外部性是制度建构的基础,隐私场景完整性理论与信息风险导向理念是制度的理论根基,权利配置向消费者适度倾斜占据了重要的制度位置,健全法制和实现实质公平是关键的制度抓手,个人信息安全与信息自由流动的相互促进是核心制度导向,多维推进消费者信息隐私期待、经营者信息商业利益与社会信息共享的三赢是制度的预期目标。

因此,场景风险保护模式在权利保护与合理使用[①]双重意涵指引下,通过务实有效的制度建构为破解公私兼济保护模式在新时代的制度困境提供一种新的可能,并借由风险预警措施与技术处理规范填补公私兼济保护模式的运作缺漏。换言之,场景风险保护模式与公私兼济保护模式并非一种天然的排斥关系,尤其在制度功能层面,场景风险保护模式通过对公私兼济保护模式的补强,以制度整合机能的形式致力于保护消

① 我国《民法典》从三个层次确立了个人信息合理使用制度:第一层,总则编的抽象规范,即公平原则、诚信原则、禁止权利滥用原则以及(正当防卫、紧急避险等)免责事由的规定;第二层,人格权编的一般性规范,即第998条"认定行为人承担侵害除生命权、身体权和健康权外的人格权的民事责任,应当考虑行为人和受害人的职业、影响范围、过错程度,以及行为的目的、方式、后果等因素"以及第999条"为公共利益实施新闻报道、舆论监督等行为的,可以合理使用民事主体的姓名、名称、肖像、个人信息等;使用不合理侵害民事主体人格权的,应当依法承担民事责任";第三层,明确处理个人信息的免责事由,即第1036条"处理个人信息,有下列情形之一的,行为人不承担民事责任:(一)在该自然人或者其监护人同意的范围内合理实施的行为;(二)合理处理该自然人自行公开的或者其他已经合法公开的信息,但是该自然人明确拒绝或者处理该信息侵害其重大利益的除外;(三)为维护公共利益或者该自然人合法权益,合理实施的其他行为"。参见程啸:《论我国民法典中的个人信息合理使用制度》,载《中外法学》2020年第4期。

费者个人信息权。

二、场景风险保护模式的界定及其基本构造

时代的变动发展使公私兼济保护模式本身潜藏的制度瑕疵被置于聚光灯下,忽视个人信息权利保护的多面性、不加区分笼统保护信息相关主体、偏重风险转化后的事后补救等缺陷在时代背景下被层层放大,致使其常态运作受阻,迫切需要探寻新的保护机制。当下个人信息治理过于倚仗个体信息自决,忽视了个人的有限理性与信息处理的复杂性,进而懈怠了对社会挑战的回应。被誉为"大数据时代预言家"的维克托·迈尔-舍恩伯格教授在其著作中写道,"大数据的价值不再单纯来源于它的基本用途,而更多源于它的二次利用",[①]颠覆了传统隐私权保护模式的认知,如若仍将信息主体作为个人信息独一无二的最终控制者,扩张个人信息的权利边界,极有可能影响个人信息价值的实现,于此,让信息主体参与个人信息活动,排除其单方决定个人信息的使用权利似乎成为普遍通行的做法,但参与力度、广度、范围等却仍存争议,如何合法、合规、合理地利用信息渐成个人信息权保护的核心关注点。场景风险保护模式将冲破"信息主体对个人信息的控制是个人信息保护的唯一制度目标"这一定式思维确立为立论前提,但这并非意味着完全摒弃个人信息自我控制权,而是主张在保护过程中允准信息主体有限度地操纵其个人信息。同时,场景风险保护模式意图转变信息相关主体受到锚定效应(anchoringeffect)[②]的影响从而"谈信息利用即色变"的认知偏

---

① [英]维克托·迈尔-舍恩伯格、[英]肯尼思·库克耶:《大数据时代:生活、工作与思维的大变革》,盛杨燕、周涛译,浙江人民出版社2013年版,第197页。

② 锚定效应(anchoring effect)是现代认知心理学的重要理论,是一种典型的由启发式判断机制引起的认知偏差,描述的是人们在毫无头绪的情况下,倾向于把对未来的估计和已采用过的估计联系起来,同时易受他人看法的影响。当人们对某件事的性质和数量做估测的时候,其实并不存在绝对意义上的好与坏、高与低,一切都是相对的,关键是如何定位基点。基点定位就像一只沉锚,确定了锚位,就确定了评价体系和标准,好坏与高低也就评定出来了。在报端媒体充斥着滥用个人信息负面新闻的情境下,当信息主体的个人信息即将被他人利用时,其很有可能受到多数意见的影响,断定如果同意他人利用其个人信息将可能陷入信息利用困境,因而拒绝他人利用其个人信息,即使利用行为是合理且有安全保障的。参见杨彪:《司法认知偏差与量化裁判中的锚定效应》,载《中国法学》2017年第6期。

见,注重信息合理利用的流向、程序与方式,借此弥补信息流动管控失灵的弊端。基于均衡个人信息的私人属性与公共属性,场景风险保护模式并不单单局限于保护个人信息权,还兼顾维护信息处理者的信息收获自由,致力于经由回应型治理手段兼顾个人信息权保护与个人信息自由流动。

那么,如何界定场景风险保护模式的涵义呢?“保护”与“合理利用”是场景风险保护模式的核心要素,具体场景具体分析指引了场景风险保护模式的实践路线。循此,场景风险保护模式是指对消费者个人信息权利的保护需要将其置于具体场景中,依照场景特征判断信息侵害行为成立与否,而非一味地以诚信原则与商业道德为判断基准,再结合风险导向理念分析权利义务的分配格局,运用竞争效能的综合评价从事先防控风险的维度促进信息流动。具体而言,首先,场景风险保护模式基于信息行为的类型化处理,充分结合具体场景特征判别何种情形下的信息行为构成对信息权利的侵害;其次,利用信息风险导向工具事先预测信息行为是否具有风险及其风险程度,加大示警效能;最后,对个人信息的收集、存储、分析、利用等环节进行全周期管理,确保消费者的信息权利少受或不受侵犯,为信息自由流动创造安全可靠的环境以便于信息处理者有限度地、正当地、合理地使用个人信息。

实际上,在探讨如何判断“无法识别到特定个人”的标准这一问题时,实践认为即便未经信息主体同意,但经过脱敏处理,不论与其他何种信息相结合都不能识别出特定个人的情况下,该类个人信息依旧可以投入场景中进行流通利用。多数以信息为业的公司以此作为合规性依据,积极对所收集到的信息进行脱敏处理,再予以商业化利用,可以说是在现有法律框架下,为信息流通利用开辟了独特的社会空间。专家学者认识到部分个人信息即便采取了脱敏、匿名化措施,去除了身份性标识,当直接识别符或间接识别符进入其他特定场景时也存在能够准确识别出个人身份或相关的具体个人的可能性,也即统一的识别模式并不存在,具体化的场景会对个人信息识别产生或大或小的影响,为此,欧盟与美国早年间引入了场景分析方法(contextanalysis)。[①]

① 参见金耀:《个人信息去身份的法理基础与规范重塑》,载《法学评论》2017 年第 3 期。

欧盟早在2016年4月14日议会通过《一般数据保护条例》后,即引入了场景分析方法,意图破除僵化地对照条文中有关个人信息的定义来判断是否满足形式和实质要件的方法,而结合场景特征来甄别某项个人信息能否构成“可识别性”,对个人信息进行再识别以防范信息安全风险,赋予了个人信息保护模式相当的灵活度。场景分析方法在法案中的应用表明了欧盟保护个人信息的美好法治愿景。然而,欧盟在个人信息处理环节武断地将直接可识别和间接可识别的个人信息归为相同类别一并处理的方式严重偏离了不同信息主体风险防控程度不一的需求,限制了个人信息的流通与再利用,使场景分析方法的实施效果并没有达到预期目标。因此,需要结合当下的时代背景与技术背景将欧盟原初的场景分析方法予以适当改进,融入风险导向元素,形成对消费者个人信息权的场景风险保护模式。

美国在对可识别性的判别程序中引进隐私风险评估系统,在区分不同场景发生的个案基础上,对信息主体、信息发送者、接受者的隐私风险予以综合评估,并将信息属性、信息流通原则纳入考虑中,以此来合理、适恰地判断可识别性。为了进一步寻求隐私保护与信息合理使用的平衡,美国学界提出了“场景与风险管理”理念,主张在特定场景中认定对个人信息处理行为合理与否取决于行为产生的影响是否在信息主体可接受的合理预期范围内。如果该信息处理行为合理则无需经信息主体同意,即可自动获得合法性授权;反之,如若存在不合理风险,信息使用者应当主动提供选择退出机制与风险控制机制以供信息主体抉择。[①] 然而,对于如何满足判定特定场景中的“合理”条件尚未制定可供实操的具体标准。因此,“场景与风险管理”理念的落地还需更进一步结合实践予以制度补强。

最近几年间,我国司法实践也在探索在案件中适用场景化原则的方法,北京互联网法院扮演了引导者的角色。在黄某诉腾讯科技(深圳)有限公司等隐私权、个人信息权益网络侵权责任纠纷案的审理过程中,北京互联网法院多次运用场景化原则。

---

① 参见李玉辉、张华、张宝中:《数据画像领域个人金融信息保护问题及其对策研究》,载《西南金融》2019年第2期。

首先，对于原告的个人读书信息是否属于私密信息这一争议焦点，北京互联网法院根据法律规定，结合微信读书软件的具体应用场景来进行判定，得出原告被公开的阅读信息（包括阅读的书目以及原告阅读该书的事实）不足以达到通过公开的读书信息形成对原告人格的刻画的效果，进而得出可能损及原告人格利益的结论，法院最终不予支持原告的隐私侵权主张。

其次，在判断微信读书获得的好友列表是否属于用户个人信息这一问题上，北京互联网法院认为，昵称、头像、OPEN_ID 以及多个 OPEN_ID 之间的好友关系链等信息的组合并未达到匿名化和去标识化的程度，在特定场景下结合其他数据仍可还原具体用户的身份信息。在本案中，微信读书的实际使用场景达到了通过其获取的好友列表准确识别、指向信息主体的网络身份标识的标准，应被认定为用户的个人信息。

最后，针对知情同意的判断，北京互联网法院主张着重考量知情同意的质量，并以信息处理者告知信息主体的"透明度"予以衡量，即一般理性用户在具体场景下，对信息处理主体处理特定信息的目的、方式和范围知晓的清晰程度，以及作出意愿表示的自主、具体、明确程度，本案综合考量微信读书与微信的关系、微信读书信息的特点及处理方式、获得知情同意的方式等，结合微信读书产品设计的具体场景，认为微信读书并未获得有效的用户知情同意。① 值得注意的是，即便依据"三重授权

① 黄某在使用微信读书软件时发现，由于微信将微信好友关系的数据交予微信读书，在其并未进行自愿授权的情况下，微信读书的"关注"栏目却出现了使用该软件的黄某的微信好友名单。此外，在黄某没有进行任何添加关注操作的情况下，黄某账户中"我关注的"和"关注我的"页面下出现了大量黄某的微信好友，且微信读书未经黄某自愿授权，默认向"关注我的"好友公开黄某的读书想法等阅读信息。不仅如此，黄某在使用软件时还发现，即使黄某与其微信好友在该软件中没有任何关注关系，也能够相互查看对方的书架、正在阅读的读物、读书想法等，然而上述信息属于黄某并不愿向他人展示的隐私信息。黄某认为，微信好友关系数据和微信读书的阅读信息均应属于公民的隐私和个人信息范畴，在其并未自愿授权的情况下，微信读书的前述行为均侵害了黄某的个人信息权益和隐私权，软件开发、运营方应当承担相应的侵权责任。北京互联网法院审理后判决被告停止通过微信读书收集、使用黄某微信好友列表信息的行为，删除在软件中留存的黄某的微信好友列表信息，解除黄某与其微信好友在微信读书中的互相关注，停止将黄某使用微信读书软件生成的信息向其共同使用微信读书的微信好友展示的行为，以书面形式向黄某赔礼道歉。案件详情参见北京互联网法院民事判决书，(2019)京 0491 民初 16142 号。

原则”的逻辑进路，用户也很难获得判断关系相对疏远的信息使用方能力、资信及信誉的准确信息，简单的知情同意实际上却是一种不知情，不知他人将如何使用其个人信息，也不知其个人信息的流动轨迹与最终流向，而此时交由用户判断，极大可能会导致实质不理性。①

此外，通过审理本案，北京互联网法院总结出判断某项信息是否属于个人信息的两条路径：识别与关联。② 其中，对信息可识别性的判别需要从信息特征以及信息处理方的角度结合具体场景来展开。而将用户隐私期待强烈程度不同的信息笼统归入某种相对固化的定义，并非有效保护信息权利或权益的最优选，有必要深入实际应用场景，以“场景化模式”探讨该场景中是否存在信息隐私侵害行为。值得珍视的是，场景化理念融入我国司法实践显现了司法技术层面质的进步，遗憾的是，因司法关注的是实践问题，审判活动中的场景化模式具有一定的狭窄性，多聚焦于场景本身，很少关注应对场景中使用个人信息的目的进行严格界定以及个人信息在场景范围内的公开程度等与场景化条件下保护个人信息权密切相关的问题，也未探究场景背后深层次的理论因素，缺乏场景正当性、风险导向性视野，值得法律人思量再三。还需注意的是，随着个人信息应用场景被极度细分，③某些特定场景可能需要突破一般性的个人信息保护模式，例如，对处于自动驾驶等人工智能场景中的个人信息进行保护，若依照传统的一般性保护规则，保护措施可能开展不畅，保护效果可能不尽如人意，因此，需要结合这些特殊场景的独特性作个别化处理，但这并不意味着放弃保护此类场景中的个人信息，而只是在特

---

① 参见许可：《数据保护的三重进路——评新浪微博诉脉脉不正当竞争案》，载《上海大学学报(社会科学版)》2017 年第 6 期。

② 个人信息的核心特点为“可识别性”，既包括对个体身份的识别，也包括对个体特征的识别。对个体身份的识别确定信息主体“是谁”，对个体特征的识别确定信息主体“是什么样的人”，即该信息能够显现个人自然痕迹或社会痕迹，勾勒出个人人格形象。判定某项信息是否属于个人信息，应考虑以下两条路径：一是识别，即从信息到个人，由信息本身的特殊性识别出特定自然人；同时，识别个人的信息可以是单独的信息，也可以是信息组合。可识别性需要从信息特征以及信息处理方的角度结合具体场景进行判断。二是关联，即从个人到信息，如已知特定自然人，则在该特定自然人活动中产生的信息即为个人信息。符合上述两种情形之一的信息，即应判定为个人信息。

③ 应用场景被细分为地图导航、网络购物、航班准点率预测、信用评价、智能营销(个性化推荐)、产品或服务改进、公共目的(公共卫生、重大安全事故、经济发展、就业统计)等。

定场景下采用特殊机制予以应对。

划定保护个人信息权的正当性边界是场景风险保护模式的首要任务。随着违法犯罪手段日趋信息化、动态化、智能化,[①]个人信息侵害行为的隐蔽性、争议性特征尤为显现,行为者可能不知自身行为的正当性边界止于何处,无法划定侵害边界即无法判断信息行为的合法空间。划定信息法律边界需知晓创设信息法律关系的意图这一信息法律行为的准入要件,从而把控法律介入信息生活的限度。通常依据法律规定、当事人行为可直接推定创设法律关系的意图,但以此为标准并不能囊括多数实践情况且判断有失偏颇,尚需结合个案情景、当事人间的利益关系等多重因素综合推断。[②] 据此,回应信息时代之问,提升信息法律关系中公平正义的刻度,彰显信息主体的自治与自决乃是信息法律行为的法律意义。准确划定边界虽然在一定情况下限制了信息利用的空间,但又在特定语境中拓宽了信息保护的界域,将模糊的暗线规则(blurry-line rule)转化为明确的亮线规则(bright-line rule),[③]使信息主体洞悉其所拥有的个人信息权是如何取得的,怎么被保护的,应怎样行使,明确行止边界。

消费者个人信息的内涵与外延具有动态性,并不存在严格的概念界限,因此,寻觅在何处划定边界实际上是如何恰到好处地把握"度"的问题。"度"是一种关乎人类生存的本体性质的创造,被广泛运用于生产技艺中。含有分寸感的"度"是人为发明与自然发现双层构造融贯的产物,主观合目的性与客观合规律性的一致融合共生了成功的实践活动,[④]"度"的恒动性、不可预见性愈见鲜明并受时间、空间、历史文明进展、人类活动等因素的影响。可见,"度"是拘泥于现世环境中的恰如其分,是为"用"而建的一种充斥着张力的实用理性。现有信息行为的边界呈现"失度"状态,运用理论工具将之转向"适度"方能实现个人信息保护与

---

① 参见习近平:《习近平谈治国理政》(第二卷),外文出版社2017年版,第366页。

② 参见谢鸿飞:《论创设法律关系的意图:法律介入社会生活的限度》,载《环球法律评论》2012年第3期。

③ See Roger B. Dworkin, *Fact Style Adjudication and the Fourth Amendment: The Limits of Lawyering*, Indiana Law Journal, Vol. 48, No. 3, 1973, pp. 329 – 368.

④ 参见李泽厚:《人类学历史本体论》,天津社会科学院出版社2008年版,第63页。

信息流通的双重制度目标。尊重自由是掌控“度”的首要原则。从古希腊时期奴隶的反抗到资产阶级为实现“人生而自由”发动革命,再到孙中山先生领导民主革命,自由是人们的永恒追求。一定社会中人们受到法保障或得到法认可的按照自己意志进行活动的人的权利就是法的自由。[①] 人们理想中的自由是自己的行为不受束缚,而自由免受侵犯需要法律保障,这就要求在法律限度内行使自由,法律之外的自由不受保护。大数据技术的突飞猛进加深了信息行为干预市场交易、社会生活的深度和广度,故意泄露倒卖个人信息、看似合法实则非法的信息利用行为充斥着消费市场,在尊重自由的原则之下,充分应用红线思维与底线思维来掌握信息行为的“度”,不仅能够有效抑制侵害者的非理性行为,保护个人信息权,且有益于执法者准确适用规则。

比例原则对于确立个人信息权保护的正当性边界以及使用个人信息的合理性标准起指导作用。发端于公法理论的比例原则主要从公权机关限制个人权利的目的与手段的关联性着手,以“禁止过度”为要核,要求权利限制的目的具有正当性、处理手段具有均衡性、侵害结果具有最低性。[②] 比例原则的适用应当把握适当性及合目的性原则、必要性原则、最小侵害原则和均衡性原则,控制损害与收益的比例关系。基于比例原则,信息处理者、行政机构收集、传输、利用个人信息均须被控制在必要限度内,即使因公共利益需要而必须受到限制,亦不能有所逾越。但目的正当却不能成为手段合法适格的当然凭据,此即说明了限制部分权利并不等同于限制所有权利,以不当手段约束核心权利,损及其间裹挟的人性尊严,不可因目的正当性而任由其演变为彻底的权利排除。边界的行为导向作用虽然使得信息行为者的经营自由权、收益权等受到缩减,却并未真正损害其核心权利,信息行为者部分权利的牺牲乃是为了维护信息市场的稳定,且权利限制手段具有温和性,信息行为者不会因此而产生过度负担,信息主体的个人信息权亦能得以保障。此外,还应虑及边界确立之后可能产生的显性和隐性后果,以及相对方会否形成对

① 参见卓泽渊:《法的价值论》(第二版),法律出版社 2006 年版,第 267 页。

② 参见郑晓剑:《比例原则在民法上的适用及展开》,载《中国法学》2016 年第 2 期。

策行为，做好因应对策行为负面效应的预防事务。信息处理者使用、加工他人个人信息除需要满足合法性、正当性及必要性原则以外，还应遵循使用、加工个人信息的比例原则。为达致保护信息主体的个人信息权与促进个人信息流通的平衡，需要权衡不当处理个人信息行为的侵害程度和实施规制信息侵害行为之必要性下的信息隐私期待程度，其间涉及信息处理行为的合理性标准，比例原则对于确立这一标准具有引导意义。

考量信息主体的容忍义务是场景风险保护模式制度构造的重要因素。促进个人信息自由流动是场景风险保护模式的制度目标之一，而便捷性的信息流动的最终结果乃是他人得以使用消费者的个人信息。同时，社会的正常运转亦要求适度使用个人信息。在社会意义与制度意义的双重需求下，风险社会中以“谨慎人”角色面世的消费者在享受信息便利时不得不容忍他人对其个人信息的处置行为而却无法辨知处理行为的合法性。信息处理者收集使用消费者个人信息的目的与消费者容忍度的高低直接关联。为了推动社会发展、维护社会整体利益，消费者应提高对于他人使用其个人信息时的容忍义务，即便相关信息行为在一定程度上存在无法预见的风险；出于谋取私人利益而收集使用个人信息的，消费者没有必要担负较高的容忍义务，必要时可以诉诸多方力量维护其合法的个人信息权。当然，容忍范畴是需要关注的另一层面，其与风险相关，信息使用者需将信息风险控制在一定范围内，防止额外损害，这一被限制的风险范围即是信息主体的容忍范畴，于其间行使的个人信息处理行为免受法律追究。① 随着信息对个人生活的空前深入，信息主体对于个人信息处置行为的容忍义务也在提升，场景风险保护模式致力于鼓励信息主体承担更高的容忍义务以便于增强他人使用个人信息的自由度、灵活度，但其亦受容忍范畴的约束，而在容忍限度内的信息处理行为恰好契合了个人信息使用的合理性要件。

事先考虑风险因素，进行风险识别、风险预警并采取适宜的风险管控措施是场景风险保护模式制度构设的要义。风险的不确定性及损失

① 参见朱岩：《风险社会下的危险责任地位及其立法模式》，载《法学杂志》2009 年第 3 期。

可能性决定了风险管控的必要性。引致风险的原因可能是操作性因素,也可能是环境场域因素,变换不一的场景中滋生的侵害行为直接或间接地将保护消费者个人信息权引入危险境地。场景风险保护模式对消费者个人信息权的保护不断重申公共利益本位观,但实践中经营者出于借助公共理性实现个体理性的心理,高举社会公益的旗帜,搭上公共资源的便车大肆收集、利用消费者个人信息以谋取私益。实际上,消费者个人信息的流通阶段充斥着大量的现实风险和隐形风险,风险辨识、预估与防控显得至为重要。在《数据保护指令》的支持下,欧盟"第29条数据保护工作组"(Article 29 Working Party,简称WP29)作为数据隐私官方监管机构着重于从风险评估角度维护数据隐私安全,对数据本身、数据相关行为发生风险的可能性进行全面的风险评估,并采取合适级别的安全风险应对措施来保护个人数据隐私安全。随后《一般数据保护条例》生效,这一安全风险评估职能转移至欧盟数据保护委员会,由欧盟数据保护专员公署(European Data Protection Supervisor,EDPS)履行。场景风险保护模式意识到探究造成风险的法则与规律的意义不大,而随意预估和测度风险显得极为盲目,因此,将风险视为一项指标,在保护或利用消费者个人信息之前即启动科学的风险评估程序,针对引致风险转换为现实的行为、具体场景引发风险的概率、风险在场景中是否能得以控制以及可控程度等事项,由专业机构采用调查法、德尔菲法、①行为流程图法等工具展开事前风险预估,②并将评估结果列为高中低三个层级,不同风险层级对应不同种类的风险防控措施。一旦出现中级及以上的风险评估结果时,立即向信息保护部门发出风险预警。场景风险保护模式确立风险导向机制的意图在于实现不确定性风险的可识别、可测度、可把控,

---

① 德尔菲识别法又称专家调查法,是20世纪40年代兰德公司在处理一个美国空军发起的项目时,研究的一种调查和分析专家意见的有效方法。作为一种成熟的定性的系统评价和预测方法,德尔菲识别法在各学科领域里被广泛应用。德尔菲识别法是一种利用专家的专长和经验进行直观预测的研究方法,用于没有精确研究资料的问题的研究,需要根据专家集体的专业知识和经验来进行直观的判断。参见曾照云、程晓康:《德尔菲法应用研究中存在的问题分析——基于38种CSSCI(2014-2015)来源期刊》,载《图书情报工作》2016年第16期。

② 参见蒋云贵:《我国社会转型期企业法律风险预警机制及对策研究》,中南大学2011年博士学位论文。

促使风险防控手段走向规范，达到合法合理规避风险的目标。

三、场景风险保护模式的理论基底

现实是制度的血液营养，理论是制度的精神生命。[①] 研究者通过观察市场交易过程，发现经营者与消费者之间的权利和地位存在严重的不平等，希望借优化消费者与经营者间的权利义务结构来倾斜保护消费者。这一制度目标的达成需要考虑两个要素，一是信息侵害行为发生的具体场景，二是事前风险判别的可靠程度。隐私场景完整性理论与信息风险导向理念恰好能对二要素予以充分的理论阐释，以便于解读场景风险保护模式对于保护消费者个人信息权的制度效能。

（一）隐私场景完整性理论

美国学者通过考察20世纪的公共政策发展、法规和成文法、法院判决、社会和商业实践等领域，发现存在三项主要原则支配着公共协商中的隐私，分别是：保护个人隐私免受政府侵扰；限制对亲密、敏感或机密信息的访问；减少对私人空间、场所、领域的侵犯。三项原则定义了隐私的价值，为它们所涵盖的隐私主张的合理性提供了重要支撑，但对原则之外的其他主张却未提供切实保障。因此，在监管的"灰色地带"，由于难以划清界限，三原则的应用效果大打折扣，而因公共监督所涉信息既不敏感也不机密，并不属于隐私问题，于其间适用三原则框架则频频遭到质疑。同时，三原则框架拥有的两种功能有助于理解隐私场景完整性理论的内在涵义：其一，作为一种普遍解释，它说明了出于保护隐私的限制性措施何种值得采取、何种不值得采取，简言之，作为原则框架，它不受时间、位置等维度的影响；其二，它通过二分法的形式表达了隐私权——敏感与不敏感、私人与公共、政府与公民，落在合适的"半影"内应考虑涉及隐私权。遗憾的是，在前述两种功能中，基于隐私完整性的隐私描述都偏离了三原则框架，需要寻求新的路径进行理论阐释。

尼森鲍姆（Helen Nissenbaum）从探究隐私权背后所凭恃的理论价值出发，指明公民自治权、自由权、公民个性等公民价值；保护公民之间的

---

① 参见钱穆：《中国历代政治得失》，生活·读书·新知三联书店2005年版，第48页。

亲密关系、公民健康、公民创造力、个人成长等公民应当享有的权利;以及社会的民主与自由等社会价值共同构成了隐私权更为深层次的价值体系。[①] 依据前述理论价值,尼森鲍姆提出了隐私场景完整性理论(contextual integrity),为实现消费者个人信息权保护的场景风险保护模式指引了理论方向。不同的场景有着各自迥异的“地方性知识”和“地方性需求”,适应这些知识、需求的规范系统及其运行逻辑也亲疏有别,探究众多“地方性场景”的内容有利于探知各个信息环节的因果联系。[②] 尽管其他有关隐私的规范性理论对领悟隐私及其价值、基础有着重要作用,但它们往往是经由过于笼统的术语来构建理论架构,使理论的抽象性与晦涩性大增,导致理论的理解难度显著提高。技术发展的力量迫使概念化的隐私被置于摇摆不定的状态,相较而言,隐私场景完整性理论中蕴含的隐私偏好不是简单的对控制和屏蔽信息的反映,而是表现出对分享和控制之间的变动的和精确的调整性倾向。[③] 该理论认识到个体与他人、组织、技术的互动发生地是特定的场景,重视特定场景中的重要细节,将之视为例外或权衡,而场景相对变化的可能性则成为场景完整性的重要组成部分。虽然隐私规范因地域不同、文化不同、时期不同存有较大差异,但隐私场景完整性理论不仅充分考虑到了这一现实,而且系统地查明了变化的根源,指引隐私规范体系的重构。隐私场景完整性理论的提出是对公共场合隐私问题的延伸与挑战,其将场景完整性作为信息技术时代衡量隐私的另一个基准,指出将隐私的充分保护与特定场景的规范联系起来,隐私权是与场景有关的信息流动权利,而不是一种秘密的信息自我控制权,因此,要求信息的收集和传播应适合特定场景,并遵守在该场景中发布的管理规范。隐私场景完整性理论实际上是从场景完整性的角度构建了一个信息隐私模型,这种信息隐私模型实现了信息适当性与主要规范的兼容性。具体而言,确认某个特定行为是否应被

① 参见张民安:《公共场所隐私权研究》,中山大学出版社2016年版,第85~86页。

② 参见吴元元:《认真对待社会规范——法律社会学的功能分析视角》,载《法学》2020年第8期。

③ 参见吴伟光:《从隐私利益的产生和本质来理解中国隐私权制度的特殊性》,载《当代法学》2017年第4期。

认定为侵犯信息隐私,应考虑到行为性质与发生的场景、特定场景中有关信息的性质、信息接受者的角色及其与信息主体的关系、信息共享与进一步传播的条件等因素。这一信息隐私模型显现了较高的规范性特征,具体规范和限制了收集、使用和传播与个人相关的信息的行为。[①]

在现代社会发展走向合作的大趋势下,共享信息成为社会合作的重要形式,隐私场景完整性理论主张要基于共享的信息的场景来概念化信息共享的适当性,尤其应考虑到具体场景中信息主体所扮演的特定角色以及管理信息共享的规范文件。信息共享规范具有两个主要目的:一是确定在特定场景下适合提及的信息范围;二是根据信息当事方在场景内部所扮演的角色来决定可以将哪些信息从某一方传递到另一方或其他各方,且是否能够允许跨越不同场景的信息共享。[②] 在大数据网络环境中,信息的开放性使划定行为边界与规范边界的难度激增,隐私场景完整性理论要求信息收集、传输和共享必须在特定场景中开展是适当的,场景完整性可以引导研究者关注特定社会网络中信息流动的规范界限。因此,保持信息流动的场景完整性能够起到填补、完善空白概念的作用。为了助力场景完整性的实际应用,隐私场景完整性理论提供了一套九步决策启发法[③]来分析某一新行为是否存在侵犯个人隐私的潜在可能性。[④]

隐私场景完整性理论破除了公共信息与私人信息的传统二分法以

---

① See Helen Nissenbaum, *Privacy in Context: Technology, Policy, and the Integrity of Social Life*, Stanford University Press, 2010.

② See Natalia Criado, Jose M. Such, *Implicit Contextual Integrity in Online Social Networks*, Information Sciences, Vol. 325, 2015, pp. 48 – 69.

③ 九步决策启发法具体包括下述步骤:第一步,从信息流动的角度描述新行为;第二步,以常人熟悉的一般性水平确定新行为所处的主要场景;第三步,确定信息主体、信息发送者和信息接收者;第四步,确定信息传输原理,即各方之间可以或不应共享信息的条件;第五步,详细说明特定场景中长期适用、具备普适性的信息规范;第六步,根据场景中的信息规范对新行为的影响进行初步评估;第七步,考虑新行为可能影响的道德和政治因素进行第一次正式评估;第八步,考虑新行为如何直接影响特定环境的价值和目标进行第二次正式评估;第九步,根据评估结果确定新行为是否违反场景完整性。See Helen Nissenbaum, *Privacy in Context: Technology, Policy, and the Integrity of Social Life*, Stanford University Press, 2010, pp. 182 – 183.

④ See Michael Zimmer, *Addressing Conceptual Gaps in Big Data Research Ethics: An Application of Contextual Integrity*, Social Media + Society, Vol. 4, No. 2, 2018, pp. 1 – 11.

及单一场景中的隐私偏好和决策普遍适用于其他场景的观念,将适当的个人信息保护与特定场景下的个人信息流动规范连通起来,主张个人信息的收集、传播与具体语境相适应,并遵守语境中的支配性规范。同时,其借用理论分析提供了一个框架来评估个人信息在不同信息主体间的流动,以帮助识别和解释某种形式的信息流动在特定场景中可以被接受,而另一种形式的信息流动却被排斥。当个人信息在不同信息主体间流动时,隐私场景完整性理论要求对流动作出特定限制,此种限制需要结合相关背景细节的调查结论以及社会制度来制定,应考虑信息所处的具体场景,场景的不同会导致适用的社会规范不同。[①] 申言之,某些个人信息在一种场景中不具有敏感性,而将之置换到另一场景中则可能破坏个人信息的完整性,触犯信息主体的隐私。考量个人信息应用场景的思路跳脱出了"信息公开与否"的惯性思维,从信息环境的整体性出发,以场景为路径导向来评判是否侵犯信息隐私利益。

明晰场景的概念是隐私场景完整性理论重要的先导问题。根据尼森鲍姆的理论,场景是构建起来的社会存在,其特征由规范性的活动、角色、关系、权力结构、规则以及内在的价值所决定。[②] 从中可看出,场景是一个弹性较大的泛化概念,覆盖个人生活可能经历的各个社会面向,场景不同所遵循的规则亦不同。对此,就保护个人信息权而言,应重点关注谁在收集信息、谁在分析信息、谁在传播信息、将信息传播给谁、信息的本质为何、不同信息行动者间的关系为何、规模性的信息组织与社会间的关系为何等场景,场景中的不同因素影响具体保护规则的抉择,[③]而场景的完整性则是个人信息保护的适当性基准。在时间线上,个人信息原始收集时的具体场景决定了后续传播、利用的限度。个人信息利用是否合理,不能单单取决于信息主体一方的主观感知,

---

① See Helen Nissenbaum, *Privacy as Contextual Integrity*, Washington Law Review, Vol. 79, No. 1,2004,pp. 119 - 157.

② See Helen Nissenbaum, *Privacy in Context: Technology, Policy, and the Integrity of Social Life*, Stanford University Press,2010. 转引自吴伟光:《从隐私利益的产生和本质来理解中国隐私权制度的特殊性》,载《当代法学》2017 年第 4 期。

③ 参见刘静怡:《社群网络时代的隐私困境:Facebook 为讨论对象》,载《台湾大学法学论丛》2012 年第 1 期。

还需虑及当事人的容忍限度、相对方的感受、各利害关系人的利益结构、因利用而导致的后果及影响能否为信息主体所接受,或是否符合信息主体的“合理预期”,以及利用目的和个人信息动态价值与静态价值的关联度。

隐私场景完整性理论的核心原则之一是没有不受信息流动规范控制的领域,没有可以用“任何事物”(anything goes)来表示的信息或领域,几乎所有的事件、交易不仅仅有发生的地域背景,还处于政治、习俗、文化期望的情境中,对隐私的规范应植根于更为有限的背景、领域或刻板印象的场景。对于部分人而言,场景规范可能是隐性的、可变的和不完整的;对于厘清理论构建目的来讲,不同类型的场景、制度或领域的社会现象已牢固地嵌入社会共同经验中,并已在著名哲学家、社会科学家和社会理论家的著作中被理论化。隐私场景完整性理论假设了两种信息规范:适当性规范(norms of appropriateness)与流动或分布规范(norms of flow or distribution)。[①] 当两种信息规范均得到支持时,场景完整性即得到了维护,而当其中一种规范被违背时,场景完整性就被违背了。由此可得,场景完整性是判断隐私是否被侵犯的要件,在任何特定场景下,只要一种类型的信息规范遭到侵犯,即可投诉侵犯隐私。个人信息作为隐私的重要组成部分,对个人信息的侵犯亦是对隐私的侵犯。

人们的日常生活领域既非纯粹的私人空间,也不是完全的公共场所,更多地介于公开与私人间的模糊地带,界定公私领域的传统二分法并不足以在众多信息中准确识别应受保护的个人信息,科技对生活的强力入侵使得合理期待的范围渐渐萎缩,个人信息权保护呈现摇摇欲坠之势。场景差异对于个人信息保护有相当影响,信息的“场景性公正”是实现信息保护的关键原则。同时,合理性亦被视为个人信息权保护与利用的核心要件。个人信息权保护的合理程度要置于其所处境况予以观测,避免脱离场景的抽象式预判,而利用个人信息权的合

---

① 适当性规范指关于个人的哪些信息在特定场景中公开是合适的。流动或分布规范指个人信息在特定场景中的移动,或个人信息从一方到另一方的传递。

理性则应综合多重因素在具体场域中进行程度性判断。具体场景下的相关行动者、信息类别与传递原则等元素组构而成的信息规范应满足适当性原则，即确定在某种场景中，哪些个人信息可以在信息市场中自由流通，哪些个人信息的相互传递应受到规制。美国《消费者隐私权利法案》的制定正是以隐私场景完整性理论为指导思想，显见其在立法上的强适用性。从传播力以及影响力的角度看，索罗夫（Daniel Solove）认为，前人描述的隐私不是过于简略，就是过于宽泛，隐私实际上是多个相互重叠的概念的集群，以实用主义方法来概念化隐私更贴合这一语词的本性。索罗夫语义下的实用主义并非简单的普遍主义，而是关注、审查特定的有问题的隐私情况来描绘出具体场景，并据此提出了一种理解隐私的方法，为识别、分析相关的实践维度提供指导。个人信息是隐私的重要部分，信息隐私是特定实践的重要组成部分，应参照行为规范来保障具体场景中的某些个人权益免受侵害。① 索罗夫的观点对后续信息隐私的相关研究影响深远，可被视为是对隐私场景完整性理论的延展。

（二）信息风险导向理念

风险视域在当代社会发展的大背景下极具现实关照性，成为深化、创新社会治理的重要工具。风险这一概念的源头可追溯至意大利，最初其仅指向自然风险，尤以航海中发生的危险为代表，经过时代的更迭，风险被赋予了社会与经济属性。② 在语义上，风险预示着损害产生的可能性，一经触发且变为现实，则实际结果与预期目标之间将产生偏差，此即说明了风险的客观性。同时，随时空、形势变化而变动的风险还具有不确定性。鉴于风险的特性，德国学者乌尔里希·贝克（Ulrich Beck）结合"中心—边缘"体的世界经济格局最早提出"风险社会"概念，指明在中心发达国家发生的经济危机很有可能波及边缘国家，换言之，边缘国家开始承受其他国

① See Daniel J. Solove, *Conceptualizing Privacy*, California Law Review, Vol. 90, No. 4, 2002, pp. 1087 – 1156.

② 参见周战超：《当代西方风险社会理论研究引论》，载薛晓源、周战超：《全球化与风险社会》，社会科学文献出版社 2005 年版，第 7 页。

家带来的经济风险。[①] 现在与未来的区隔是风险社会最为显著的特性，导致未来后果难以预测，从而使当下的决定具有了未知的风险属性。[②] 随着企业作为风险引致者的角色逐渐得到确认，企业的组织经营活动等具备合法性的危险活动日渐演变为风险社会的侵害源头。社会、经济、生态等领域的“风险景观”不断呈现，使得可能风险向着实际危害转化的比率攀升，逐渐引起全球理论界与实务界的重视，识别风险、衡量风险、控制风险等体系化研究依次铺开，其中，以风险识别、事前风险预警、风险防范措施为关键点的风险导向理念（risk-based approach）置身于风险研究的前端。

交易过程中信息偏在的刚性约束容易导致逆向选择和道德风险，经济学研究发现，如果市场交易中的信息不对称加重，经济运行的效率将会受到重大影响，需要寻求回应信息不对称、规避信息风险的最佳方式。[③] 当风险转化取决于一方的行为或潜在特征，信息不对称使这些行为或潜在特征难以契约化时，同意承担风险的主体面临的信息不对称问题将十分严峻，而信息风险导向理念的事先防御功能却能够帮助预测风险实际发生的可能性。[④] 个人信息是互联网应用的产物，倡导信息自由是希望实现互联网经济的繁荣，然而，身份信息、生物信息的稳定不变性使其遭遇泄露或被滥用后的风险呈现不可逆转性，无法有效弥补。信息风险导向理念建立在风险区分的基础上。按照危害来自信息关系内部或外部，可分为外缘风险与内化风险。外缘风险主要是技术因素所致，对技术的盲目乐观而封闭于现有的落后技术中，将可能导致不法分子利用高超的技术手段盗取信息合法控制者存储的个人信息，可见，技术的更新换代使得个人信息安全遭受攻击是难以避免的。内化风险则因信息处理者的行为而致。负有保密义务的经营者越权使用消费者个人信息，或先收集分析浏览痕迹、定位信息等间接个人信息，再进行二次利用，均有可能引发个人信息

---

① See Ulrich Beck, Risk Society, *Toward a New Modernity*, Sage Publication, 1992.

② 参见李忠夏：《风险社会治理中宪法功能转型》，载《国家检察官学院学报》2020年第6期。

③ 参见凯斯·R. 桑斯坦：《权利革命之后》，钟瑞华译，中国人民大学出版社2008年版，第101页。

④ See Scott Baker, *A Risk-Based Approach to Mandatory Arbitration*, Oregon Law Review, Vol. 83, No. 3, 2004, pp. 861－898.

安全风险。基于信息风险导向,可以通过潜在要素识别风险类别,评估可能类别的实际危害转换概率,向信息主体预警,并协助其在浩瀚的举措中筛选出风控成本最小、损失最低的可能应对策略。

作为一种可能出现而并非必然发生的后果,风险一旦转化为实际危险,将严重危及所欲保护的社会公共利益。无论是普遍性的系统性风险,还是特别的非系统性风险,防控风险首先应当进行风险识别。准确地识别风险对信息掌握和分析能力有相当的要求。风险防控主体需要收集大量的相关信息,并在众多信息中筛选出具有关键性作用的信息,根据所提取的信息结合专业分析进行预判。风险识别对时间有着严格要求,需要在相当紧迫的时间界限内为风险决策提供行为指引,成功识别出风险的时间越早,越能为后续的预警与防范措施的施行节省时间。在技术日益精进的时代,侵害消费者个人信息权的行为越发隐蔽,直接呈现的可供辨识的信息越发复杂,这就意味着及时识别侵害行为风险的难度越大。为此,分段识别法、德尔菲识别法、风险树识别法、[①]行为流程图法等识别技术方法的应用,才能保证风险识别的时间性以及预期效果,发挥风险识别与风险沟通的功效。

风险向危险的转化一般以爆发突发性事件为标志,面对突发事件,各方主体往往会显现措手不及之态,即是由于缺乏事前预警。为了预防突发事件的发生,控制、减轻突发事件可能引起的严重社会危害,《突发事件应对法》对预警机制设置了程序化的规范体系:首先,各级政府部门设置统一的突发事件信息系统,将已发生的突发事件在系统中汇集、存储、分析,并在部门与部门之间建立互联互通渠道,以强化信息沟通与整合;其次,设置监测网点和信息报告员,将所获知的突发事件信息及时、客观、真实地向政府主管部门或专业机构报告,通过多方途径展开信息收集活动;再次,政府主管部门通过汇总分析信息,评估进行风险预警或采取防范措施的可能性,必要时可组织专业技术人员、专家学者进行会

---

① 风险树识别法是针对风险具体内容及引发因素进行分解,使复杂的风险系统简单化,在分解后对其进行合理预测,最后构造风险树模型的方法,它通常分为三个步骤:分解—合理预测—构造风险树模型。参见蒋云贵:《我国社会转型期企业法律风险预警机制及对策研究》,中南大学2011年博士学位论文。

商;最后,如果分析评估结论触发警报,政府主管部门将结合突发事件发生的紧急程度、发展态势与可能的危害程度发布预警级别,宣布进入预警期,后期根据突发事件发展的严重程度缓解或加强及时将原先的预警级别调整至相应级别的警报。[①] 针对网络环境中个人信息面临的风险威胁问题,《网络安全法》要求国家网信部门建立网络安全监测预警和信息通报制度,从国家层面统筹协调网络安全信息的收集、整理、分析工作,定时定点通报网络安全监测预警信息,制定网络安全事件应急预案,加强个人信息安全风险预警功能。[②] 风险预警应当是一套完整的、体系性的评估反应过程,需要风险预警管理机构、可能遭遇风险的群体、社会企业等多元主体的积极参与,通过量化风险指标确定风险阈值,运用风险分析模型进行结果判定,在此过程中因风险信息的复杂性还需兼顾预警的动态性。

风险具有内生不可控性、不确定性,风险防范措施的选择与使用对于在事前阶段减弱或消除风险的危害性至关重要。风险防范措施的核心乃是采取一系列风险预防手段应对潜在损害,但不同的风险所选用的风险防范措施各不相同。例如,对于股权众筹领投融资法律风险的防范措施可以采取各主体相互制衡的"领投 + 跟投"模式、明确股权众筹领投人的权利义务和选任条件、建立跟投人后续权利保障机制等以分别应对股权众筹领投融资活动中可能发生的诚信风险、融资风险。[③] 针对知识产权资产证券化法律风险的防范措施可以选择建立基础资产池法律风险"防火墙"、强制披露知识产权资产证券化相关信息来有效因应基础资产池转让风险、特殊目的机构的法人结构风险、发行专家报告的风险、相关文件被认定为无效或可撤销的风险、合同当事人的违约风险等具体化风险。[④] 值得注意的是,风险防范措施的选择与实施是以风

---

① 参见《突发事件应对法》第 37 ~ 47 条。

② 参见《网络安全法》第 51 ~ 58 条。

③ 参见马其家、樊富强:《我国股权众筹领投融资法律风险防范制度研究》,载《河北法学》2016 年第 9 期。

④ 参见黄勇:《知识产权资产证券化法律风险防范机制之研究》,载《政法论坛》2015 年第 6 期。

险预判评估结果为前提要件,即当在事前环节确认风险有较大可能性发生时,政府主管机关才会根据风险的产生原因、特征、严重程度等因素制定合适的防范措施,目的在于将风险在未转化为实际危险时即予以控制。

作为风险导向理念重要关节的风险识别、事前风险预警与风险防范措施并非相互割裂,而是呈现一种连续性的先后次序关系。从事件进展脉络观之,各类信息汇总后的第一步是进行风险识别,判断是否存有风险,如果经评估确认风险存在,则进入第二步事前风险预警,发布与预判风险相对应的预警级别,起到警示作用,最后针对风险特性制定合适的风险防范措施。可见,整个流程被一根链条连接起来,打破了离散、碎片化的单个环节自行运作轨迹,突破了环节与环节之间的阻隔,借由环节间的内在黏性做到了有的放矢、因时因地地治理风险难题。同时,重视风险导向理念是风险社会规避未来损失的必然要求。现实风险的成型是一个综合性、渐进性的过程,传导效应表明如若在事前阶段忽视风险预防,则高度不确定风险会将其本身所具有的危险性、复杂性传递至事中、事后阶段,而随着事件的进展,减轻或消除风险的可能性将大大增强,甚至可能直接导致风险转化为实际危险,危及社会安全。

法院审理个人信息类型案件的司法实践已显现一种风险态度倾向。如果案涉个人信息是一般性的普通个人信息,诉求通常不会得到支持,而如果所涉个人信息关乎当事人隐私或敏感事项,诉请很有可能会获得支持。此种根据个人信息种类来简单粗暴地划分信息风险高低的处理方案存在较大的理论缺漏,缺乏严谨的专业化风险评估程序,未采用经实践反复验证可行的风险评估工具,进而在很大程度上可能很难精准预估风险后果的发生概率及严重程度。与之相较,信息风险导向理念是一种对危害程度以及危害发生可能性的判别方案,其意在通过评估工具和操作流程来评判个案的信息风险,提前采取相应的预防措施,以使信息风险处于可控范围内,避免个人信息合理安全利用过程中风险骤增。

四、场景风险保护模式的基本原则

依照法律规范的法理界分，可将其划分为原则、规则和标准。在法律语义学中，法律基本原则通常体现的是宣示性、指定性的规范形态，表征为立法者对某行为模式进行一般性的是非对错评价。[①] 对于保护消费者个人信息权而言，基本原则至关重要。无论设置何种保护个人信息权的原则，均不能脱离合规性与合法性的约束。合规性要求信息主体、信息控制者、信息处理者等信息法律关系主体不仅要遵守法律、法规、规章及监管政策，也要遵守相关标准、合同以及有效治理原则和道德伦理准则履行合规义务，将不确定性对于合规的影响尽力减少至最低。[②] 建立信息合规管理体系能够合理防范合规风险，在对面临的合规风险进行识别、分析和评价的基础上，改良合规管理流程以达到有效应对和管控合规风险的目的。[③] 合法性要求个人信息收集、使用、处理等过程需要遵循法律法规文件中确立的一般规则，借由规则的规范作用平等地保护各方利益相关者的合法权益，实现对个人信息权有效的法律保护。[④] 在个人信息权利保障领域，合法性是合规性得以实现的基石，合法性则由告知同意、透明公开、使用目的限制、真实准确、安全存储等要素组构而成。在合法性与合规性的双重把控下，保护个人信息权基本原则的确立方能助推后续的制度运行达到较好的效果。

场景风险保护模式倡导依据行为类型与场景对个人信息进行分类分级保护。在风险导向理念下重塑风险分配，意味着遵循场景风险保护

---

① 参见吴元元：《司法无言之知的转化机制及其优化——案例研究的知识社会学反思》，载《法学》2019 年第 9 期。

② 参见何渊：《数据法学》，北京大学出版社 2020 年版，第 12 页。

③ 参见国家质量监督检验检疫总局、国家标准化管理委员会 2017 年 12 月 29 日联合发布的《合规管理体系指南》(Compliancemanagementsystems—Guidelines)(GB/T35770－2017)“引言”部分。

④ 欧洲委员会在制定和发布《个人数据自动化处理中的个人保护公约》(简称“第 108 号公约”)时，就将个人数据保护定位于对个人基本权利的保护，并用个人数据处理的“合法性”基础或原则作为个人数据使用、处理的法律依据，而不是单一的个人决定权。体现了个人数据保护的合法性要求。参见高富平：《个人信息使用的合法性基础——数据上利益分析视角》，载《比较法研究》2019 年第 2 期。

模式来保护消费者个人信息权坚持的基本原则必然不同于个人信息权保护的通用原则,而应具有相当的特殊性。只有结合场景特性,坚守自由流动和合理限制原则、实质公平原则以及信息安全原则,“既保护信息权利,又保障信息流动”的法理念才能得以全面贯彻。

(一)自由流动和合理限制原则

保护个人信息需要调和多方利益关系,包括个人权益的保护、合理行为自由的维护、公共利益,通过我国关于个人信息的立法旨意与动态可知,法律在本质上致力于协调保护个人信息与促进个人信息合理使用间的关系,促进合理使用也即需要保障个人信息的自由流动并对他人使用个人信息予以合理限制。个人信息自由流动是实现信息价值的先决条件。在经济全球化与贸易自由的语境下,信息自由流动包括在一国范围内的信息流动,也包含信息的跨国流通。在信息数量核爆式增长时代,增强信息的流动性也即增快了信息效率,有助于实现信息价值的极大化。在一定意义上,信息自由流动节省了信息处理者的信息检索成本,以灵活的方式配置了市场中的信息资源,进而实现信息价值转化的帕累托最优。毋庸置疑,倡导个人信息自由流动有着积极的价值功能,然而,不加限制的信息流动却可能给了非法信息行为可乘之机。因此,场景风险保护模式在提倡信息自由流动的同时增设了合理限制机制。

通常情况下,限制信息流通与预定信息目的挂钩,信息处理者实施的收集、存储、使用、传输等信息行为必须依托于事前或事中已确立的特定目的,如若超出前述目的或与之相抵触则将被认定为非法不当行为,消费者有权立即叫停或采取措施制止行为继续发生,执法者应采取适当措施以保障信息行为在权限内行使。限制信息流通还需注意合理性因素。所谓合理,是指个人信息处理行为服务于法律在合理使用中所欲达致的目的范围,且手段和方式没有超过为实现该目的而能够采取的最缓和的方式,其本身即满足比例原则的要求。[①] 即使合理限制原则的设置目的在于防范消费者的个人信息权在信息自由流动中受到伤害,但场景

① 参见程啸:《论我国民法典中的个人信息合理使用制度》,载《中外法学》2020年第4期。

风险保护模式语境下的合理限制原则对“原始目的”进行了扩大解释,认为“不得从事与处理目的无关”的信息处理行为过于严苛,特别是在科学技术日新月异的时代,机器学习、自动化决策、智能文本预测、信息挖掘练习等需要以信息收集作为基础的技术活动难以在事前确定使用目的,僵化地以使用目的限制为由而认定违法是对技术发展转型的阻碍。鉴于此,场景风险保护模式要求结合信息行为与原始目的的关系、信息处理者的合理期待、信息行为发生的具体场景、撤销信息行为可能引发的风险等因素判断后续信息处理行为是否符合原始目的,能否对其进行合理化解释,综合多重因素共同辨别信息行为应否被限制。根据布迪厄的场域理论,不同类别资本(社会、经济、文化等资本)的级别排序随着场域的变化呈现不同。[①] 循此,不同的资本在不同场景中的不同样态扩充了信息使用行为的合法因由,合理限制实际上有助于促进个人信息的合理使用。

自由流动与合理限制的结合实际上体现了放权与集权的糅合。放任个人信息自由流动是参与市场竞争、兑现信息价值、促进经济发展的必备要件,市场的趋利性很可能使这一过程为了实现经济利益而以牺牲个体权利为代价,权利保护本着阻断利益侵蚀而崛起,而对信息自由流动加以限制,则是集中权利使用范畴以防范信息滥用,实现保障消费者个人信息权的目的。

(二)实质公平原则

根据罗尔斯的观点,公平是正义的核心价值之一,只有公平的正义才是真正的正义,平等地向所有人开放且满足每个人的利益是正义实现的两个条件,而要使正义适合每个人的利益需要坚持效率原则和差别原则,其中,差别原则以形式公平与实质公平为基本内容。[②] 形式公平是一种抽象的、表面的公平,其无论理由、不分场合地坚持既定原则、服从既有体系并无差别地对待所有人。按照规则严格一视同仁的形式

---

① 参见[法]皮埃尔·布迪厄:《反思社会学导论》,李猛等译,中央编译出版社 1997 年版,第 135 页。

② 参见[美]约翰·罗尔斯:《正义论》,何怀宏等译,中国社会科学出版社 2003 年版,第 60 ~ 65 页。

公平只能使“不平等变得天经地义,甚至加剧这种不平等”①,实质公平乃是适用于个体的实质理性化原则,个体自愿接受并利用规则提供的机会来促成其利益的实现,获得实质公道的结果,但这一结果对于其他主体而言可能是不公平的。最初,民法为了保障平等主体的权益,对形式公平的倡导掩盖了实质公平的合理性,自矫正正义的提出,追求结果公平的经济法通过赋予经济主体“相对特权”的形式,将民法试图遮蔽的实质公平显现出来。实质公平着眼于整体、全局视角,通过法律干预资源分配的形式实现社会利益最大化,强调在考虑具体情境的情况下区别对待不同主体,尤其注重对利益受损或可能受损者的适当补偿。②

有着现代信息隐私法基石之称、作为个人信息保护的思想渊源与基本架构的公平信息实践(fair information practices)确立了个人信息赋权与施加信息使用者责任的路径,③正是虑及信息主体与信息使用者在信息活动中实际的不平等地位,意图以赋权规则与责任规则并举的方式落实实质公平,进而以实现保护消费者个人信息权的目的为依归。由于智能科技时代个人信息风险难以预料,欧盟在《可信人工智能伦理指南》(*Ethics Guidelines for Trustworthy Artificial Intelligence*)中特别关注儿童、

① [英]彼得·斯坦、约翰·香德:《西方社会的法律价值》,王献平等译,中国人民大学出版社1990年版,第84页。

② 参见冯辉:《紧张与调和:作为经济法基本原则的社会利益最大化和实质公平——基于相关法律文本和问题的分析》,载《政治与法律》2016年第12期。

③ 公平信息实践诞生于1973年。美国政府为了回应因普遍使用计算机数据库处理个人信息伴生的问题,在医疗、教育与福利部门成立了一个“关于个人数据自动系统的建议小组”(Advisory Committee on Automated Personal Data Systems)。这个小组在1973年首先发布了一份“公平信息实践准则”报告,确立了处理个人数据的五项原则:(1)必须禁止所有秘密的个人数据档案保存系统;(2)必须确保个人了解其被收集的档案信息是什么,以及信息如何被使用;(3)必须确保个人能够阻止未经同意而将其信息用于个人授权使用之外的目的,或者将其信息提供给他人,用作个人授权之外的目的;(4)必须确保个人能够改正或修改关于个人可识别信息的档案;(5)必须确保任何组织在计划使用数据时,其创建、维护、使用或传播可识别个人数据的档案中的数据都必须是可靠的,并且必须采取预防措施防止数据的滥用。由此,公平信息实践逐步发展,其基本原则为世界各国、地区、公司和个人提供了关于数据保护和隐私的共同语言。公平信息实践“已经成为全球隐私保护的重要准则”,得到了包括中国在内的全球各个国家的认可。参见丁晓东:《论个人信息法律保护的思想渊源与基本原理——基于“公平信息实践”的分析》,载《现代法学》2019年第3期。

残疾人、消费者等弱势群体，要求个人信息开发利用者应遵循透明度、非歧视、可问责、社会公益等指导方针积极防止弱势群体的个人信息遭受不当侵害。[①] 场景风险保护模式意识到消费者在与经营者的信息博弈中处于弱势地位，源于理性动机与伦理考虑，该模式以实质公平为基本原则，要求在个案中充分衡量利益关系者的权益得失并采取一定措施促使利益平衡。实质公平原则是保护消费者个人信息权的直接方式，这一原则以法律规定为倚靠，倾斜性地保护消费者的信息权利，帮助消费者对抗信息侵害行为。表面上，信息处理者进行的信息处理行为是为了维护自身权益，但消费者的合法信息权利却因此而受损，实质公平原则的设置则在于防止信息处理者以“合法理由”践踏消费者的个人信息权。尤其是在信息侵害诉讼这一典型的不平等主体之间的持续性的法律关系中，形式上平等的两造，实际上在诉讼地位、可支配的诉讼资源层面差距较大，且损害标准、证明责任与传统的隐私侵权亦有所差异。依据正常诉讼规则和程序，作为原告一方的个体消费者以司法途径寻求救济的方案最终会宣告失败，而实质公平原则在合法范围内充分发挥了司法机关的主观能动性，降低弱势方的证明难度，增加强势者的证明责任即是在保护消费者的个人信息权。当然，实质公平原则在展开保护消费者信息权利的同时应遵循“合法、正当、必要、有限”的制度底线，还应注意法律的例外规定。

（三）信息安全原则

党的十九大报告指出的“坚持总体国家安全观”是新时代坚持和发展中国特色社会主义的基本方略之一。信息安全关乎国家安全体系的整体构设，个人信息的私密性决定了安全管理的必要性。互联网时代，大量个人信息通过开放式的公开网络传播，确保信息安全是消费者个人信息权保护的应有之义。常规保护原则亦强调安全性，却是不断重申加重经营者等信息使用者对所获个人信息的安全保障义务，在保护措施上主张专人专管制，当信息使用者所掌控的个人信息数量超

① 参见欧盟于2019年4月发布的重要文件《可信人工智能伦理指南》(Ethics Guidelines for Trustworthy Artificial Intelligence)。

过规定限度时设立信息保护负责人,坚信接触信息的人员越少越能够保证信息安全。① 然而,这类安全保护理念与个人信息流动快、具有较大不确定性的现状差距逐步拉大,若继续贯彻,仍可能面临肆意毁坏、未经授权不当利用、非法泄露个人信息的危险。此外,出于对技术理性的信赖,为信息收集、流通的便利而根据外在表象盲目信任网络环境中的信息隐私安全保障,在变化多端的时代洪流下将变得不可持续,不仅可能使信息主体对于信息的流动控制权失控,甚至可能严重威胁信息隐私安全。②

从风险的角度来看,可能抨击个人信息安全的风险大致分为自然风险和人为风险。前者如个人信息因意外而丢失或毁损,后者如越权利用个人信息、欺骗方式收集个人信息或制造木马程序恶意处理个人信息。场景风险保护模式所提出的信息安全原则正是立足于风险,以防范为精义,着重关注信息存储环节与信息传输环节,力图以合理的安全措施保护个人信息的完整性。具体而言,信息控制者应采取身份识别、加密等物理或电子的技术措施以避免个人信息在存储环节被不当截取、修改或泄露。信息控制者还应采取管理措施,制定一系列组织管理制度,如信息接触者的保密规章、信息传输者的使用规则,以保护个人信息免受不恰当的披露和利用。

实现信息安全原则的核心是通过采取严格的管理和技术防护措施预防个人信息安全事件的发生,安全评估是安全预防的重要前置性环节。2020 年发布的《个人信息安全影响评估指南》(GB/T 39335—2020)旨在发现、评估、处置和持续监控个人信息处理过程中对个人信息所标识或关联的主体的合法权益造成不利影响的风险。详言之,即是针对个人信息处理活动检验其合法合规程度,判断是否存在因处理信息而对个人信息主体合法权益造成损害的各种风险,评估用于保护个人信息

---

① 我国台湾地区 2010 年制定的“个人资料保护法”第 18 条规定了个人资料的专人专管制度:“公务机关保有个人资料档案者,应指定专人办理安全维护事项,防止个人资料被窃取、窜改、毁损、灭失或泄露。”

② 参见胡凌:《探寻网络法的政治经济起源》,上海财经大学出版社 2016 年版,第 151 页。

主体的各项安全保障措施是否有效。[①] 安全评估主体既包括行政监管部门也涵盖个人信息收集使用者,尤其是信息使用者在对个人信息进行商业化利用之前如果没有履行安全评估义务将承担连带责任。场景风险保护模式下,切实、准确的安全评估首先需要保证评估主体真实、全面掌握特定场景的情形、场景所涉及的具体的个人信息处理活动、信息活动参与主体等密切关联信息。信息处理主体应当主动开展安全评估,依据评估结果采取一定的安全保护措施,并对其所采取的安全保护措施进行定期检视和重新评估,根据环境、风险的变动情况及时修整或替换不适用的安全措施。

五、场景风险保护模式的实践方法

建构场景风险保护模式需要从认知层面、操作层面以及制度层面三个视角进行制度设计,以能否实际运作为标准来把握和取舍方案,竭力囊括信息主体、信息侵害维护者、信息制度制定者等多元角色,席卷立法、司法、执法和守法维度的具体措施,以达到切实保护消费者个人信息权的制度目标。

(一)信息相关者认知层面的改变

认知能力是一种学习能力,是预测、监督公民行为表现情况最有效的因素之一。鉴于当下国情,重点关注个人信息权的时间并不长久,种种非法利用个人信息之弊背后的深层原因纷纷指向信息相关主体的认知能力。与消费者个人信息权相关的主体主要涉及消费者、经营者、行业协会以及国家,每一类主体的认知情况都关涉一体化高能保护效果。对信息相关者进行认知层面的改造,应当恪守“安全”与“发展”的价值指引。

首先,提升消费者的认知能力是一项精巧而复杂的机制,需要唤起消费者自我警醒的反射性认知,从风险预警、自我意识等层面打造一套

① 参见国家市场监督管理总局、国家标准化管理委员会联合发布的《信息技术安全个人信息安全影响评估指南》(*Information security technology—Guidance for personal information security impact assessment*)(GB/T 39335－2020)3.4 与4.1。

成本最低、效率最高的自我认知机制。基于场景风险保护模式的特征,应结合普通消费者的认知结构、信息获取经验与认知心理基础打造具有亲和性的个人信息保护指南,使之能够迅速进入广大消费者的认知范围,成功地与消费者的认知结构实现制度化对接,促成消费者自我保护的主动性。在自我认知阶段,消费者需要知晓现实社会环境中不当、不法利用其个人信息的行为繁多,运用有限的消费经验难以确立有效认知,唯有调整消费者的认知基础,辨明消费者心智中对于信息侵害行为的感知印象,将个人信息保护规范意识融贯至消费者认知体系,并在时间推移下将这种认知拓展至更广阔的消费者,进而将之升华为一种具有内嵌性的社会认知,以达到提升消费者自我保护能力的目的。

其次,经营者应认识到其信息行为的边界。技术发达的社会环境下,经营者可能明知其收集利用个人信息的行为已侵害信息权利,也可能不知其信息行为越界的事实,前者故意为之当然应受法律规制,后者是否可因“不知者不处罚”而被豁免?实际上,经营者在行为之前明晰合理利用消费者个人信息与权利侵害间的红线所在,便可避免沦为不法行为者。这属于经营者认知能力范畴,需要经营者通过查阅有关案例、报道,以符合自身认知规律、便于习得的方式明确可为与不可为的行为种类,从而约束自己的行为。

再次,行业协会应提升惩戒不当信息行为的认知。对于保护消费者个人信息权一直存在一种误区,即司法救济、公权干涉是应对侵害行为的最优途径。其实,作为行业内企业自治组织的行业协会所拥有的惩罚职责对于规制部分不当信息行为有着独特优势。因此,行业协会应认识到其是能够为保护个人信息权贡献力量的,可以通过向行使不当信息行为的企业实施经济制裁、集体抵制、开除会籍等惩罚,从而威慑经营者,保护消费者权益。

最后,国家应当加强指导认知。作为全局掌控者,国家能够汇聚所有关于个人信息收集、存储、利用的信息,国家机关具备理解相关知识、掌握相关原理的能力,具有平衡配置公共资源的实力,凭借已有优势,国家应当进行有效、精准的信息指引,帮助信息执法者有的放矢,尽量避免执法资源无端耗散。

(二)信息侵害维护者操作层面的改进

信息侵害维护者应加强信息侵害的日常排查工作,以应急模式因应突发性的大规模个人信息泄露事件,切实做到应急式管理与常规执法双轨运行。

作为信息侵害维护者之一的司法机关应在信息侵害诉讼中适度降低消费者的举证难度。互联网营销环境下,网络经营者侵害手段的技术性、侵害形式的复杂性使消费者在诉讼活动中难以有效举证,个人信息权的司法救济屡屡受挫。部分案件中,司法机关亦深知消费者的合法权利确被侵犯,但迫于"证据—推论"的理性推理逻辑,在证据证明力不足的情形下,不得不作出违心遵法的裁判。在韦伯的理论中,举证责任是基于举证权而产生,能够正确地"探求证据"的当事人,才具有举证权。[1]经营者在经济活动中的优势地位决定了其能够较为轻易地探知到正确的证据,赋予其举证责任实际上是对实现其举证权的保障。鉴于消费者在信息侵害诉讼活动中举证难的现实困境,司法机关应在不违背程序规则的前提下,结合个案的具体场景,于特定条件下增加经营者的举证责任,要求经营者对其无违法行为或已尽到信息安全管理义务进行举证,否则适用过错推定原则,承担不利后果。

作为信息侵害维护者之二的执法机关应确立以预防为主的督导体制。这一体制的建立首先应当注重优化执法机关的执法结构与系统,清晰界分不同执法部门间的权力边界,明确职能分工,有效分担单一执法部门的执法负荷,关注个人信息保护规范在执法场域的传导集中性,落实依法执法,将一般执法与特性执法相结合,增强执法公信力,着力避免效果泛化重复发生,并且防止执法活动对个人信息保护的负向作用。其次应当设置一个统一的专门保护个人信息的执法监督部门,其他拥有执法权的行政部门协助办理。欧盟的个人数据保护委员会、韩国的个人信息纠纷调解委员会均为统一执法机构并助力于制度推进。受信息风险导向理念的影响,统一执法部门应具备风险意识和预估风险发生概率的

---

① 参见[德]马克斯・韦伯:《法律社会学:非正当性的支配》,康乐、简惠美译,广西师范大学出版社 2010 年版,第 223 页。

能力,并能够提前预警,采取相应措施予以防范。尽管在“网络难,难于监管”的现实背景下,统一执法部门的监管职能履行不畅,但仍应从行为规范的角度重点审查经营者的个人信息处理行为,将不法信息侵害行为扼杀在摇篮中。

(三)信息法律制度层面的完善

法律的生命在于实施,实施的前提是有法可依,有善法可依。大数据技术的纵深开展使消费者个人信息权保护法律规范严重滞后于信息产业的发展,技术拱卫的原初目的已发生异化,诸多信息侵害纠纷纷沓而至,因此,在立法技术上协调信息法律制度,运用成文法保护个人信息权显得至关重要,这就要求依据社会情势的变化积极改进存量法律规范,适度创设增量成文法规范。

在《个人信息保护法》尚未制定的阶段,对于个人信息的法律保护相对分散,没有形成一个整体性的系统法律保护框架。《民法典》在个人信息保护层面确认了知情权、访问权、复制权、更正和删除权四种主体权利,而这些权利只是为了维护信息主体利益的程序性权利,而非一种独立的请求权。《个人信息保护法》的制定很好地弥补了制度盲点,奠定了法律保护个人信息的基础体系。《个人信息保护法》不仅是关于保护个人信息的单独立法,也是一部涉及多维度的综合性法律,例如,其间涉及自然人个人信息权益的保护、公共利益、国家利益、政府管理、行政责任、民事责任等层面。《个人信息保护法》作为保护个人信息权的特别法、专门法,全国人大法工委现已完成了对该法的论证、起草工作,经全国人大常委会审议后现已公布草案向社会征求意见,标志着我国个人信息立法工作迈出了具有决定性作用的一步。在理论界,周汉华教授在 2003 年便已公布其主笔的《个人信息保护法(专家建议稿)》、齐爱民教授于 2005 年发布其主编的《个人信息保护法(学者建议稿)》并在 2019 年初修订重发、2019 年张新宝教授以“两头强化、三方平衡”为核心观点发布了其主持的《个人信息保护法(专家建议稿)》,从而为个人信息保护立法汇聚了多立场的观点意见。

纵观前述成文法律规定,不可否认其显现了我国法律界对个人信息保护的关注以及为个人信息乱象的法律治理所作出的努力,是社会、经济、法律的一大进步。遗憾的是,既已初步成型的法律文件宏观指导有余,细节规范不足,例如,为了体现同意这一基础性规则,实现风险转嫁,而在诸多环节设置过多同意规则,致使实操性存疑,尤其是实操性和时效性未结合现实情况进行迭代升级,留给审判员相对广阔的自由裁量空间,有损裁判的中立性以及法律的确定性。再如,草案在个人信息分类分级时仅区别出敏感信息与非敏感信息,对于实务中运用较多且存在明显差异的公开信息与非公开信息、直接信息与间接信息等未作区分,使之成为实践中的"宣言式"操作,而非实际性操作。同时,尚未虑及身为特殊经济主体的消费者在面对个人信息权被侵犯时的救济以及对侵害主体的规制。基于此,最终出台的《个人信息保护法》应关注消费者个人信息这一特殊领域,融入场景要素与风险导向要素,在激励机制的引导下增强对信息使用者的约束力,以从源头制约未来变异更复杂的不法信息行为。

从立法功能来看,以国家安全为基本定位的《数据安全法》虽然难以充当数据领域的基本法角色,但可被视为《个人信息保护法》的补充性法律,正式颁布的法律文件应将草案内容予以修正。例如,正确认识"总体安全观",并不能将其简单地等同于以国家安全立法辐射社会生活的各个领域;承认数据权利,界定重要数据的概念及其与私密个人信息的关联,将数据流通、个人信息保护的基本规则等内容在法律条文中予以明确;初定的原则性、政策性、宣示性条款予以具体化、明晰化以增强可操作性。

《消费者权益保护法》即便历经重大修改,但仍旧忽视了信息工具这一与消费者保护紧密相关且具有功能优势的规制工具在立法层面的应用,致使数个重要制度产生设计缺陷,尤其是有关保护消费者个人信息权的规定僵化、宣言色彩厚重,应朝着强化制度的可操作性方向进行调整。对此,可以适度开放赋权立法,赋予消费者个人信息权的同时,细化个人信息权的子权利构成,即将自决权、变更权、删除权等权利明确归入个人信息权的权利集合中。在权利义务分配上,重新调整消费者与经营者在个人信息维度的权利义务配置格局,明确表述基本权利义务内容,促进消费者对个人信息的积极利用,强化对经营者信息行为的监督与管理。

六、场景风险保护模式的比较优势

场景风险保护模式在场景风险理论的支撑下,以实现保护个人信息权与促进信息自由流动为制度目的,统合权利保护与行为规制,借助其制度构造优势能够有效纾解公私兼济保护模式在新一代数字化技术时代面临的制度困境,缓和信息权利保护与合理利用之间的张力。

(一)双重意涵指引下的权利保护设计

鉴于个人信息行为的正、负外部性效应,场景风险保护模式趋向于从合理规划推进正外部性行为与对负外部性行为进行旨在拨乱反正的恢复性制裁的双重视角设计权利保护制度。换言之,兼及保护与合理利用双层意涵是场景风险保护模式语境下权利保护理念的要核。

技术手段的不断发展使个人信息权的安全风险日趋加大,通过风险作为导向来预判权利实际受损的可能性并施以防御措施是场景风险保护模式保护消费者个人信息权的制度理路。同时,场景风险保护模式自行补入了促进个人信息合理流通与利用这一重要维度,意在推进个人信息有序共享的国家治理现代化目标。[①] 鼓励个人信息合理流通与使用需要构建个人信息流通秩序来加以规范。一般情况下,第一手信息控制者只能基于功能性、正当性需求收集用户个人信息,若超过正当性需求来收集信息,如在隐私政策中设有对占有信息的再开发利用、限制用户权利或减少经营者法定义务的条款,则需要通过明确跳出、单独提示的方式告知用户并获得用户同意。信息控制者的开发利用大致分为两类,一是由信息控制者直接开发利用已掌握的用户个人信息,再根据技术开发结果进行精准营销,此种情形下获得同意的要求较低,如果用户的选择权能够得到保障,则此类行为应被视为是合法的;二是面向公共领域的信息再开发利用,脱敏处理、进行匿名化保护是必须的,如果没有经过脱敏或匿名化处理,就必须经由产生信息的用户进行特别的明示同意,不排除书面同意形式,摒弃强迫性、欺骗性等带有“杂质”的同意获取方式,

---

① 参见刘艳红:《公共空间运用大规模监控的法理逻辑及限度——基于个人信息有序共享之视角》,载《法学论坛》2020年第2期。

否则信息自由流通将不被允许。

依据惯常解释轨道，基于征得消费者出于真实意思表达的明示同意而收集利用消费者个人信息的行为具有极强的合法合规性，极易得到社会认可。但以超出授权、未获得消费者同意、以欺瞒方式获取消费者同意等为前提的信息利用行为则被视为有瑕疵。持续纵深发展的现代社会越发显现包容特性，过去难以容忍的不当行为在满足一定条件后将之转为可被法律容纳的行为，或许能够呈现积极的社会效用。正是基于此，场景风险保护模式并不一概否定有瑕疵的信息利用行为，而是有条件地适用转换机制，综合行为发生的场景特征、利用目的等因素对瑕疵行为进行二次判断，将合宜行为转为合理行为，以结合实际场域的灵活方式促成对个人信息权的深化保护。此外，消费者与经营者间信息隐私利益的冲突并非内生固化的制度结构，从政策制定层面寻求双方在信息利益上的合作空间亦是对保护个人信息权双重意涵的体现。

时代的发展使常规侵害行为发生异化，公私兼济保护模式发挥功用的空间受到限缩，面对信息分析型、特定公开型等技术、专业特征显著的侵害行为更加显得“心有余而力不足”。在信息化社会保护个人信息权的基础上，个人信息自由流通的重大意义渐次凸显。场景风险保护模式的制度功能设计正是贴合了社会演进轨迹，借助场景分析与风险预防之力保护个人信息权，防止权利受损。

（二）着重考量消费者的弱势地位

场景风险保护模式基于经济法的主体异质性假设，①将不同的信息主体区别开来，尤其虑及消费者在市场经济结构中的弱者地位，在制度设计中予以倾斜性保护。

生产经营者与消费者间不可避免的利益冲突使诸多实质不公平的消费者问题接踵而至，市场供求关系的变化加剧了信息不对称，进而激发了消费者权利意识的觉醒，消费者保护运动逐渐蔓延开来。由此可知，消费者弱势地位的形成有着天然原因，也有信息收集能力不足、经济分析缺乏等浓厚的社会经济原由，对消费者进行倾斜性保护具有历史必

① 王全兴：《经济法基础理论专题研究》，中国检察出版社2002年版，第120页。

然性，也是实现社会公共利益的必然要求。正因弱势主体凭借自身能量难以改变弱势处境，摆脱弱势地位，才更需要国家、社会的制度支持，而经济法的倾斜性保护恰好是一种有效的制度设计。经济转轨过程中，多种客观原因迫使不平等的经济结果浮现，导致弱势群体在经济共同体中的平等话语权被剥夺，利益天平向着掌握经济话语权的利益团体倾斜，经济平等与经济民主要求扭转这一态势，重新配置权利义务，着力保护弱势群体的利益。① 经济法是一部平衡协调法，主要平衡协调两组关系，一是社会整体利益与社会个体利益关系，二是与社会整体利益直接相关的社会个体利益间的关系。② 平衡协调的终极目标在于寻求利益冲突双方的共同利益，促成互动，实现“双赢”。

经济法的“权义结构”由调制主体的“权责结构”与调制受体的“利义结构”组构而成，调制主体的职权与职责、调制受体的权利与义务在一定程度上具有对应性以及内生联系。经济法主体的权利义务是不对等的，持续性的不均衡配置权利义务将会演变为权利规范和义务规范在主体分布上的偏在性，如消费者权益保护法中权利规范的分布更趋于向不从事市场经营活动的非营利性主体倾斜，而义务规范的分布则更多趋向于从事市场经营活动的受制主体，也即常常对经营者设定较多义务，而对消费者则赋予较多权利。③ 经济法倡导保护弱势群体，要求权利配置朝着经济弱者倾斜，但这种“偏爱”不得有违整体公平理念。④

近年来，市场经济的发展使消费者在经济活动中的紧要性受到关注，基于消费者在经济法中所承载的特殊权利义务，保护消费者合法权益日益被看重。马克思在《〈政治经济学批判〉导言》中关于生产、分配、交换、消费四者关系的论述阐明了消费的重要性，而保护消费者权利有益于消费的实现。经济学将消费者与政府、企业并列为市场经济运行的

① 参见冯果：《权力经济向法治经济的伟大变革——中国经济法制建设三十年回顾与展望》，载《南都学坛》2009年第2期。

② 参见刘文华：《中国经济法的基本理论纲要》，载《江西财经大学学报》2001年第2期。

③ 参见张守文：《经济法理论的重构》，人民出版社2004年版，第410～411页。

④ 参见李昌麒：《弱势群体保护法律问题研究——基于经济法与社会法的考察视角》，载《中国法学》2004年第2期。

三大参与主体，除却政府在市场失灵时才干预经济活动，正常运作的市场经济中消费者与企业乃是同组具有对应关系的市场主体。顺承这一趋势，有学者以经营者、消费者、经济管理者和其他特殊主体界分经济法律主体。[①] 然而，相较于经营管理主体，消费者的弱势地位显而易见，以平衡协调为基本原则的经济法应给予特殊保护。[②] 经济法之所以以保护社会公共利益为己任，乃在于维持竞争秩序与保护一般消费者利益。[③] 随着时代的发展，商品中蕴含的专业知识更为繁杂，由于认知和辨识难度的剧增而导致的信息在使消费者的弱势地位加重，保护消费者已然成为时代需求。具体至市场经济活动中的个人信息，经营者是主要的信息收集方，消费者是信息来源方，消费者在多个信息环节作为信息弱势方的地位十分明显：个人信息收集过程中，消费者其实并不了解经营者收集了其哪些个人信息，所收集的信息是否正确；信息被收集后，消费者也无法得知经营者是否会泄露其个人信息，会否产生披露隐私、接到骚扰电话等不良影响，更不会知晓经营者是否会出于某种目的不当使用、滥用其个人信息，导致消费者在经济生活中遭遇价格歧视、性别歧视等不利后果。随着消费者与经营者之间的信息不对称越来越明显，双方之间达成合约的难度增加，即使达成合约，消费者也会因难以判断权益是否会在履约中受损而质疑相对方的履约能力。因此，竞争机制的发挥受到限制，经营者因采取机会主义行为受益，消费者利益则会受损。根据哈贝马斯基于相互承认提出的交往行为商谈理论，在平等主体之间进行的商谈的最终目的是达成理性共识。而在个人信息权保护中，信息提供者与信息处理者之间是不对称的关系，如何实现平等商谈？正如患者与医院在信息方面存在不对称，但在法律上两者是平等的关系，信息提供者与信息处理者也是法律拟制的平等主体。因此，针对具体问题的规则设计，需要考虑到信息不对称因素，设置一些诸如过错责任推定、举证责任倒置等特殊规则。

---

① 参见袁达松、朱成林：《经济法学的重叠共识》，载《经济法研究》2015年第1期。

② 参见徐孟洲：《经济法学》，北京师范大学出版社2010年版，第29～32页。

③ 参见[日]丹宗昭信、伊从宽：《经济法总论》，日本青林书院1999年版，第164页。转引自王保树：《论经济法的法益目标》，载《清华大学学报(哲学社会科学版)》2001年第5期。

以攻克市场失灵为逻辑原点的经济法系统规范了市场活动中的信息不对称问题，更是确立了消费者协会代为诉讼等制度来弥补弱势方的“武器不平等”。[①] 鉴于此，制定保护消费者个人信息权的制度措施应率先考量消费者所处的弱势地位，并以此为基本出发点。

事实上，《消费者权益保护法》《劳动合同法》《民法典》等现行法律，正在制定中的《个人信息保护法》等法律都有给予法律关系中的弱势方以特殊保护的规定。[②] 在个人信息关系中对消费者进行倾斜保护，能够充分展现公平正义的价值理念。无论是从分配正义还是矫正正义的维度出发，对比消费者因非正义而遭受的损失与经营者所得，后者明显高于前者，作为弱势群体的消费者凭借自身努力不能弥补损失，借由倾斜性保护却能够矫正消费者损失与经营者所得的量比，恢复至大体均衡水平，实现利益衡平。[③] 市场经济中的消费者与经营者虽都为民法意义上的平等主体，但实际地位并不平等，经营者在商品、交易、信息等层面的优势是消费者无法比肩的，卖方市场的扩张大大危及了消费者权益。面对经营者利用或泄露消费者个人信息另行谋利的行为，作为信息主体的消费者往往束手无策，为防止经营者的“信息剥削”，消除消费者披露个人信息的安全隐患，场景风险保护模式重新配置消费者与经营者的权利义务，赋予经营者较为严格的信息保护义务，倾斜性保护消费者的个人信息权。现代信息科技的发展使得国家信息汲取的边界和深度也随之发生位移，与潜在风险相关的信息被扭曲、掩盖和屏蔽，同等保护不能直面治理危机，相较而言，倾斜性保护能够助益于实现保护个人信息权与国家治理能力现代化的有机衔接。

---

① 参见邢会强：《信息不对称的法律规制——民商法与经济法的视角》，载《法制与社会发展》2013 年第 2 期。

② 例如，《消费者权益保护法》第二章对消费者权利的规定以及第三章对经营者义务的规定即是在对交易关系中的弱势方——消费者进行特殊保护；《劳动合同法》第 8 条用人单位的告知义务、第 46 条经济补偿条款是对劳动者这一劳动关系的弱势方进行的特殊保护；《民法典》第 680 条禁止放高利贷的规定、第 726 条租赁合同中规定承租人的优先购买权、第 806 条对建筑工程承包人解除权的规定、第 1054 条婚姻无效或者被撤销的，无过错方损害赔偿请求权的规定均是对民事关系中弱势一方的倾斜性保护。

③ 参见易军：《民法公平原则新诠》，载《法学家》2012 年第 4 期。

(三)保护措施覆盖事前预警与事后挽救环节

事前与事后是法律规范行为的两种主要机制,事前机制具有预防性特征,在事件尚未发生时进行预测或防范,而事后机制的显著特征是反应性,即对某一事件发生后作出的反应。[①] 个人信息权的权属性质兼顾事前预防与事后救济,由此决定了场景风险保护模式下的保护措施覆盖事前以及事后环节。在风险导向理念的指引下,场景风险保护模式主张开展事前风险预估,[②]评估过程中可以要求信息行为主体就行为目的、实施方案、预计结果等进行阐释,评估结论会将解释内容纳入考量范围,当风险评估主体或监管机构认为即将发生的信息行为存在侵害信息权利的安全风险时,有权发出中止行为的指令并展开详细调查,此时,事前保护措施即可介入,一旦调查结果表明信息行为的施行存在高风险,应当立即向相关部门进行风险预警,由其视情形采取包括取缔在内的预防保护措施,从源头扼制风险向其他区域蔓延。还应注意,部分低风险行为虽然在事前评估阶段达到合格标准,有关部门也采取了对应的预防措施,但随着情势变更,此类信息行为可能最终会转化为实际损害,对此,场景风险保护模式采取如责令删除、屏蔽等事后保护措施予以整治,在达到除弊目标的同时避免损失进一步扩大。

个人征信信息、既往病史信息、未公开的违法犯罪记录等敏感信息不能被置于流通状态已成为凝聚的社会共识,由于信息体量庞大、技术困境等原因,在个人信息被利用之前不可能对所有信息进行敏感性检验,可能会发生因错误使用敏感信息而带来的严重安全隐患。对此,事前预防的难度较大,可以结合治理场景特征进行事后救济,扩大敏感信

---

① See Guido Calabresi, A. Douglas Melamed, *Property Rules, Liability Rules, and Inalienability: One View of the Cathedral*, Harvard Law Review, Vol. 85, 1972, p. 1105. 转引自龙卫球:《数据新型财产权构建及其体系研究》,载《政法论坛》2017 年第 4 期。

② 正在征求社会意见的《个人信息保护法(草案)》肯定了个人信息处理活动应进行事前风险评估的观念。第 54 条规定:"个人信息处理者应当对下列个人信息处理活动在事前进行风险评估,并对处理情况进行记录:(一)处理敏感个人信息;(二)利用个人信息进行自动化决策;(三)委托处理个人信息、向第三方提供个人信息、公开个人信息;(四)向境外提供个人信息;(五)其他对个人有重大影响的个人信息处理活动。风险评估的内容应当包括:(一)个人信息的处理目的、处理方式等是否合法、正当、必要;(二)对个人的影响及风险程度;(三)所采取的安全保护措施是否合法、有效并与风险程度相适应。风险评估报告和处理情况记录应当至少保存三年。"

息的认定范围，借助事后纠错将非敏感信息予以排除，依据区分结果适用差异化的流通规则，对非敏感信息的流通利用适用一般性规则，而敏感信息如果要公开流通或进行商业化利用，则需要提前进行信息加密或脱敏的技术处理。还需注意的是，部分敏感信息具有时效性，不需要外在技术力量协助，经过一段时间后可能自行脱敏，对于此类处于变动状态的敏感信息，需要依据该信息流通与被利用的后果决定是否进行事后救济并采取相应的保护措施。

案例实证分析证明，仅以事前预防保护措施为主不足以规制越权使用型、特定公开型信息侵害行为，以事后救济保护措施为要难以约束故意泄露型、信息分析型信息侵害行为，事前与事后保护措施的充分结合方能有效因应个人信息治理困局。场景风险保护模式着力规避事前预警与事后补救的分立状态，努力构建一个环环相续的制度集合，指引保护效果向着局部理性与公共理性相统一的方向推进，促进保护资源配置由低效率转向高效率，进而助推社会效益的增长。

第五章　消费者个人信息权场景风险保护模式的法律制度构设

随着全面数字化时代的推进，"互联网＋技术"的发展趋势日渐迅猛，搭乘信息技术发展的"便车"，社会经济得以全方位提升，更进一竿。正如辩证法所言，任何"正题"都具有片面性，需要在新的逻辑层面构造与之相对的"反题"，才能走向"合题"。① 与之相伴而至的乃是现实世界中愈演愈烈的泄露、滥用消费者个人信息、侵害消费者个人信息权的行为，听之任之，最终将演变为一种"社会公害"。网络时代在一定程度上将个人活动化约为符号或信息，②于此，传统的信息侵害行为开始变异，新的侵害行为类型不断涌现，且利用技术手段实施精准侵害已成为常规操作。实际上，侵害消费者个人信息权的行为本身就具有复杂性，尤其是这一行为在网络空间实施而引发的某种异化和蜕变，将会弱化惩治违法行为和不当行为的制度运作。

在互联网时代，信息经济本身具有一种颠覆性的驱动特征，立法者在确定立法事实时面临很大的不确定性，未形成统一立法阻挡了保护消费者个人信息权法律制度的构设，而欠缺清晰明确的立法思路是阻碍形成统一立法的根本性障碍。习近平总书记指出："人类社会发展的事实证明，依法治理是最可靠、最稳定的治理。"③法治思维、法治方式对于在

① 参见孙正聿：《辩证法：黑格尔、马克思与后形而上学》，载《中国社会科学》2008 年第 3 期。

② 参见周汉华：《互联网对传统法治的挑战》，载《法学》2001 年第 3 期。

③ 《习近平主席在庆祝澳门回归祖国 15 周年大会暨澳门特别行政区第四届政府就职典礼上的讲话》，载中国政府网，http://www.gov.cn/xinwen/2014－12/20/content_2794531.htm，2020 年 10 月 31 日访问。

数字化时代治理个人信息乱象、保护消费者个人信息权而言意义重大。古语有云，“立善法于天下，则天下治；立善法于一国，则一国治”，良法善治是治国之魂。场景风险保护模式在维护消费者个人信息安全，促进个人信息自由流动，防范信息侵害行为，促成保护个人信息权与信息自由流动等维度展现的优势是既有保护模式无法比拟的，鉴于此，未来保护消费者个人信息权的良善立法，从总体上看，应当转变当下“重保护轻分享使用”的立法倾向，遵循以场景风险保护理论为核心的立法思路，树立保护与流通兼顾的立法理念。秉持“推进科学立法、民主立法、依法立法，使每一项立法都符合宪法精神、反映人民意志、得到人民拥护。把公正、公平、公开原则贯穿立法全过程，完善立法体制机制，坚持立改废释并举，增强法律法规的及时性、系统性、针对性、有效性”①的指导思想，构建符合保护消费者个人信息权内在机制的立法方略，方能使场景风险保护模式具备理性、大众、能动的前瞻性立法意义。

一、场景风险保护模式下的立法理性主义

有关保护消费者个人信息权的既有零散立法正规性不足，未上升至系统性的权利保护高度，致使法律保护效果不佳。从历史尺度观之，当下虽然力倡构建保护消费者个人信息权的体系化立法方案，但并非凭空想象或一蹴即就，而是基于已公示的相关法律、法规的累积与去粗取精。易言之，新创的体系化立法必然历史性地承继了零碎法律、法规部分架构、规定。因此，消解零散立法的不规范与保证系统立法的体系性②是未来保护消费者个人信息权的立法方向，这一方向以理性立法、科学立法为出发点和落脚点。理性是现代经济学的理论基石，其指在立法思路和程序上注重科学性，论证充分，不盲从于公众情绪或社会舆论。③ 场景风

① 中共中央宣传部：《习近平新时代中国特色社会主义思想学习纲要》，学习出版社、人民出版社2019年版，第100～101页。

② 需要说明的是，保护消费者个人信息权的体系化立法并不是指必须新设一部专门保护消费者个人信息权的法律，在尚未出台的《个人信息保护法》中加入场景风险保护模式的核心要素以及修订《消费者权益保护法》等均是新设特别法的替代方案。

③ 参见周光权：《转型时期刑法立法的思路与方法》，载《中国社会科学》2016年第3期。

险保护模式蕴含的理性主义恰是兼顾了规范性与体系性,有益于保证立法沿着正确的方向开展。

(一)权利倾斜性配置

无差别同等保护并非治理的最佳良方,充分吸收场景风险保护模式优势的立法在权利配置上向消费者倾斜,以真切实现实质正义。落实主体的法权地位要求平衡各方利益,这也是立法所欲达成的目标之一。在法理上,平衡是一种张力状态,保护和实现核心利益,让渡非核心利益俨然已成为达致平衡状态的基础。① 倾斜配置权利在一定程度上也是一种平衡,只是需要掠去看似不平等的表面样貌,由效益的角度去体会琢磨制度实践背后的深层次因素。

从法经济学的层面看,权利倾斜性配置是一种不平等的均衡,其并不一定会导致低效率或引发不正义。依据边际效用递减原则,富人向穷人转移财产可能会使社会总财产平均化而增加社会福利,但这一效率提升过程却较易滋生穷人的惰性,长此以往,效率优势将不复存在。同时,其忽略了重新分配成本,将之考虑在内,富人的收入边际效用将明显高于穷人,社会财富将因重新分配呈现下降趋势。② 相对而言,罗尔斯关于分配正义的论述则是基于不平等的视角。形式上过于平等的分配规则可能会带来更大的消极效用,导致最穷者所得的较大份额少于其于不平等分配状态下获得的较小份额。因此,罗尔斯主张通过差别原则对最不利群体(the least fortunate group)予以补偿,倡导较多的资源可能需要向弱者倾斜,而这种状态至少应在某一阶段持续。将个体的原初社会地位看作可供分配的利益,尽管依据自然分配规律,优势者可能因其最初地位而得益,劣势者因最初地位而受损,但没有一种观点表明这是他们应得或应受的,差别原则的提出改变了社会基本结构的目标,力图以倾斜性配置的可行手段扭转自然分配所引致的分配效果不正义。此外,差别原则亦表达了一种主体互惠的观念,即在有效的链式联系中,社会合作

① 参见张新宝:《从隐私到个人信息:利益再衡量的理论与制度安排》,载《中国法学》2015年第3期。

② 参见[美]理查德·A. 波斯纳:《法律的经济分析》,蒋兆康译,中国大百科全书出版社1997年版,第599～601页。

会增加社会个体的福利，而这种合作既包括同等社会地位群体的合作，也包含不同社会地位群体的合作，只有在合作环境下个体优势才会得到最大限度的发挥。① 事实上，倾斜性配置是一种非自愿的利益转移方式，其通过确定具体的损失补偿方案来达到卡尔多—希克斯效率，进而促使社会整体利益的扩增。

原有保护制度存有部分有关适当偏重保护弱者的规定，但由于信息主体对信息侵害行为的复杂性认识不足，对公权强制力过度自信，尚未清晰了解市场运转规律而盲目作出简单化的利益保护措施，加之信息获取能力有限、经济分析能力欠缺，使保护制度失效。② 场景风险保护模式站在立法的立场上明确提出了一种倾斜性的保护方案，即更侧重维护消费者对其个人信息的积极使用、传播、分享的权利。从功能意义上讲，其实质是缓解立法部门实践供给缺口的强化机制，是变革其过度依赖公权救济的理性纠偏机制，体现了理想主义与现实主义的统合。需注意的是，此种赋权仅旨在降低他人滥用个人信息的风险，以为信息主体的自我救济与公力救济提供法律支撑，而非过度放大信息主体对于其个人信息享有的所有权利。

（二）基于成本收益分析法的立法绩效评估

各国在各个领域开展的绩效评估实践早已从自发形态转为法定状态，表明绩效评估的科学性、合理性得到了法律认可。③ 评估立法绩效既是检验法律实施效果的一种手段，也能驱动立法质量的提升。经由媒体报道的侵害消费者个人信息权案例的社会热度不容轻视，但并不意味着这类由情感激起的舆情必须要得到立法的及时回应，“媒体热议—立法跟进”模式④的立法理路会使立法决策的“短视症”更为凸显。立法绩效评估则是检验法律是否因舆论压力陷入特定回应型立法而忽

---

① 参见[美]约翰·罗尔斯：《正义论》，何怀宏等译，中国社会科学出版社 2003 年版，第 98 ~ 103 页。

② 参见应飞虎：《权利倾斜性配置研究》，载《中国社会科学》2006 年第 3 期。

③ 参见张红：《我国政府绩效评估立法构想》，载《当代法学》2009 年第 1 期。

④ 吴元元：《传播时代的立法泛化及其法律规制》，载《中国地质大学学报（社会科学版）》2016 年第 3 期。

视了法律科学性的理性方案。依据场景风险保护模式的内在要求，针对目前信息权利保护边界不清、骗取消费者同意为不法信息侵害行为披上“合法马甲”、规范措施成效不佳等现实问题，对体系化的保护消费者个人信息权立法进行绩效评估有助于破解制度困局。原则、程序、主体、指标等均是组构绩效评估的必备要素，其中评估工具关涉甚广，而成本收益分析法经论证是进行法律绩效评估的一种科学、综合全面的量化工具。

成本收益分析是商业活动中最为常用的利益评估方法。投资人进行商业投资前，必然会预估该项投资的预期收益与预估投入成本，两相比较，当收益大于成本时，会得出该投资项目有价值的结论。同样，投资结束后，投资人亦会比较已投入成本与实际收益间的差值，只有当成本小于收益时，追加投资才会被列入投资人的计划表。成本收益分析将抽象的成本与收益转换为货币来进行价值比较，本质上是一种经济分析。通常认为，成本收益分析作为规范性观点在边沁的效用理论中最为凸显，实际上，效用理论与福利多元主义的整合却搭建了一套在客观意义上可以进行量化和比较的效用的基本衡量标准。①

运用成本收益分析法进行立法评估最早显见于美国，其不仅思量一般成本收益分析的经济要素，还侧重于考虑公共健康、社会公正、生态环境等非经济因素对立法的影响。法律经济分析运动在美国的广泛开展为成本收益分析在法律领域的运用培育了理论土壤，强调评估法律的成本、收益和净收益，从是否具备合法性、必要性、协调性、可操作性层面进行考察已成为基本评估程序。②

场景风险保护模式并不主张极具刚性且极度简化的“一刀切、一风吹”，而是基于具体场景对个人信息利用行为进行理性判断，是充分运用成本收益模型衡量的结果。2021 年正式施行的《天津市社会信用条例》是首部明令禁止采集生物识别信息、禁用人脸识别技术的法律规范，但

---

① See John D. Graham, *Saving Lives through Administrative Law and Economics*, University of Pennsylvania Law Review, Vol. 157, No. 2, 2008, pp. 395 – 540.

② 参见席涛：《立法评估：评估什么和如何评估（上）——以中国立法评估为例》，载《政法论坛》2012 年第 5 期。

限制的主体仅是特定信用场景下的市场信用信息采集者。[①] 此即意味着在前述特定信用场景中已发生或可能存在技术滥用并产生了不利后果，立法需要进行有针对性的规制，而在其他信用场景中尚未发生或仅有极小概率才会发生因信息利用导致的危害，则无需以立法形式浸入每一个角落。正如有研究者所言："法律规制人脸识别技术是要在确保个人信息安全的前提下，倡导负责任地使用"，[②]智慧交通、智慧金融、智能小区、新零售、安防监控等场景条件下，人脸识别技术的应用确实大大提升了生活、办事效率，不应一概否定之。同时，人脸信息在一定程度上能起到身份认证功能，将延续人脸作为通用标识符的社会功能。[③] 因此，深入人脸识别嵌套的 1 分钟期间的特定场景中信息要素，对是否使用个人信息进行成本收益评价，并辅之以安全防范措施的情况下合法合规地使用包括生物识别信息在内的个人信息应当得到承认，这既是隐私场景完整性理论的延伸，也是立法包容性的体现。

从成本收益角度评估立法绩效与场景风险保护模式蕴含的兼顾事前预防和事后救济具有内在一致性，且两者的长效互动能起到提升立法理性的作用。立法公示前应进行一次评估，仔细审查可能发生的立法成本、预期收益、对社会环境的影响等要素，将之量化后进行比较，可据此调整立法，避免实施后风险，此即事前预防。立法生效后对执法、守法效果的评估旨在通过理性审视利害关系人是否从中得益于保护措施的实际耗费成本，找寻法律实施的漏洞，考量立法实践是否达成预期目标，并依据评估结果进行改良，此即事后救济。

---

① 参见 2020 年 12 月 1 日天津市第十七届人民代表大会常务委员会表决通过，2021 年 1 月 1 日施行的《天津市社会信用条例》第 16 条规定："市场信用信息提供单位采集自然人信息的，应当经本人同意并约定用途，法律、行政法规另有规定的除外。市场信用信息提供单位不得采集自然人的宗教信仰、血型、疾病和病史、生物识别信息以及法律、行政法规规定禁止采集的其他个人信息。市场信用信息提供单位不得采集自然人的收入、存款、有价证券、商业保险、不动产、纳税数额等信息，但是明确告知提供该信息可能产生的不利后果并取得其书面同意的除外。"

② 钱玉娟：《天津立法杜绝信用信息场景下滥用人脸识别技术法律规制技术背后并非"一刀切"》，载经济观察网，http://www.eeo.com.cn/2020/1203/441394.shtml，2020 年 12 月 5 日访问。

③ 胡凌：《刷脸：身份制度、个人信息与法律规制》，载《法学家》2021 年第 2 期。

二、场景风险保护模式下的立法大众主义

大众立法意味着采用民主形式开展立法活动。民主立法是资源分配的理性路径，以民为本是其核心。特意组建权威专家委员会进行立法的模式容易受理论成见的制约，进而使法律成为纯粹学理观点的化成物，忽略了其应有的灵活性。有别于此，以实践问题为导向的机构立法擅于尊重和吸纳公众意见，少了几分理论色彩，社会化趋势明显，体现了法律的实用性与包容性，缩小了法律与社会的间隙。立法是社会各界长期关注的焦点，公民有权就立法事项表达意见，当立法遭遇公众意见时，专家倾向于以大多数公民智识水平有限，意见无理论价值为由进行冷处理，而脱离理论整体束缚的机构却会审慎对待公众意见，积极与公众沟通，尽力探求意见的真实性、可行性，回应社会要求。场景风险保护模式要求从实践出发，考虑具体场景的特殊性，与立法大众主义对现实的关照遥相呼应。

（一）公众参与立法

公众参与作为一种民主形式，是追求立法大众主义的客观要求。公民的权利觉悟亦使其越来越重视立法参与活动，然而，立法实践表明公众参与能力不足，参与程度不够深入，参与效果未达到预期，进而使公众参与立法实际上沦为民主宣示口号。公民是普通消费者的另一重身份，而公众是由一个个公民组成的。易言之，消费者是公众的组成部分。因此，公众参与是场景风险保护模式融入保护消费者个人信息权立法的制度需求。此间所提的公众参与立法乃是基于回归原旨的重新探索，有益于最大限度地体现最广泛的公众意志。

公众参与立法的理论渊源可溯至西方的参与民主理论（participatory democracy）与协商民主理论（deliberative democracy）。单就参与而论，作为雅典最高权力机关的公民大会由全体公民直接参与，在政治决策中充分践行了参与制度。从中亦可得出，参与民主休戚相关。依据美国学者科恩对于民主的表述可知，在以民主为核心的社会管理体制下，社会成

员参与公共事务决策是维系制度稳定的法门。[①] 佩特曼通过分析整合卢梭、熊彼特、达尔等理论家的观点,归纳出真正的民主内涵,即从议程设定到决策执行的所有阶段都存有普通大众直接、充分的参与,而平等、生存、人格尊严、社会和谐等民主基本价值只有在普遍参与的氛围下方能实现。[②] 基于参与民主理论视野,可能因决策而受影响的公众即是参与决策制定的公众,虽然其从自我事务自行决定的层面看具有一定的理性,但实际上限定了参与者的范围,将之局限于受影响的群体,而非全体公众,缺乏客观意见的引入较易导致参与者为维护个体利益而牺牲公共利益的消极局面。出于对参与民主理论不足的补强及长处的延伸,协商民主理论应运而生。多元社会现实是协商民主面临的制度背景,肯定公众积极参与的同时尊重国家与社会的边界是协商民主所欲实现的制度目标,而通过公民间自由平等的协商形成维护公共利益的共识是协商民主的制度要义。哈贝马斯在扬弃前人民主协商观点的基础上,创设了游离于事实与规范之间的商谈理论来论证民主问题。在其理论体系下,有且仅有商谈者经由理性状态下的对话均表达同意的决策过程才具备合法价值。随后,哈贝马斯提出双轨制协商民主来进一步诠释商谈理论,主张商谈性政治在决策达成合意的过程中分别沿着一条宪法轨道与一条非正式形式轨道前行,体现的是一种程序民主性。[③] 商谈意义上的民主是协商与法律的叠合产物,先借助法律的规范性取得民主协商内容,再以民主协商与公众参与填充法律的合法性。

站在价值的角度,公众参与立法是整合民意,回应社会问题的重要表现,其通过介入立法过程,达到影响立法决策的目的。大众立法的包容性与开放性要求重视公共话语体系,但将社会热议事件视作民主的信号显示,粗略论证便运用立法予以回应的逻辑显然是对立法大众化的误读,毋庸置疑,能够使外界直观感受到立法对公众意志的回应是大众立

---

① 参见[美]卡尔·科恩:《论民主》,聂崇信、朱秀贤译,商务印书馆1988年版,第10页。

② 参见[美]卡罗尔·佩特曼:《参与和民主理论》,陈尧译,上海人民出版社2006年版,"推荐序言",第8页。

③ 参见[德]哈贝马斯:《在事实与规范之间——关于法律和民主法治国的商谈理论》(修订译本),童世骏译,生活·读书·新知三联书店2003年版,第389页。

法的内在激励,其以改造当下不适宜的过时规则、对时代新问题的思考调查为实现路径,而不是跟风社会现象进行刻板响应。由于立法主体的广泛性,面向未来的公众参与立法更易于集中民智回应社会问题,不仅能够提升立法质量,还有助于实现公民的权利,更可以增强公众的代入感与参与性,拉近法律与公众的距离。

(二)立法过程透明

确保每个立法环节有据可查,增强立法的可信度是立法过程透明化的基本要求。为了落实大众立法主义,形式主义者通常收集公众的立法个体意见,再经过公民独立投票,加总后确定得票高者为所谓的"公众共识",理论上称之为聚合式民主(aggregative model of democracy)。依据聚合式民主的逻辑,公共民意实际上是多数公民偏好的呈现,并不代表全体公民的真实意见,而达成民意无需论证、调研,简单投票计票即可。[①] 如此,公民通过"用脚投票"便可选择满足其偏好的意见,其间的主观色彩浓郁,科学性、合理性严重不足。长期浸淫于形式民主的国家,往往难以产生真正贴合民意的立法,其建构民主法治的预期也将因此落空。在利益团体的操纵下,加之公民的智识缺漏与信息缺陷,所形成的偏好合意流露出的是公众被误导的失真表达,民主沦为了统治阶层攫取利益的工具。

公共选择学派对聚合式民主进行了较为深入周至的批判,并提出审议式民主(deliberative model of democracy)进行补正和完善。审议式民主在形成共识之前增加了公共审议必经环节,即要求公众审慎思量即将被赋予约束力的决策,赋予每一位拥有表决权的公民得以平等、自由、充分表述个人意见的机会,不预设约束条件,引导公民借助言语沟通与思维的交织碰撞弥补信息获取能力缺陷,强化自己观点的不足或被他人的意见说服,最终经由评估各备选选项的合理性、可行性共同得出符合公共利益的决策。[②] 相较于聚合式民主的秘密投票,审议式民主在追求理性立法、大众立法的过程中秉持公开透明的精神,将每一帧立法图景向

① 参见唐丰鹤:《民主立法的基本模式辨析》,载《河北法学》2013 年第 11 期。

② 参见谈火生:《民主审议与政治合法性》,法律出版社 2007 年版,第 166 ~ 170 页。

社会公开,实现立法过程的一体化透明化,便于他人监督与自我纠偏。

立法、立良法就是要凭借透明化的立法过程向所有即将受到该法约束的公众展示立法的民主性、科学性,向公众开示即便置于公共空间该法亦能经受住检验的决心,有效形成立法者公正、中立的美好形象。

三、场景风险保护模式下的立法能动主义

能动立法理念是依据社会情势变动情况对应保护的法益积极作出反应,保持立法的活跃姿态。社会转型时期,各类矛盾接连显现,削减存量立法的任务暂缓,当下更为重要的是及时回应社会问题,而能动立法则能起到药到病除之效。相对于被动立法意在保持稳定性而言,灵活性被视作能动立法的显著特征,而预判力则是能动立法的核心要素。立法者准确进行预判的前提是其能够时刻明晰社会境况的变化,据此评估法益在未来受侵害的可能性,并以较低的标准将可能的侵害行为纳入立法框架,或通过立法将可能发生的实际损害转换为抽象的价值损伤。场景风险保护模式中的风险导向理念是一套以预防为重点,通过识别风险类别评估实害转化率并挑选出最低成本、最小损害的防御型战略,其与能动立法预判力要素的内在趋向相似。

法律的权威性要求不能随意更改法律,更要求确保立法的严谨性,否则法律的公信力将荡然无存。以灵动为特性的能动立法表面上似乎是对法律权威的挑战,但仍有不少观点主张贯彻能动立法,主要基于下述原因:

首先,贯彻能动立法是构建法治国家的需求。有法可依、依法治理是法治国家正常运行的基础配置,任何危害政权、危及社会稳定的行为都应被置于法律规制范畴内。必须承认,在社会、经济、文化等因素的约束下,部分侵害行为难以借由法治方式予以惩治,而转向采用法治之外的手段进行处理,将可能导致难以弥合的负向效应。因此,借助立法开启以法律规范形式规制侵害行为的通道是建设法治国家的最优方案,其中,被制约的侵害行为需达到危害较大且难以被容忍的程度,立法过程需坚持依法立法原则,并保障被惩治者的法律权利。

其次,贯彻能动立法是对社会需求的回应。信息时代的大众传媒具备发达的传播能力,公众意见借助媒体渠道得以充分表达和放大,这一话语能力已成为亟需立法考量的深层次社会因素。对于同一侵害行为,由于公众的认知能力、价值观差异,各自的主观感知不同,所提出的立法要求亦存有差别。鉴于此,未来的立法方向会继续沿着回应社会需求的方向前行,立法者需要认真聆听不同的声音,审慎回应社会真实需求,而能动立法则是社会回应型立法的最佳立法方式。

最后,贯彻能动立法是对国外立法趋势的呼应。美国、德国等国的立法早已朝着能动立法的进路展开运作,例如,德国为了回应信息社会发展对个人信息的不利影响,以州立法的形式颁布了《个人资料保护法》,随着社会情势变更,该法亦能动性地经历了数次修正。而部分国家面对显露在社会中的不计其数的个人信息乱象迟迟未出台专门法,仍以零散法律条文来应对,不仅不利于化解紧迫性的社会矛盾,也不利于能动立法的开展,最终亦将被排斥在国际立法潮流之外。

事先设立一部基础法是贯彻能动立法的前提。在立法实践有余,而规范力度不足的社会现实下,重新构思新法或全盘推翻既有不适宜的法律来重塑体系性立法显然大大增添了立法的资源成本与时间成本,即便竭尽全力完成体系化立法,时间的耗费可能使原初拟化解的社会问题数度升级,且可能伴生新的社会问题,再就异化的难题进行新一轮的体系化立法,立法出台后又会面临更为棘手的问题,进而陷入"屡败屡用"的恶性循环怪圈。对此,能动立法不需要谨慎的全盘思考,其更注重时效性,当出现社会问题并引起社会反响,经评估审议后确需法律介入,则及时在相关基本法的基础上立法予以规制。保护消费者个人信息权的立法至今未成体系,零散法律规定中存在诸多不规范之处甚至在当今时代可能面临合法性危机,但并非强制要求建构体系化信息法律,而是希望设立一部保护个人信息的基础法,以此为原点可便于发挥能动立法应对新问题、补强法律漏洞的作用。

贯彻能动立法需要多元且灵活的立法手段。单一行为可能同时触犯多重法益,为确保法益保护的完整性,需要多元共治的立法手段予以统合。能动立法语境下的多元立法手段主要有两层表现形式:一是立法技术的多样化,立法作为一项具有高度专业技术性的工作,需要技艺的支撑,知识技术、表达技术、结构分类技术、系统化技术等多种为立法所需的、处于领先地位的技术是实现技术理性与能动立法有机融合的关键;二是立法层次的多重化,宪法及部门法律的层级较高,其设置的惩治措施的适用面有限,为适应转型社会的需求,借助法规、规范性文件等低层级法律实行能动立法,不仅可以及时回应社会问题,而且在时机成熟后亦可考虑擢升其法律位阶,进而使不同层次的法律规范共同组成多元化的立法格局。

能动立法的宗旨是遵循理性思维的思考路向,促成"纸面法"向有效率的"活法"(living law)转变,既能够对公众关切的热点社会问题产生回应效应,又能够实现拉伦茨意义上的"超越法律的法的续造"。

四、三大立法主义关系辨析

立法理性主义、立法大众主义与立法能动主义三者间呈现彼此应和、互为补足的关系。立法理性主义要求运用理性的眼光和理性的思维审慎辨析、论证立法思路的科学性和专业性,有益于确保立法程序、立法评估的规范性与合理性。然而,理性立法建立在充分过滤外在意见的基础上,对立法者思想理性的绝对尊崇是其走向极点的典型表征,较少聆听即使是合理的公众诉求,有悖于立法兼听多方声音的指针。立法大众主义重视广泛吸收公民、组织等表达的立法意见,呼吁公众认识、行使其"主人翁"身份积极投身立法活动,主张立法过程的公开透明以便于大众监督。类似于众筹的立法意见收集是民主立法的表现形式,也是公众偏见的集合,并不一定能够精准反映时下紧迫的社会问题,一方面可能因其去精英化的结果而欠缺合理性致无法通过科学论证,另一方面由于公众偏好集中移动形成极端意见以致主流话语被放逐,边缘极端意见演化成所谓的公共话语,进而可能成就传播学意义上的群体极化效应。① 立法能动主义立足于回应社会需求,以加法的形式维持立法活力,但频繁出台立法修正案或法律规范将平添诸多文件,使整体法律规范的体量呈

① 参见[美]凯斯·R.孙斯坦:《网络共和国:网络社会中的民主问题》,黄维明译,上海人民出版社2003年版,第47页。

倍数上涨,可能不利于法律适用,甚至损及立法的权威性。

对于立法理性主义大量过滤外部意见的弱点,以包容性、开放性为原则的立法大众主义能够起到拾遗补阙的作用,让立法者听取多方面的公众意见,做到兼听则明。立法能动主义的场景更替原则有助于立法者知悉当前局势下合适的公众意见,使立法决策能够顺应时代发展。关于立法大众主义的过度民主化特点,以科学性为准则的立法理性主义能够助力于在不计其数的公众立法意见中进行适度过滤和取舍,选定有价值的意见供立法者参考,提高立法者对公众意见的梳理效率。回应社会关切的立法能动主义按照社会关注度高低将诸多公众意见集中化、序列化,以此向立法者展现公众意见与社会问题的衔接度,以利于实现社会化立法与民主化立法。针对立法能动主义频繁新增法律文件的做法,立法理性主义能够运用合理化思维把控立法出台的必要性与可行性,斧正对立法时间间隔与立法质量关系的误读,立法大众主义则通过放大社会场域中的民主声音向立法者传达社会需求,填补新增立法因时间仓促缺乏公众基础的缺陷。

五、形塑我国理性、大众与能动兼容的保护消费者个人信息权最佳立法主义

保护消费者个人信息权的制度适用需要将理论研究与司法实践统合至新的立法进程中。“加强数据有序共享,依法保护个人信息”[①]业已成为党中央建设现代化国家治理体系的重要策略,全国政协围绕“加强大数据时代个人信息保护”召开专门的协商议政会议。《网络安全法》《民法典》等规范性法律文件的相关规定其实已初步描画出保护消费者个人信息权立法的大体架构。然而,处于瞬息万变的信息社会,立法实践对立法主义的贯彻亟需依据立法对象予以适度调整,面对已然发生翻天覆地变化的社会现实背景,现行立法依然“零打碎敲”,统一式立法迟

① 参见2019年10月31日中国共产党第十九届中央委员会第四次全体会议通过的《中共中央关于坚持和完善中国特色社会主义制度推进国家治理体系和治理能力现代化若干重大问题的决定》,载新华网,http://www.gov.cn/zhengce/2019-11/05/content_5449023.htm,2020年1月10日访问。

迟不出台，造成有待继任者处理的“立法后遗症”。在因应这一社会问题时，我国的立法模式若仍采取“理论论证—实践调研—立法修正”的惯式思维，历经漫长的等待时间，其作为空间将极为有限。

将场景风险保护模式融入保护消费者个人信息权立法中，其理性主义、大众主义、能动主义的立法前瞻意义得以凸显，因国情差异，适用于我国立法实践的最佳模式需以立法理性主义、立法大众主义与立法能动主义的相互补足关系为基础进行功能性微调。详言之，首先，应当在理性立法过程中适当汲取合理的公众意见。宪法赋予公民言论自由，一方面是对公民表达权的尊重，另一方面彰显了法律对由公民意见所代表的社会需求的回应，正如学者所言，“我国不少刑法立法就是回应社会需求的结果”，[①]强调回应型信息治理亦体现了现代治理理论对个人信息问题的关切。我国的民主政体体制将尊重和接纳公民意见视为民主的重要形式，保护消费者个人信息权立法也应体现公民意见。可见，我国立法实践能够而且应当吸收公众意见，理性立法思维亦应遵循这一规律。其次，大众立法应引入科学的论证体系。问题导向是立法大众主义的鲜明特色，大众的呼声更能代表社会痛点，但由于我国人口众多，公众表达呈现的意见数量庞杂，迫切需要一套科学的论证体系对繁多的公众意见进行归置和解析，提炼出其间合理的、体现公众共识的意见，再将之反馈至立法者以利于实现立法民主。最后，应加快制定基础法步伐，并注意整合存量立法文件的时机性，提升立法质量。相关基础法的设立是实现能动立法的前提，效率是能动立法显著特征，但《个人信息保护法》却依然暂付阙如，无法对偏离规范的信息行为予以系统化的法律规制，我国保护个人信息权的基础法处于空缺状态，基于零散法律条文的能动立法效用有限。为此，欲在我国保护消费者个人信息权领域实现能动立法，必须加速基础法的正式出台。同时，面对能动立法为及时回应社会需求而制定的为数甚多的法律文件，应当把握时机予以适时整合，如当社会焦点转移至其他问题，并在较长一段时间内不够关注这一问题，可以考虑将关涉该问题的层级较低的规范性法律文件纳入高层级的法律规范中，

① 何荣功：《社会治理“过度刑法化”的法哲学批判》，载《中外法学》2015 年第 2 期。

以从质量维度塑造良好的立法声誉。对于受到技术或发展制约短期内难以明晰的个人信息治理难题，必要时可借助兜底性法律条款，将之纳入审判人员的自由裁量范畴内。

技术创新与法律供给对于保护消费者个人信息权而言犹如鸟之双翼，剪之双刃，缺一不可。缺乏技术创新作为立法策略的激励，统一立法活动难以顺利进行，消费者个人信息权法律保护体系的建构受到阻碍。理性、大众与能动主义是良性立法的追求，是科学立法与民主立法的实现路径。唯有借助理性之维、民主意涵与能动进路的彼此应和，有效消解保护消费者个人信息权的立法障碍，借力于娴熟的立法技艺合理配置权利义务，确保信息权利保护与信息自由流动，方能塑造我国场景风险保护模式立法的最佳模式。将场景风险保护模式嵌入立法体系有助于理顺立法思维，以明确理性、大众、能动立法主义彼此应和、互为补足的关系为前提，适度调节三大立法主义有益于建构具备中国特色的前瞻性立法方略。《荀子·君道篇》有言："法者，治之端也。"随着法制的不断进步，融汇理性、大众与能动立法主义的场景风险保护模式在相当程度上既能够化解既有保护模式的运行缺陷，补强理论缺憾，又能有效回应社会需求，筑牢保护消费者个人信息权的防护堤坝，其鲜明的制度优势理当成为我国保护消费者个人信息权最佳模式的突出彰示。

结　论

自迈入数据化时代以来,我们追随信息前沿的脚步从未停歇,信息的商业价值及其蕴含的国家治理功能使之成为利益相关主体追逐的对象,信息社会经历了信息崇拜到信息失守的过程,面对信息不当泄露、非法利用引致的实际困局与看不见的威胁,信息治理运动蓬勃开展。消费者个人信息权作为个人信息权的分支,这一权利是否得到适恰保护对于市场经济活动的顺畅开展意义深远。

回顾学界有关保护消费者个人信息权问题的研究成果,研究理路杂糅、研究方式应用不当使得消费者个人信息权陷入危险境地,探研有效的消费者个人信息权保护模式的必要性尤为显著。依循权利说的理论脉络,结合司法案例分析结果,能够提炼出侵害消费者个人信息权的具体行为类型。系统解析主要国家消费者个人信息权的既有保护模式,可以萃取出共通性模式,即公私兼济保护模式。即便公私兼济保护模式具有相当的制度优势,但在拥抱大数据的政策导向下,按照该模式的分析理路不足以应对当下异化的信息侵害行为,保护模式的局限性被逐层放大。因此,未来消费者个人信息权保护模式的建构需要研判原有制度缺漏并予以补强、攻克制度实践难点、重塑制度理念、改良制度设计方案。

以隐私场景完整性与信息风险导向为理论架构的场景风险保护模式并未完全否定公私兼济保护模式,而是在吸收公私兼济保护模式制度优势的基础上进行构设。其破除了单向度权利保护的桎梏,以保护信息权利与促进信息自由流动为宗旨,兼顾私人利益与公共利益,注重个人信息权利保护正当性边界的动态性、消费者在市场经济结构中的弱势地位以及保护措施的多环节覆盖,联合个案的场景特征判别信息侵害行为的合理性，从认知、操作与制度层面建构保护消费者个人信息权、规制不当信息侵害行为的有效运转策略，并力图借此实现个人信息权利保护模式的华丽转变。场景风险保护模式注重将保护方案与技术融合为个人信息治理赋能，运用校验技术、密码技术等技术手段保障个人信息在被利用过程中的安全性、完整性。

公私兼济保护模式与场景风险保护模式之间展现的递进关系说明了场景风险保护模式能够有效纾解原有模式的缺陷，将之融入保护消费者个人信息权的立法中还会与立法理性主义、立法大众主义与立法能动主义产生逻辑关联，形成互补的良性格局，最终成为消费者个人信息权的现代化治理之道。

消费者个人信息权保护与合理使用的合法合规工作任重而道远，学者们仍在努力走在一条正确的道路上，希冀实现保护消费者个人信息权的中国之治。鉴于笔者浅薄的学识，本书在论证过程中依旧存在疏漏，尤其是对于公私兼济保护模式与场景风险保护模式的关系分析不够严谨，在构建场景风险保护模式制度框架时的交叉研究能力不足，可能导致制度实践的不稳定。对此，笔者只能通过今后深入学习理论知识，强化实证研究能力逐步予以妥善化解。

参考文献

一、中文类参考文献

(一)著作类

[1]应飞虎:《信息、权利与交易安全:消费者保护研究》,北京大学出版社2008年版。

[2]张守文:《经济法理论的重构》,人民出版社2004年版。

[3]刘德良:《论个人信息的财产权保护》,人民法院出版社2008年版。

[4]孔令杰:《个人资料隐私的法律保护》,武汉大学出版社2009年版。

[5][德]马克思、恩格斯:《共产党宣言》,中国社会出版社1999年版。

[6]何勤华:《西方法学史纲》(第三版),商务印书馆2016年版。

[7]孔令杰:《个人资料隐私的法律保护》,武汉大学出版社2009年版。

[8]张乃根:《西方法哲学史纲》,中国政法大学出版社2008年版。

[9]王伦刚:《中国经济法的根基》,法律出版社2007年版。

[10][德]马克斯·韦伯:《经济与社会》(第二卷),上海人民出版社2010年版。

[11][美]约翰·奈斯比特:《大趋势——改变我们生活的十个新方向》,梅艳译,中国社会科学出版社1984年版。

[12]张继红:《金融消费者权益保障热点法律问题研究》,中国政法大学出版社2014年版。

[13]王利明、杨立新、姚辉主编：《人格权法》，法律出版社 1997 年版。

[14][美]理查德·A. 斯皮内洛：《世纪道德——信息技术的伦理方面》，刘钢译，中央编译出版社 1999 年版。

[15]崔聪聪、巩姗姗、李仪等：《个人信息保护法研究》，北京邮电大学出版社 2015 年版。

[16][英]维克托·迈尔-舍恩伯格、[英]肯尼思·库克耶：《大数据时代：生活、工作与思维的大变革》，盛杨燕、周涛译，浙江人民出版社 2013 年版。

[17][美]乔治·莱考夫、马克·约翰逊：《我们赖以生存的隐喻》，何文忠译，浙江大学出版社 2015 年版。

[18]张继红：《大数据时代金融信息的法律保护》，法律出版社 2019 年版。

[19]谢永志：《个人数据保护法立法研究》，人民法院出版社 2013 年版。

[20]张秀兰：《网络隐私权保护研究》，北京图书馆出版社 2006 年版。

[21]郭瑜：《个人数据保护法研究》，北京大学出版社 2012 年版。

[22]张才琴、齐爱民、李仪：《大数据时代个人信息开发利用法律制度研究》，法律出版社 2015 年版。

[23]齐爱民：《大数据时代个人信息保护法国际比较研究》，法律出版社 2016 年版。

[24]王秀哲：《信息社会个人隐私权的公法保护研究》，中国民主法制出版社 2017 年版。

[25]张新宝：《隐私权的法律保护》（第二版），群众出版社 2004 年版。

[26]蒋坡：《个人数据信息的法律保护》，中国政法大学出版社 2008 年版。

[27]周汉华：《域外个人数据保护法汇编》，法律出版社 2006 年版。

[28]齐爱民：《拯救信息社会中的人格——个人信息保护法总论》，

北京大学出版社 2009 年版。

[29]钱玉文:《消费者权利变迁的实证研究》,法律出版社 2016 年版。

[30][德]Christopher Kuner:《欧洲数据保护法——公司遵守与管制》(第二版),旷野、张会永等译,法律出版社 2008 年版。

[31]崔聪聪:《个人信息保护法研究》,北京邮电大学出版社 2015 年版。

[32][美]罗纳德·德沃金:《认真对待权利》,信春鹰、吴玉章译,上海三联书店 2008 年版。

[33]赵迅:《弱势群体保护的社会契约基础》,中国政法大学出版社 2010 年版。

[34]郭明龙:《个人信息权利的侵权法保护》,中国法制出版社 2012 年版。

[35]李德成:《网络隐私权保护制度初论》,中国方正出版社 2001 年版。

[36]郎庆斌、孙毅、杨莉:《个人信息保护概论》,人民出版社 2008 年版。

[37]蒋坡:《国际信息政策法律比较》,法律出版社 2001 年版。

[38]洪海林:《个人信息的民法保护研究》,法律出版社 2010 年版。

[39]孙颖:《消费者保护法律体系研究》,法律出版社 2003 年版。

[40][德]卡尔·拉伦茨:《法学方法论》,陈爱娥译,商务印书馆 2003 年版。

[41][美]格伦顿:《权利话语:穷途末路的政治言辞》,周威译,北京大学出版社 2006 年版。

[42]杨春福:《权利法哲学研究导论》,南京大学出版社 2000 年版。

[43]胡凌:《探寻网络法的政治经济起源》,上海财经大学出版社 2016 年版。

[44]卓泽渊:《法的价值论》(第二版),法律出版社 2006 年版。

[45]陈金钊:《法理学——本位与方法》,法律出版社 2010 年版。

[46]谢远扬:《个人信息的私法保护》,中国法制出版社 2016 年版。

[47]杨芳:《隐私权保护与个人信息保护法——对个人信息保护立法潮流的反思》,法律出版社2016年版。

[48]刁胜先:《个人信息网络侵权问题研究》,上海三联书店2013年版。

[49]马汉宝:《法律思想与社会变迁》,清华大学出版社2008年版。

[50]崔华强:《网络隐私权利保护之国际私法研究》,中国政法大学出版社2012年版。

[51]许文义:《个人资料保护法论》,三民书局2001年版。

[52]刘金瑞:《个人信息与权利配置——个人信息自决权的反思和出路》,法律出版社2017年版。

[53]齐爱民:《捍卫信息社会中的财产:信息财产法原理》,北京大学出版社2009年版。

[54][日]美浓部达吉:《公法与私法》,黄冯明译,中国政法大学出版社2003年版。

[55]齐爱民:《私法视野下的信息》,重庆大学出版社2012年版。

[56][美]玛丽·安·格伦顿:《权利话语——穷途末路的政治言辞》,周威译,北京大学出版社2006年版。

[57][美]特蕾莎·M.佩顿、西奥多·克莱普尔:《大数据时代的隐私》,郑淑红译,上海科学技术出版社2007年版。

[58]王忠:《大数据时代个人数据隐私规制》,社会科学文献出版社2014年版。

[59][法]利奥托德、[美]哈蒙德:《大数据与商业模式变革:从信息到知识,再到利润》,郑晓舟、胡睿、胡云超译,电子工业出版社2015年版。

[60]高富平:《个人数据权利保护和利用国际规则:源流与趋势》,法律出版社2016年版。

[61][美]凯斯·R.孙斯坦:《风险与理性——安全、法律及环境》,师帅译,中国政法大学出版社2005年版。

[62]杨芳:《隐私权保护与个人信息保护法——对个人信息保护立法潮流的反思》,法律出版社2016年版。

[63]严存生:《法的价值问题研究》,法律出版社 2011 年版。

[64]张民安主编:《美国当代隐私权研究——美国隐私权的界定、类型、基础以及分析方法》,中山大学出版社 2013 年版。

[65][美]艾伦·德肖维茨:《你的权利从哪里来?》,黄煜文译,北京大学出版社 2014 年版。

(二)期刊论文类

[1]邢会强:《大数据交易背景下个人信息财产权的分配与实现机制》,载《法学评论》2019 年第 6 期。

[2]王泽鉴:《人格权的具体化及其保护范围·隐私权篇(上)》,载《比较法研究》2008 年第 6 期。

[3]王利明:《论个人信息权在人格权法中的地位》,载《苏州大学学报(哲学社会科学版)》2012 年第 6 期。

[4]范为:《大数据时代个人信息保护的路径重构——初探欧美改革法案中的场景与风险理念》,载《网络信息法学研究》2017 年第 1 期。

[5]袁达松、刘华春:《互联网金融信息披露豁免制度的建构》,载《国家行政学院学报》2017 年第 3 期。

[6]梁慧星、廖新仲:《隐私的本质与隐私权的概念》,载《人民司法》2003 年第 4 期。

[7]程啸:《论大数据时代的个人数据权利》,载《中国社会科学》2018 年第 3 期。

[8]徐孟洲、谢增毅:《论消费者及消费者保护在经济法中的地位——"以人为本"理念与经济法主体和体系的新思考》,载《现代法学》2005 年第 4 期。

[9]刘仁文:《论非法使用公民个人信息行为的入罪》,载《法学论坛》2019 年第 6 期。

[10]陈兴良:《互联网账号恶意注册黑色产业的刑法思考》,载《清华法学》2019 年第 6 期。

[11]应飞虎:《权利倾斜性配置研究》,载《中国社会科学》2006 年第 3 期。

[12]范为:《大数据时代个人信息保护的路径重构》,载《环球法学

评论》2016 年第 5 期。

[13]丁晓东:《数据到底属于谁?——从网络爬虫看平台数据权属与数据保护》,载《华东政法大学学报》2019 年第 5 期。

[14]齐爱民:《个人信息保护法研究》,载《河北法学》2008 年第 4 期。

[15]刘德良:《个人信息的财产权保护》,载《法学研究》2007 年第 3 期。

[16]王利明:《数据共享与个人信息保护》,载《现代法学》2019 年第 1 期。

[17]吴伟光:《大数据技术下个人数据信息私权保护论批判》,载《政治与法律》2016 年第 7 期。

[18]张平:《大数据时代个人信息保护的立法选择》,载《北京大学学报(哲学社会科学版)》2017 年第 5 期。

[19]鞠晔、凌学东:《大数据背景下网络消费者个人信息侵权问题及法律救济》,载《河北法学》2016 年第 11 期。

[20]张里安、韩旭至:《大数据时代下个人信息权的私法属性》,载《法学论坛》2016 年第 3 期。

[21]王利明:《论个人信息权的法律保护——以个人信息权与隐私权的界分为中心》,载《现代法学》2013 年第 4 期。

[22]谢远扬:《信息论视角下个人信息的价值——兼对隐私权保护模式的检讨》,载《清华法学》2015 年第 3 期。

[23]许可:《欧盟〈一般数据保护条例〉的周年回顾与反思》,载《电子知识产权》2019 年第 6 期。

[24]熊谞龙:《权利,抑或法益?——一般人格权本质的再讨论》,载《比较法研究》2005 年第 2 期。

[25]杨立新:《个人信息:法益抑或民事权利——对〈民法总则〉第 111 条规定的"个人信息"之解读》,载《法学论坛》2018 年第 1 期。

[26]邢会强:《信息不对称的法律规制——民商法与经济法的视角》,载《法制与社会发展》2013 年第 2 期。

[27]许明月:《侵权救济、救济成本与法律制度的性质——兼论民法

与经济法在控制侵权现象方面的功能分工》,载《法学评论》2005 年第 6 期。

[28]李友根:《论经济法权利的生成——以知情权为例》,载《法制与社会发展》2008 年第 6 期。

[29]李昌麒:《弱势群体保护法律问题研究——基于经济法与社会法的考察视角》,载《中国法学》2004 年第 2 期。

[30]汤擎:《试论个人数据与相关的法律关系》,载《华东政法学院学报》2000 年第 5 期。

[31]蓝蓝:《人格与财产二元权利体系面临的困境与突破——以"人格商品化"为视角展开》,载《法律科学(西北政法学院学报)》2006 年第 3 期。

[32]唐慧俊:《论消费者个人信息权的法律保护——兼评我国新修订〈消费者权益保护法〉之相关规定》,载《消费经济》2013 年第 6 期。

[33]马特:《个人资料保护之辩》,载《苏州大学学报(哲学社会科学版)》2012 年第 6 期。

[34]韩旭至:《数据确权的困境及破解之道》,载《东方法学》2020 年第 1 期。

[35]刘宪权:《个人信息刑法保护的立法及完善》,载《华东政法大学学报》2009 年第 3 期。

[36]齐爱民、陈星:《海峡两岸及港澳地区个人信息保护立法比较研究》,载《经济法论坛》2013 年第 1 期。

[37]齐爱民、李仪:《论利益平衡视野下的个人信息权制度——在人格利益与信息自由之间》,载《法学评论》2011 年第 3 期。

[38]洪海林:《个人信息财产化及其法律规制研究》,载《四川大学学报(哲学社会科学版)》2006 年第 5 期。

[39]薛克鹏:《论经济法的社会本位理念及其实现》,载《现代法学》2006 年第 6 期。

[40]何培育:《网络交易消费者的个人信息保护》,载《中国流通经济》2014 年第 6 期。

[41]严鸿雁:《论个人信息权益的民事权利性质与立法路径——兼

评〈个人信息保护法〉(专家建议稿)的不足》,载《情报理论与实践》2013年第4期。

[42]谢晓尧:《消费者:人的法律形塑与制度价值》,载《中国法学》2003年第3期。

[43]王学辉、赵昕:《隐私权之公私法整合保护探索——以"大数据时代"个人信息隐私为分析视点》,载《河北法学》2015年第5期。

[44]李晓秋:《网络消费者个人信息权增生的逻辑:经济模式的变迁视阈》,载《社会科学家》2009年第10期。

[45]吕艳滨:《论完善个人信息保护法制的几个问题》,载《当代法学》2006年第1期。

[46]洪海林:《个人信息保护立法理念探究——在信息保护与信息流通之间》,载《河北法学》2007年第1期。

[47]梁上上:《制度利益衡量的逻辑》,载《中国法学》2012年第4期。

[48]刘新宇:《大数据时代数据权属分析及其体系构建》,载《上海大学学报(社会科学版)》2019年第6期。

[49]宁立志、傅显扬:《论数据的法律规制模式选择》,载《知识产权》2019年第12期。

[50]刁云芸:《涉数据不正当竞争行为的法律规制》,载《知识产权》2019年第12期。

[51]于柏华:《权利认定的利益判准》,载《法学家》2017年第6期。

[52]纪海龙:《数据的私法定位与保护》,载《法学研究》2018年第6期。

[53]戴昕:《数据隐私问题的维度扩展与议题转换:法律经济学视角》,载《交大法学》2019年第1期。

[54]邢会强:《金融法上信息披露制度的缺陷及其改革——行为经济学视角的反思》,载《证券市场导报》2018年第3期。

[55]李爱君:《数据权利属性与法律特征》,载《东方法学》2018年第3期。

[56]许可:《数据保护的三重进路——评新浪微博诉脉脉不正当竞

争案》,载《上海大学学报(社会科学版)》2017 年第 6 期。

[57]王锐:《云时代的消费者金融信息安全监管模式探讨——美国个人金融信息隐私权保护机制借鉴》,载《金融与经济》2012 年第 6 期。

[58]王保树:《论经济法的法益目标》,载《清华大学学报(哲学社会科学版)》2001 年第 5 期。

[59]徐孟洲、谢增毅:《论消费者及消费者保护在经济法中的地位——"以人为本"理念与经济法主体和体系的新思考》,载《现代法学》2005 年第 4 期。

[60]李朝晖:《个人征信中信息本人权利的保护——以确保信用信息公正准确性为核心》,载《法学评论》2008 年第 4 期。

[61]任龙龙:《论同意不是个人信息处理的正当性基础》,载《政治与法律》2016 年第 1 期。

[62]杨晓娇:《实名制环境下个人信息保护的基本原则重构》,载《科技与法律》2014 年第 6 期。

[63]胡鞍钢、周绍杰:《新的全球贫富差距:日益扩大的"数字鸿沟"》,载《中国社会科学》2002 年第 3 期。

[64]曾国安:《论信息不对称产生的原因与经济后果》,载《经济学动态》1999 年第 11 期。

[65]叶艳鸣、刘金玲、金婷、谷曼:《信息不对称现象的成因分析》,载《情报杂志》2007 年第 4 期。

[66]葛虹:《日本宪法隐私权的理论与实践》,载《政治与法律》2010 年第 8 期。

[67]林旭霞:《论网络运营商与用户之间协议的法律规制》,载《法律科学(西北政法大学学报)》2012 年第 5 期。

[68]张莉:《个人信息权的法哲学论纲》,载《河北法学》2010 年第 2 期。

[69]苏长江:《个人信息的法律属性探究》,载《经济论坛》2013 年第 6 期。

[70]马俊驹:《从人格利益到人格要素——人格权法律关系客体之界定》,载《河北法学》2006 年第 10 期。

[71]黄道丽、何治乐:《欧美数据跨境流动监管立法的“大数据现象”及中国策略》,载《情报杂志》2017 年第 4 期。

[72]刘静怡:《从 Cookies 以及类似资讯科技的使用浅论因特网上个人资讯隐私权保护问题》,载《科技资讯透析》1997 年第 10 期。

[73]何颖:《数据共享背景下的金融隐私保护》,载《东南大学学报(哲学社会科学版)》2017 年第 1 期。

[74]张礼洪:《人格权的民法保护及其理论的历史发展——兼议我国的立法模式选择》,载《中国政法大学学报》2018 年第 4 期。

[75]王叶刚:《个人信息收集、利用行为合法性的判断——以〈民法总则〉第 111 条为中心》,载《甘肃社会科学》2018 年第 1 期。

[76]项定宜、申建平:《个人信息商业利用同意要件研究——以个人信息类型化为视角》,载《北方法学》2017 年第 5 期。

[77]王叶刚:《人格权中经济价值“可让与性”之反思——以人格尊严的保护为视角》,载《广东社会科学》2014 年第 2 期。

[78]肖登辉、张文杰:《个人信息权利保护的现实困境与破解之道——以若干司法案例为切入点》,载《情报理论与实践》2017 年第 2 期。

[79]李永军:《论〈民法总则〉中个人隐私与信息的“二元制”保护及请求权基础》,载《浙江工商大学学报》2017 年第 3 期。

[80]徐明:《大数据时代的隐私危机及其侵权法应对》,载《中国法学》2017 年第 1 期。

[81]金耀:《个人信息去身份的法理基础与规范重塑》,载《法学评论》2017 年第 3 期。

[82]孙平:《系统构筑个人信息保护立法的基本权利模式》,载《法学》2016 年第 4 期。

[83]胡朝阳:《大数据背景下个人信息处理行为的法律规制——以个人信息处理行为的双重外部性为分析视角》,载《重庆大学学报(社会科学版)》2020 年第 1 期。

[84]史卫民:《大数据时代个人信息保护的现实困境与路径选择》,载《情报杂志》2013 年第 12 期。

[85]孙国华、杨思斌:《公私法的划分与法的内在结构》,载《法制与社会发展》2004 年第 4 期。

[86]王秀哲:《论个人隐私权的行政法保护》,载《行政法学研究》2006 年第 2 期。

[87]龙卫球:《数据新型财产权构建及其体系研究》,载《政法论坛》2017 年第 4 期。

[88]肖冬梅、文禹衡:《法经济学视野下数据保护的规则适用与选择》,载《法律科学(西北政法大学学报)》2016 年第 6 期。

[89]袁岳:《信息权与信息立法》,载《政治与法律》1989 年第 1 期。

[90]于浩:《被遗忘权:制度构造与中国本土化研究》,载《华东师范大学学报(哲学社会科学版)》2018 年第 3 期。

[91]王利明:《编纂一部网络时代的民法典》,载《暨南学报(哲学社会科学版)》2016 年第 7 期。

[92]石丹:《大数据时代数据权属及其保护路径研究》,载《西安交通大学学报(社会科学版)》2018 年第 3 期。

[93]冯洋:《论个人数据保护全球规则的形成路径——以欧盟充分保护原则为中心的探讨》,载《浙江学刊》2018 年第 4 期。

[94]刘建刚:《数据权的证成》,载《北京政法职业学院学报》2016 年第 4 期。

[95]梅夏英:《数据的法律属性及其民法定位》,载《中国社会科学》2016 年第 9 期。

[96]黄国彬:《个人数据的概念范畴与基本类型研究》,载《图书情报工作》2017 年第 5 期。

[97]李春华:《欧盟与美国个人数据保护模式之比较及其启示》,载《社科纵横》2017 年第 8 期。

[98]闫立东:《以"权利束"视角探究数据权利》,载《东方法学》2019 年第 2 期。

[99]肖冬梅、文禹衡:《数据权谱系论纲》,载《湘潭大学学报(哲学社会科学版)》2015 年第 6 期。

[100]姬蕾蕾:《数据产业者财产赋权保护研究》,载《图书馆建设》

2018 年第 1 期。

[101]丁晓东：《什么是数据权利？——从欧洲〈一般数据保护条例〉看数据隐私的保护》，载《华东政法大学学报》2018 年第 4 期。

[102]肖建华、柴芳墨：《论数据权利与交易规制》，载《中国高校社会科学》2019 年第 1 期。

[103]温昱：《个人数据权利体系论纲——兼论〈芝麻服务协议〉的权利空白》，载《甘肃政法学院学报》2019 年第 2 期。

[104]邓刚宏：《大数据权利属性的法律逻辑分析——兼论个人数据权的保护路径》，载《江海学刊》2018 年第 6 期。

[105]范进学：《权利概念论》，载《中国法学》2003 年第 2 期。

[106]齐爱民、盘佳：《数据权、数据主权的确立与大数据保护的基本原则》，载《苏州大学学报(哲学社会科学版)》2015 年第 1 期。

[107]蔡翠红：《云时代数据主权概念及其运用前景》，载《现代国际关系》2013 年第 12 期。

[108]沈国麟：《大数据时代的数据主权和国家数据战略》，载《南京社会科学》2014 年第 6 期。

[109]蔡培如、王锡锌：《论个人信息保护中的人格保护与经济激励机制》，载《比较法研究》2020 年第 1 期。

[110]王叶刚：《论网络隐私政策的效力——以个人信息保护为中心》，载《比较法研究》2020 年第 1 期。

[111]戴龙：《论数字贸易背景下的个人隐私权保护》，载《当代法学》2020 年第 1 期。

[112]丁晓东：《论数据携带权的属性、影响与中国应用》，载《法商研究》2020 年第 1 期。

[113]谢业华、彭星、张龙：《美国加利福尼亚州〈消费者隐私法案〉研究》，载《征信》2018 年第 10 期。

[114]崔亚冰：《〈加州消费者隐私法案〉的形成、定位与影响》，载《网络法律评论》2017 年第 1 期。

[115]沈昌祥、张焕国、冯登国等：《信息安全综述》，载《中国科学(E辑：信息科学)》2007 年第 2 期。

[116]于志刚:《“公民个人信息”的权利属性与刑法保护思路》,载《浙江社会科学》2017 年第 10 期。

[117]丁晓东:《个人信息的双重属性与行为主义规制》,载《法学家》2020 年第 1 期。

[118]汪明亮:《治理侵犯公民个人信息犯罪之刑罚替代措施》,载《东方法学》2019 年第 2 期。

[119]齐爱民:《论个人信息的法律属性与构成要素》,载《情报理论与实践》2009 年第 10 期。

[120]解正山:《数据驱动时代的数据隐私保护——从个人控制到数据控制者信义义务》,载《法商研究》2020 年第 2 期。

[121]徐伟:《企业数据获取“三重授权原则”反思及类型化构建》,载《交大法学》2019 年第 4 期。

[122]李安:《人工智能时代数据竞争行为的法律边界》,载《科技与法律》2019 年第 1 期。

[123]龙卫球:《再论企业数据保护的财产权化路径》,载《东方法学》2018 年第 3 期。

[124]张建文、高悦:《我国个人信息匿名化的法律标准与规则重塑》,载《河北法学》2020 年第 1 期。

[125]梅夏英、朱开鑫:《论网络行为数据的法律属性与利用规则》,载《北方法学》2019 年第 2 期。

[126]商希雪:《超越私权属性的个人信息共享——基于〈欧盟一般数据保护条例〉正当利益条款的分析》,载《法商研究》2020 年第 2 期。

[127]高富平:《论个人信息保护的目的——以个人信息保护法益区分为核心》,载《法商研究》2019 年第 1 期。

[128]赵雷:《行政立法评估之成本收益分析——美国经验与中国实践》,载《环球法律评论》2013 年第 6 期。

[129]王鹏鹏:《论个人数据的静态与动态融合的私法保护》,载《四川师范大学学报(社会科学版)》2019 年第 5 期。

[130]金耀:《数据治理法律路径的反思与转进》,载《法律科学(西北政法大学学报)》2020 年第 2 期。

[131]尹志强:《网络环境下侵害个人信息的民法救济》,载《法律适用》2013 年第 8 期。

[132]王晖:《人之尊严的理念与制度化》,载《中国法学》2014 年第 4 期。

[133]谢青:《日本的个人信息保护法制及启示》,载《政治与法律》2006 年第 6 期。

[134]郭春镇、马磊:《大数据时代个人信息问题的回应型治理》,载《法制与社会发展》2020 年第 2 期。

[135]徐美:《再谈个人信息保护路径——以〈民法总则〉第 111 条为出发点》,载《中国政法大学学报》2018 年第 5 期。

[136]郑佳宁:《知情同意原则在信息采集中的适用与规则构建》,载《东方法学》2020 年第 2 期。

[137]卢建平、常秀娇:《我国侵犯公民个人信息犯罪的治理》,载《法律适用》2013 年第 4 期。

[138]王心阳:《论个人信息权的法律属性及立法保护思考》,载《科技与法律》2016 年第 6 期。

[139]周汉华:《探索激励相容的个人数据治理之道——中国个人信息保护法的立法方向》,载《法学研究》2018 年第 2 期。

[140]丁晓东:《用户画像、个性化推荐与个人信息保护》,载《环球法律评论》2019 年第 5 期。

[141]吴伟光:《从隐私利益的产生和本质来理解中国隐私权制度的特殊性》,载《当代法学》2017 年第 4 期。

[142]赵宏:《信息自决权在我国的保护现状及其立法趋势前瞻》,载《中国法律评论》2017 年第 1 期。

[143]郭旨龙:《从公民身份到信息身份:隐私功能的理论重述与制度安排》,载《法制与社会发展》2020 年第 5 期。

[144]于浩:《我国个人数据的法律规制——域外经验及其借鉴》,载《法商研究》2020 年第 6 期。

[145]刘云:《欧洲个人信息保护法的发展历程及其改革创新》,载《暨南学报(哲学社会科学版)》2017 年第 2 期。

(三)博士学位论文类

[1]王秀秀:《个人数据权:社会利益视域下的法律保护模式》,华东政法大学2016年博士学位论文。

[2]张涛:《个人信息权的界定及其民法保护——基于利益衡量之展开》,吉林大学2012年博士学位论文。

[3]曲一帆:《金融消费者保护法律制度比较研究》,中国政法大学2011年博士学位论文。

[4]史学岗:《金融消费者权利保护研究》,西南政法大学2014年博士学位论文。

[5]马运全:《个人金融信息管理:隐私保护与金融交易的权衡》,山东大学2014年博士学位论文。

[6]杨咏婕:《个人信息的私法保护研究》,吉林大学2013年博士学位论文。

[7]任龙龙:《大数据时代的个人信息民法保护》,对外经济贸易大学2017年博士学位论文。

[8]吴苌弘:《个人信息的刑法保护研究》,华东政法大学2013年博士学位论文。

[9]程南:《经济法理论的反思与完善》,中国政法大学2011年博士学位论文。

[10]吴晓平:《新媒体语境下国外个人信息失控与保护研究》,复旦大学2014年博士学位论文。

[11]聂生奎:《个人信息保护法律问题研究》,中国政法大学2009年博士学位论文。

二、英文类参考文献

[1] Shoshana Zuboff, *The Age of Surveillance Capitalism*, Public Affairs,2019.

[2]Frederick S. Lane,*American Privacy: The 400 – Year History of Our Most Contested Right*,Beacon Press,2009.

[3]Sarah E. Igo,*The Known Citizen: A History of Privacy in Modern*

America, Harvard University Press, 2018.

[4] KeneethA. Bamberger, DeirdreK. Mulligan. *Privacy on the Ground: Driving Corporate Behavior in the United States and Europe*, The MIT Press, 2015.

[5] Helen Nissenbaum, *Privacy in Context: Technology, Policy, and the Integrity of Social Life*, Stanford University Press, 2009.

[6] Paul Bernal, *Internet Privacy Rights: Rights to Protect Autonomy*, Cambridge University Press, 2014.

[7] Junichi P. Semitsu, *From Facebook to Mug Shot: How the Dearth of Social Networking Privacy Rights Revolutionized Online Government Surveillance*, Pace Law Review, 2004, 31(1): 291 - 381.

[8] James Q. Whitman, *The Two Western Cultures of Privacy: Dignity versus Liberty*, Yale Law Journal, 2004, 113(6): 1151 - 1222.

[9] MonuBedi, *Facebook and Interpersonal Privacy: Why the Third Party Doctrine Should Not Apply*, Boston College Law Review, 2013, 54(1): 1 - 72.

[10] J. R. Reidenbergetal, *Disagreeable Privacy Policies: Mismatches Between Meaning and User's Understanding*, Berkeley Technology Law Journal, 2015, 30(1): 39 - 68.

[11] Moira Paterson, *MaeveMcDonagh. Data Protection in an Era of Big Data: The Challenges Posed by Big Personal Data*, Monash University Law Review, 2018, 44(1): 1 - 31.

[12] Erin O'Hara, O'Connor, *Protecting Consumer Data Privacy with Arbitration*, North Carolina Law Review, 2018, 96(3): 711 - 750.

[13] Stephen Corones, JulietDavis, *Protecting Consumer Privacy and Data Security: Regulatory Challenges and Potential Future Directions*, Federal Law Review, 2017, 45(1): 65 - 96.

[14] Jeff Sovern, *Opting in, Opting out, or No Options at All: The Fight for Control of Personal Information*, Washington Law Review, 1999, 74(4): 1033 - 1118.

[15] Paul M Schwartz, *Property, Privacy, and Personal Data*, Harvard Law

Review,2004,117(7):2056－2128.

[16] Mohan Bharwaney, AzanMarwah, *Personal Data Privacy in the Digital Age*, Hong Kong Law Journal,2013,43(3): 801－834.

[17] Diane A. MacDonald, Christine M. Streatfeild, *Personal Data Privacy and the WTO*, Houston Journal of International Law, 2014, 36(3):625－654.

[18] Hickerson. KAK, *Consumer Privacy Protection: A Call for Reform in an Era of Financial Services Modernization*, Administrative Law Review,2001, 53(2):781－801.

[19] R. Ken Pippen, *Consumer Privacy on the Internet: It's Surfer Beware*, Air Force Law Review,1999,47: 125－162.

[20] Kathryn Elliott, *The Who, What, Where, When, and Why of Whois: Privacy and Accuracy Concerns of the Whois Database*, SMU Science and Technology Law Review,2009,12(2):141－172.

[21] Joshua B. Sessler, *Computer Cookie Control: Transaction Generated Information and Privacy Regulation on the Internet*, Journal of Law and Policy, 1997,5(2): 627－678.

[22] Michael E. Jones, *Data Breaches: Recent Developments in the Public and Private Sectors*, Journal of Law and Policy for the Information Society, 2007,3(3): 555－580.

[23] Joseph Jerome, *Big Data: Catalyst for a Privacy Conversation*, Indiana Law Review,2014,48(1): 213－242.

[24] Stacy-Ann Elvy, *Paying for Privacy and the Personal Data Economy*, Columbia Law Review,2017,117(6): 1369－1460.

[25] Daniel J. Solove, *Introduction: Privacy Self-Management and the Consent Dilemma*, Harvard Law Review,2013,126(7): 1880－1903.

[26] Omer Tene, JulesPolonetsky, *Big Data for All: Privacy and User Control in the Age of Analytics*, Northwestern Journal of Technology and Intellectual Property,2013,11(5):[xxvii]－274.

[27] CălinaJugastru, *Internet of Things and the Protection of Personal*

Data, Acta Universitatis Lucian Blaga, 2017, 1: 152 - 162.

[28] Suzan Dionne Balz, OlivierHance, *Privacy and the Internet: Intrusion, Surveillance and Personal Data*, International Review of Law, Computers Technology, 1996, 10(2): 219 - 234.

[29] James P. Nehf, *Recognizing the Societal Value in Information Privacy*, Washington Law Review, 2003, 78(1): 1 - 92.

[30] Ignacio N. Cofone, Adriana Z. Robertson, *Consumer Privacy in a Behavioral World*, Hastings Law Journal, 2018, 69(6): 1471 - 1508.

[31] Sheri B. Pan, *Get to Know Me: Protecting Privacy and Autonomy under Big Data's Penetrating Gaze*, Harvard Journal of Law & Technology, 2016, 30(1): 239 - 262.

[32] Anita L. Allen, *Protecting One's Own Privacy in a Big Data Economy*, Harvard Law Review Forum, 2016, 130(2): 71 - 78.

[33] D. Zwick, N. Dholakia, *Contrasting European and American Approaches to Privacy in Electronic Markets: Property Right versus Civil Right*, Electronic Markets, 2001, 11(2): 116 - 120.

[34] Adam Tanner, *Legal Questions Raised by the Widespread Aggregation of Personal Data*, New England Law Review, 2015, 49(4): 601 - 610.

[35] Ariel E. Wade, *A New Age of Privacy Protection: A Proposal for an International Personal Data Privacy Treaty*, George Washington International Law Review, 2010, 42(3): 659 - 686.

[36] Eleftheriou, Demetrios A, *Tips on Protecting Personal Data*, Florida Bar Journal, 2016, 90(1): 38 - 39.

[37] Jacob M. Victor, *The EU General Data Protection Regulation: Toward a Property Regime for Protecting Data Privacy*, Yale Law Journal, 2013, 123: 513 - 528.

后　　记

本硕博一路向前无停歇，一朝掩卷仁笔，惊觉十年求学时光弹指一挥间。即将结束的博士学习期，亦是我求学生涯的终结，无论是欢愉还是艰辛，一帧帧画面都历历在目。

回望过往历程，无数倍受尊敬老师的谆谆教诲一直是我前进道路上的扶持印记，所有的表扬、鞭策与鼓励，都寄予着师长对我的殷切期盼，浸润着师长对我的爱护与关怀。感谢导师李毅教授和师娘三年来对我的悉心关爱和培养，导师对社会的大爱与公益情怀是我学习、做人的典范；感谢鲁篱教授、高晋康教授、吴越教授、王伦刚教授等老师的悉心指导和帮助，他们严谨的治学风范使我受益终生。在此，需要特别感谢的是吴元元教授，在论文写作遭遇"瓶颈"时我常向她求助，而她即便身在美国也不顾时差对我提出的问题细心点拨，每次与她的沟通常常会触发我新的写作灵感，她在学术上的深厚造诣让我非常敬佩；感谢罗维鹏老师、杨继文老师、赖虹宇老师、张芸老师等法学院青年教师在论文写作过程中对我毫无保留的帮助，每一次提出的意见都十分中肯，每次讨论都能启迪思路，对我修改完善论文大有裨益；感谢余嘉勉博士、周春光博士等学友在论文写作期间为我提供便利条件以及不断鼓励。如果没有各位师长和同辈的指导和帮助，我将难以在荆棘遍布的论文写作中走出一条通向未来的阳光道。

最后，我要向我的家人表达最诚挚的谢意。感谢父母对我选择读博的无条件支持以及在我读博期间的无私关爱，我的成长和进步无不倾注了父母的辛劳；感谢我的先生对我的理解与支持，繁重的学业使我无暇顾及家务，他包揽了本应由我承担的家庭责任，在论文写作期间给予了我最大的支持。

吾生有涯,而知无涯。我将怀揣着在博士期间习得的技能与坚韧信念,在未来的学术道路上砥砺前行,追逐学术真谛,实现人生价值。

2020 年 12 月于成都城南

图书在版编目(CIP)数据

消费者个人信息权保护：公私兼济模式向场景风险模式的转型 / 罗娟著. -- 北京：法律出版社, 2021

ISBN 978-7-5197-5653-6

Ⅰ. ①消… Ⅱ. ①罗… Ⅲ. ①消费安全-安全信息-消费者权益保护-研究 Ⅳ. ①D912.294

中国版本图书馆 CIP 数据核字(2021)第 102281 号

消费者个人信息权保护:公私兼济模式向场景风险模式的转型
XIAOFEIZHE GEREN XINXIQUAN BAOHU:GONGSI JIANJI MOSHI XIANG CHANGJING FENGXIAN MOSHI DE ZHUANXING

罗 娟 著

策划编辑 郑 导 曲 杰
责任编辑 郑 导 曲 杰
装帧设计 汪奇峰

出版发行 法律出版社
编辑统筹 学术·对外出版分社
责任校对 王晓萍 王语童
责任印制 陶 松
经 销 新华书店

开本 710 毫米×1000 毫米 1/16
印张 15 **字数** 252 千
版本 2021 年 8 月第 1 版
印次 2021 年 8 月第 1 次印刷
印刷 北京虎彩文化传播有限公司

地址:北京市丰台区莲花池西里 7 号(100073)
网址:www.lawpress.com.cn
投稿邮箱:info@lawpress.com.cn
举报盗版邮箱:jbwq@lawpress.com.cn

销售电话:010-83938349
客服电话:010-83938350
咨询电话:010-63939796

书号:ISBN 978-7-5197-5653-6 **定价**:68.00 元

凡购买本社图书,如有印装错误,我社负责退换。电话:010-83938349